La question juive

UNE INTERPRÉTATION MARXISTE

La question juive

Une interprétation marxiste

ABRAM LÉON

Pathfinder

NEW YORK | LONDRES | MONTRÉAL | SYDNEY

Rédaction : Steve Clark
Responsable de l'édition française : Michel Dugré

ISBN 978-1-60488-119-6
Numéro de contrôle de la Bibliothèque du Congrès /
Library of Congress Control Number 2021931381
Imprimé aux États-Unis
Manufactured in the United States of America

Première édition : 2021
Troisième tirage : 2023

CONCEPTION GRAPHIQUE DE LA PAGE COUVERTURE ET DES PAGES DE PHOTOS : Eva Braiman

PREMIÈRE DE COUVERTURE :

EN HAUT : carte illustrant les régions du monde où les plus grandes émigrations juives ont eu lieu à partir de l'Europe orientale, entre 1880 et 1924.

EN BAS : New York, février 1939. Rassemblement de 50 000 personnes devant le Madison Square Garden à l'appel du Parti socialiste des travailleurs, pour répondre à une réunion de 20 000 personnes qui se tenait à l'intérieur en faveur des nazis.

QUATRIÈME DE COUVERTURE : New York, 1913. Piquet de grève de travailleurs du textile en grève avec des pancartes en yiddish, italien, russe et anglais.

Pathfinder
www.pathfinderpress.com
Courriel : pathfinder@pathfinderpress.com

TABLE DES MATIÈRES

CARTES GÉOGRAPHIQUES

CAHIER DE PHOTOS

AUTRES PHOTOS ET ILLUSTRATIONS

Abram Léon (1918-1944)

À PROPOS DE L'AUTEUR ET DES CONTRIBUTEURS

ABRAM LÉON

ABRAM LÉON, NÉ ABRAHAM WAJNSZTOCK (1918-1944), s'est joint à la section belge de la Quatrième Internationale en 1939, à l'âge de 21 ans. Suite à l'occupation allemande de la Belgique en mai 1940, le parti s'est reconstitué en mars 1941 sous le nom de Parti communiste révolutionnaire. Peu après, Abram Léon en a été élu son secrétaire politique. Il a été le dirigeant central du parti jusqu'à ce qu'il soit capturé par la Gestapo en juin 1944 et déporté un mois plus tard en Pologne, alors occupée par l'Allemagne, où il est mort dans les chambres à gaz d'Auschwitz.

Abram Léon est né à Varsovie de parents juifs polonais qui ont émigré à Bruxelles en 1928. Encore enfant, sa famille avait déménagé en Palestine mais était retournée à Varsovie un an plus tard.

Adolescent, Abram Léon est devenu un dirigeant de l'organisation de jeunesse sioniste socialiste *Hashomer Hatzaïr* (La jeune garde). Mais sous l'impact de l'intensification de la lutte des classes en Belgique et dans le monde, il a rompu avec le cours politique de cette organisation et a dirigé une lutte pour gagner ses membres au programme communiste du mouvement mondial dirigé par Léon Trotsky. Une série de thèses rédigées dans le but de faire avancer cette bataille pour la clarification politique sont devenues en 1942 le manuscrit de *La question juive : une interprétation marxiste.*

Force motrice du Parti communiste révolutionnaire clandestin, Abram Léon a pris la tête du comité de rédaction du journal du parti *La Voie de Lénine* ; il a dirigé le travail du parti parmi les métallurgistes de Liège et les mineurs de charbon de Charleroi ; il a assumé personnellement la direction du travail de propagande communiste en direction des troupes d'occupation allemandes et a organisé un congrès clandestin du parti en juillet 1943. Il a pris contact avec les forces trotskystes en France et ailleurs en Europe et, en février 1944, il a aidé à organiser une conférence clandestine en France à laquelle ont participé des délégués de Belgique, de France, d'Allemagne, de Grèce et d'Espagne. Abram Léon y a été élu comme un des quatre membres du Secrétariat européen de la Quatrième Internationale.

L'esquisse de biographie reproduite à la fin de ce livre en dit plus long sur sa vie. Elle a été écrite par Ernest Mandel, un camarade d'Abram Léon pendant les années de guerre.

DAVE PRINCE

Dave Prince, membre du Comité national du Parti socialiste des travailleurs (SWP) depuis 1977, a été attiré vers l'action politique ouvrière alors qu'il étudiait à l'Université d'Oberlin en Ohio (promotion de 1964) et ensuite à l'école d'art Tyler à Philadelphie. La lutte de masse des travailleurs noirs, qui a fait tomber le système Jim Crow de ségrégation raciale institutionnalisée, a eu un profond impact sur son parcours politique. Partisan dès le début de la révolution socialiste à Cuba, défenseur de Malcolm X, il a aidé à construire des actions qui ont fini par compter des millions de participants pour exiger du gouvernement des États-Unis « Ramenez les soldats [du Vietnam] maintenant ! »

Dave Prince est né en 1943 dans une famille juive cultivée du nord du New Jersey. Son père était pédiatre et sculpteur et sa mère une cadre du Parti communiste des États-Unis toute sa vie. À la fin de sa vie, elle a été agente de chanteurs et musiciens classiques.

Dave Prince a adhéré à l'Alliance des jeunes socialistes et au Parti socialiste des travailleurs à l'automne 1965, à Cleveland en Ohio. Au fil des ans, il a assumé un large éventail de responsabilités centrales de direction. Il a aidé à diriger les fractions syndicales industrielles du parti au sein du Syndicat international des travailleurs de l'électricité (UIE) et des Travailleurs unis de l'automobile (UAW), ainsi que dans des ateliers de mécaniciens et des abattoirs non syndiqués. Il a dirigé des branches du SWP dans de nombreuses villes, de Price en Utah jusqu'au nord du New Jersey.

Dans les années 90 et au début des années 2000, il a dirigé l'imprimerie du parti à New York, qui publiait l'hebdomadaire le *Militant* et les livres des éditions Pathfinder. Il a contribué à diriger la transition vers l'impression numérique, permettant d'organiser les partisans volontaires du parti aux États-Unis et ailleurs dans le monde pour qu'ils prennent en charge une grande partie du travail précédemment effectué dans l'imprimerie, afin de préparer les livres et autres documents du parti avant leur impression.

Aujourd'hui, entre autres responsabilités, Dave Prince dirige le travail avec le réseau mondial de partisans organisés du parti.

Et il n'a jamais perdu son profond attachement à l'art en tant que composante essentielle de la lutte de la classe ouvrière pour l'émancipation, dont le chemin ne peut s'ouvrir que par une révolution socialiste.

ERNEST MANDEL

Ernest Mandel, né Ezra (1923-1995), s'est joint à la section belge de la Quatrième Internationale en 1938, à l'âge de 15 ans. Il a été un proche camarade de lutte d'Abram Léon dans le travail clandestin du Parti communiste révolutionnaire pendant la deuxième guerre mondiale, alors que l'armée allemande occupait la Belgique.

Les parents d'Ernest Mandel étaient des émigrés juifs de Pologne installés à Anvers en Belgique. Pendant la montée des luttes révolutionnaires qui ont balayé l'Allemagne en 1918 à la suite de la première guerre mondiale, son père Henri s'est rendu à Berlin où il a aidé à fonder le premier bureau de presse de la Russie soviétique et a fait la connaissance de dirigeants communistes russes et allemands.

Ernest s'est joint à la politique ouvrière en 1936, alors qu'il était lycéen. Il a été profondément affecté par la forte explosion des luttes ouvrières en Belgique, ainsi que par le soutien de masse de la classe ouvrière aux forces antifascistes pendant la guerre civile espagnole. Le régime stalinien a entrepris, la même année à Moscou, ses procès anticommunistes pour éliminer les opposants. Le père d'Ernest Mandel, qui avait travaillé à Berlin en 1918 avec plusieurs des accusés, a organisé un comité de solidarité avec eux. Il a pris contact avec le petit groupe de trotskystes d'Anvers, qui a commencé à se réunir au domicile familial. C'est ainsi qu'Ernest, alors âgé de 13 ans, est devenu un sympathisant.

Après l'occupation de la Belgique en mai 1940 par la Wehrmacht allemande, le parti belge s'est reconstitué en Parti communiste révolutionnaire. Ernest Mandel a été élu au Comité central du parti. Il a rencontré pour la première fois Abram Léon en juin 1941 lors d'une réunion de direction à Bruxelles. Entre autres responsabilités, Ernest Mandel a aidé à rédiger et distribuer le journal mensuel du parti *La Voie de Lénine*, son édition flamande *Klassenstrijd* (Lutte de classe), ainsi que le journal de langue allemande *Das Freie Wort* (Liberté de parole), que les membres du parti ont distribué clandestinement aux soldats d'occupation.

En février 1944, Abram Léon et lui ont représenté le PCR à la conférence européenne clandestine de la Quatrième Internationale en Europe qui s'est tenue en France.

Ernest Mandel a été arrêté à deux reprises pendant l'occupation. La première fois, en 1942, il a échappé à ses ravisseurs. La deuxième fois, en mars 1944, un tribunal militaire l'a trouvé coupable d'avoir porté atteinte à la Wehrmacht, l'a condamné à deux ans et demi de travaux forcés et déporté dans un camp de prisonniers en Allemagne. Aux côtés de quelque 60 000 autres prisonniers venant de toute l'Europe y compris d'Allemagne, on l'a fait travailler pour le géant chimique IG-Farben dans une usine de production d'essence synthétique pour les chars d'assaut et les avions. En août 1944, il a réussi à s'échapper du camp mais a été repris et détenu dans des conditions brutales jusqu'à sa libération par les forces alliées en mars 1945.

Dans les années d'après-guerre, Ernest Mandel, qui écrivait souvent sous le pseudonyme d'Ernest Germain, est devenu la plus importante personnalité publique d'Europe identifiée à l'un des courants du mouvement trotskyste international. Il était respecté bien au-delà du mouvement ouvrier pour ses écrits économiques, en particulier *Le traité d'économie marxiste*, *Le troisième âge du capitalisme* et ses introductions à chacun des trois volumes du *Capital* de Karl Marx publiés dans une nouvelle traduction anglaise de Penguin.

DUNCAN FERGUSON

DUNCAN FERGUSON (1901-1974), qui a traduit *La question juive : une interprétation marxiste* d'Abram Léon vers l'anglais, a été un cadre du Parti socialiste des travailleurs pendant de nombreuses années et un sculpteur de premier plan.

Dans les années 30, Duncan Ferguson, comme de nombreux artistes, a été profondément affecté par la crise sociale de la grande dépression et par les puissantes luttes de syndicalisation de la classe ouvrière. Dans le cadre de son travail et de ses activités politiques, il a rencontré des communistes qui faisaient partie du courant politique international dirigé par Léon Trotsky et a été gagné à leur programme.

Duncan Ferguson est né à Shanghai, en Chine, où son père, un missionnaire méthodiste, était le président fondateur de l'Université de Nankin et un expert internationalement reconnu de l'art chinois. Duncan Ferguson a partagé son enfance entre la Chine et Newton, au Massachusetts. En 1922, il a obtenu un diplôme en littérature anglaise à l'université Harvard après avoir passé sa dernière année à étudier la musique classique et à devenir un musicien accompli.

Après avoir enseigné l'anglais à l'université Brown pendant un an, Duncan Ferguson a accepté un poste au département des Beaux-Arts de Harvard et s'est tourné vers la sculpture. Entre 1925 et 1935, il a vécu, étudié et sculpté principalement à New York, où ses oeuvres ont été exposées dans de nombreuses galeries ainsi qu'au Musée de Brooklyn, au Musée d'art moderne et au musée Whitney d'art américain de New York.

En 1935, il a accepté de se joindre à la faculté de l'Université d'État de la Louisiane (LSU) où il est devenu directeur par intérim du département des Beaux-Arts en 1939. Son art a alors pris une direction plus publique et il a obtenu des commandes de l'administration fédérale de Progrès des grands travaux (WPA) pour créer des fresques sur un certain nombre de bâtiments publics de l'État, y compris la galerie d'art de l'État à Shreveport, le nouveau bureau de poste à Leesville, le centre agricole de la LSU et l'édifice où se trouvent les bureaux de l'État de la Louisiane à Bâton-Rouge.

En 1941, à la veille de l'entrée de Washington dans la deuxième guerre mondiale, Duncan Ferguson a déménagé à New York où il a adhéré au SWP. Il a refusé l'offre du collège Queens de diriger le département des Arts et est allé travailler comme machiniste dans la gigantesque aciérie Crucible au New Jersey dans le but d'y construire le parti. Dans les années 50, avant de se tourner à nouveau à plein temps vers la sculpture, il a travaillé comme charpentier pendant cinq ans et a été un membre de la fraction syndicale des charpentiers du parti. Il a ensuite siégé pendant de nombreuses années à la commission de contrôle du SWP, l'une des instances dirigeantes nationales élues du parti.

En janvier 1944, Duncan Ferguson a déménagé au Mexique pour aider dans la maison de la veuve de Léon Trotsky, Natalia Sedova. De retour à New York en mai 1945, il a travaillé à plein temps pour le Comité de défense des droits civiques, qui avait été formé pour défendre les dirigeants du syndicat des Teamsters de Minneapolis et du Parti socialiste des travailleurs condamnés en vertu de la loi de Smith et envoyés dans une prison fédérale pendant la guerre.

À partir de 1946, Duncan Ferguson a traduit le manuscrit d'Abram Léon, localisant et vérifiant méticuleusement ses nombreuses références, un défi rendu plus difficile par la destruction, au cours de la guerre, des bibliothèques et des archives à travers l'Europe. Entre autres responsabilités, il est devenu directeur général de Pioneer Publishers, prédécesseur des éditions Pathfinder et a coordonné la publication du livre en anglais.

À PROPOS DE CETTE NOUVELLE ÉDITION EN FRANÇAIS

Cette édition de *La question juive : une interprétation marxiste* incorpore les cartes, les illustrations, les sources mises à jour et les corrections apportées au texte pour les éditions anglaise et espagnole publiées en 2020 par les éditions Pathfinder. Nous avons revu les citations des écrits de Karl Marx, Friedrich Engels et V. I. Lénine à partir des éditions les plus récentes de leurs oeuvres.

Nous avons également inclus « L'avant-propos du traducteur de l'édition anglaise » ainsi qu'une brève note biographique à son sujet, parce qu'ils mettent en lumière les circonstances dans lesquelles Abram Léon a complété ce livre, sous l'occupation nazie, et celles dans lesquelles sont parues les premières éditions en français, en 1946, et en anglais, en 1950, au lendemain de la deuxième guerre mondiale et de la « solution finale » de Hitler.

Depuis sa première parution en français, le livre a été traduit dans au moins dix langues, dont l'allemand, l'anglais, l'arabe, l'espagnol, le farsi, le grec, l'italien, le japonais, le portugais et le suédois.

Michel Dugré, février 2021

Avant-propos du traducteur de l'édition anglaise

Écrivant pendant l'occupation nazie, l'auteur était dans l'impossibilité de conformer son travail sur la question juive avec certaines normes académiques. Pour éliminer, dans la mesure du possible, cette lacune purement technique, il nous a fallu, en traduisant son ouvrage en anglais, consacrer beaucoup de temps et d'efforts pour rechercher et identifier les sources et citations qu'il avait utilisées. Nous n'avons pas toujours réussi dans ce projet de recherche et cela a considérablement retardé la publication de l'ouvrage en anglais. Mais nous espérons que même ce succès limité servira bien aux étudiants sérieux de l'histoire juive et de la question juive.

Un mot de plus en ce qui concerne les textes cités : dans tous les cas, nous avons utilisé les sources anglaises telles qu'elles apparaissent dans les éditions anglaises ; nous ne les avons pas traduites à partir du texte français. Dans tous les autres cas, nous avons utilisé les traductions anglaises standard des oeuvres étrangères quand elles existent. Lorsque les sources n'avaient pas été traduites, nous avons comparé le texte d'Abram Léon aux éditions originales en français, allemand ou yiddish.

Duncan Ferguson, 1950

INTRODUCTION

Dave Prince

Abram Léon a terminé *La question juive : une interprétation marxiste* en 1942 en Belgique, pendant l'occupation allemande. Au moment où se développait un double massacre, la deuxième guerre mondiale et la « solution finale » des nazis, Abram Léon a écrit ce livre afin d'expliquer les fondements de la haine des Juifs à l'époque impérialiste ainsi que la voie à suivre pour y mettre fin.

« Il n'y a pas de solution à la question juive en régime capitaliste, a-t-il écrit, comme il n'y a pas de solution aux autres problèmes qui se posent à l'humanité sans de profonds bouleversements sociaux, » des bouleversements révolutionnaires. « Sans éliminer les causes profondes de la question juive, on ne pourra pas en éliminer les effets. »

Ce fait de l'histoire, de la lutte des classes, a été confirmé et reconfirmé à plusieurs reprises au cours des 150 dernières années, pendant que le capitalisme a dominé de plus en plus le monde entier.

En plus des pogroms meurtriers en Europe orientale, en Europe centrale et en Russie à la fin du dix-neuvième siècle et au début du vingtième siècle, 40 pour cent des 16,6 millions de Juifs dans le monde ont été tués entre 1941 et 1945. Cela représente six millions d'êtres humains. Aujourd'hui, 75 ans après la fin de la deuxième guerre mondiale, il y a 14,5 millions de Juifs dans le monde, soit environ 15 pour cent de moins qu'au début de la guerre. Pendant ce temps, l'ensemble de la population mondiale a plus que triplé.

La question juive : une interprétation marxiste aide à comprendre pourquoi la lutte contre la haine des Juifs fait partie intégrante du programme et de la stratégie du mouvement ouvrier révolutionnaire.

Le livre a été écrit en français à la fin des années 30 et au début des années 40, une période au cours de laquelle Abram Léon est devenu un dirigeant central de la section belge de la Quatrième Internationale, l'organisation mondiale des partis communistes dirigée par Léon Trotsky. Il a été publié pour la première fois en français en 1946 aux éditions Pionniers à Paris. La traduction anglaise a été publiée en 1950 par Pioneer Publishers, le précurseur des éditions Pathfinder.

La nécessité de publier cette nouvelle édition, dans des traductions anglaise et espagnole, ainsi qu'en français, est apparue très clairement dans les commentaires politiques de travailleurs et de jeunes à la suite de présentations qu'on m'avait invité à faire dans un certain nombre de Forums ouvriers du *Militant* aux États-Unis et au Canada au cours des dernières années. Certaines de ces réunions visaient à répondre politiquement à de récentes violences contre les Juifs en Amérique du Nord et en Europe. Il s'agissait notamment d'attaques meurtrières contre des synagogues et des marchés d'alimentation casher, de harcèlement verbal et physique d'hommes portant des vêtements religieux juifs et de vandalisme contre des cimetières et des lieux de culte.

La nécessité de mieux comprendre la persécution des Juifs et la lutte pour y mettre fin est apparue non seulement dans ces échanges politiques, mais aussi dans des discussions que les membres du Parti socialiste des travailleurs avaient avec leurs collègues de travail, en faisant du porte-à-porte et en participant avec d'autres à des manifestations et des actions de rue contre la violence envers les Juifs.

La démagogie et l'activité antisémites, qui se répandent dans les milieux bourgeois libéraux et la gauche petite-bourgeoise aux États-Unis, au Royaume-Uni et dans d'autres pays impérialistes, ont étayé ces conclusions. Au Royaume-Uni, nous avons vu s'approfondir l'évolution antijuive du Parti travailliste sous la direction de Jeremy Corbyn, tandis qu'aux États-Unis les dirigeants du Parti démocrate au Congrès ont refusé de sanctionner l'un de leurs propres membres qui avait proféré des commentaires diffamatoires contre les Juifs.

La campagne dite de Boycott, Désinvestissement, Sanctions (BDS), qui sévit sur les campus, cherche à isoler Israël comme un paria parmi les nations. Elle cible systématiquement ceux qui, en Amérique du Nord, en Europe et ailleurs, entretiennent des relations avec des individus, des entreprises et des institutions en Israël. Elle cherche également à exclure des Juifs israéliens d'événements artistiques et sportifs, de conférences médicales et d'activités universitaires dans le monde entier.

~

Les diatribes antisémites et la violence contre les Juifs aujourd'hui ne sont pas une aberration historique. Ce ne sont pas des événements exceptionnels. Les causes profondes de cette haine des Juifs sont toujours présentes et elles s'exacerbent avec la polarisation de classe produite par l'aggravation de la crise capitaliste. Elles découlent de l'éclatement de l'ordre impérialiste établi au lendemain de la seconde guerre mondiale et elles s'approfondissent avec ce qu'on appelle la globalisation.

Le déchirement croissant de l'Union européenne est le symptôme le plus visible de cette crise. D'autres pactes commerciaux et militaires internationaux visant à lier entre eux des États bourgeois nationaux rivaux et leurs classes dirigeantes concurrentes se désagrègent également sous la pression des mêmes contradictions. Ce processus s'accélère, ce qu'illustre la forte perturbation actuelle des circuits d'approvisionnement mondiaux, comme en ont témoigné en 2020 l'effondrement des marchés, la chute de l'emploi, de la production et du commerce, et l'avilissement des monnaies nationales y compris du dollar américain.

Au cours des dernières années, les individus et les groupes qui posent des gestes haineux contre les Juifs et qui répandent leur venin antisémite, couvrent tout l'échiquier de la politique bourgeoise, de la gauche à la droite. Ils sont aussi de toutes couleurs de peau, de toutes croyances religieuses ou origines nationales. Qu'elles proviennent de suprématistes blancs, d'islamistes ou de personnes elles-mêmes victimes d'une oppression raciale, religieuse ou nationale, ces agressions contre les Juifs sapent la solidarité humaine au sein de la classe ouvrière et de ses alliés. Elles constituent un obstacle mortel en détournant l'attention de la nécessité de forger dans la lutte la solidarité révolutionnaire de la classe ouvrière nécessaire pour avancer vers un monde socialiste.

De telles actions se heurtent à l'opposition et au dégoût de larges couches de travailleurs et d'opprimés, qui sont de plus en plus nombreux à chercher des réponses aux questions suivantes : pourquoi la haine des Juifs continue-t-elle à montrer son visage hideux ? Quelle en est la cause ? Quelle est la solution ? Que peut-on faire pour mettre fin une fois pour toutes à la haine et au massacre des Juifs ?

« Hitler organise d'une façon préméditée la destruction du judaïsme européen et personnifie dans ce domaine, comme dans les autres, la barbarie capitaliste », explique Abram Léon. Il montre également en détail pourquoi l'antisémitisme et les pogroms meurtriers ont balayé des régions entières de l'Europe pendant des siècles *avant* les nazis, pourquoi ils ont ensuite été organisés avec une sauvagerie sans précédent *sous* les nazis et pourquoi, compte tenu des « racines profondes de l'antisémitisme du vingtième siècle », ils continueront *après* les nazis, tant que le capitalisme dominera le monde.

Si cela est vrai, et Abram Léon fonde son travail sur des bases historiques solides, alors la classe ouvrière — la classe capable de *gagner* la bataille non seulement pour mettre fin à la domination capitaliste mais aussi pour organiser une nouvelle société — a de bonnes raisons d'agir sans fléchir en reconnaissant que les intérêts du peuple juif, selon les mots d'Abram Léon, « sont liés étroitement aux intérêts des masses populaires du monde entier ».

~

Abram Léon s'est employé à construire un parti prolétarien en Belgique dans les conditions de clandestinité imposées à l'activité politique et syndicale de la classe ouvrière pendant l'occupation allemande. Il s'est tourné vers le programme communiste de la révolution prolétarienne et de l'internationalisme qu'a mené à terme le Parti bolchevique sous la direction de Lénine.

Abram Léon s'est battu pour défendre et développer le cours politique de Lénine, le cours qui avait abouti à la révolution russe d'octobre 1917 dirigée par les bolcheviks et à l'Internationale communiste des premières années. Il s'est vigoureusement opposé à la contre-révolution politique qui a triomphé dans les années qui ont suivi la mort de Lénine en 1924, une contre-révolution servant les intérêts des couches privilégiées petites-bourgeoises dans l'appareil de l'État soviétique et dans celui du parti, dont le principal représentant était Joseph Staline. L'antisémitisme se propageait dans cette caste bureaucratique croissante.

Pendant les années de guerre, Abram Léon a travaillé clandestinement avec des métallurgistes dans la ville industrielle de Liège et a aidé à organiser la diffusion de journaux et livres communistes parmi les soldats du rang de l'armée allemande d'occupation. En 1944, il a quitté les environs de Bruxelles où il avait vécu en clandestinité pendant environ deux ans, pour s'installer dans la région des mines de charbon de Charleroi, au sud-ouest de la Belgique. Il voulait ainsi collaborer plus facilement avec les mineurs en contact avec le parti.

Mais la nuit-même de son arrivée à Charleroi, Léon a été arrêté par la police militaire d'occupation et emprisonné. Un mois plus tard, il a été déporté en Pologne, alors occupée par l'Allemagne, et envoyé dans le camp d'extermination d'Auschwitz administré par les SS, des unités militaires créées par le parti nazi et directement subordonnées à lui. Il a été exécuté dans les chambres à gaz la même année, à l'âge de 26 ans.

Ernest Mandel, l'un de ses compagnons d'armes pendant les années de guerre en Belgique, a écrit en 1946 une esquisse de biographie en hommage à Abram Léon, reproduite ici en annexe.

~

Parmi les Juifs et les autres peuples opprimés de Russie et d'Europe orientale, Lénine et les bolcheviks étaient tenus en haute estime pour leur lutte sans compromis contre les persécutions antisémites. « Les ennemis des travailleurs, ce ne sont pas les Juifs. Ce sont les capitalistes de tous les pays », disait Lénine dans un discours aux ouvriers et aux paysans de Russie soviétique en mars 1919. « Honte à ceux qui sèment la haine contre les Juifs, à ceux qui sèment la haine contre les autres nations. »

Depuis leur origine en 1903 comme courant ouvrier politiquement distinct, les bolcheviks ont lutté dans tout l'empire tsariste contre les pogroms et la persécution des Juifs. Le nouveau gouvernement des travailleurs et des agriculteurs de la Russie soviétique, qu'a instauré la révolution d'octobre 1917, a non seulement assuré aux Juifs leurs droits politiques, mais a également encouragé un renouveau culturel juif dans la vie de tous les jours, dans la musique, la littérature, la peinture et le théâtre. Les publications et les spectacles en langue yiddish se sont multipliés.

Le gouvernement dirigé par les bolcheviks a mis fin aux pogroms meurtriers contre les Juifs alors qu'une guerre contre-révolutionnaire de trois ans semait la dévastation. Les propriétaires fonciers et les capitalistes russes qui venaient d'être chassés du pouvoir avaient initié cette guerre en fusionnant leurs forces avec celles des armées d'invasion de 14 puissances impérialistes, allant de Londres et Paris à Tokyo et Washington. La défaite de la contre-révolution et la fin des pogroms ont été un immense succès de l'armée rouge des travailleurs sous le commandement de Léon Trotsky.

Durant ces premières années de la Russie soviétique, les tentatives des anciennes classes dirigeantes d'utiliser la démagogie antijuive contre le nouvel État ont échoué. Les bolcheviks ont réussi à repousser l'antisémitisme de multiples manières dans le feu de la lutte des classes. Dans son livre *Ma vie*, Trotsky décrit comment il a d'abord hésité, en raison de ses origines familiales juives, à accepter la tâche d'organiser et de diriger le nouveau ministère en charge de la police, de l'immigration et de toutes les autres questions ayant trait à la sécurité.

Lénine « exigeait que je prenne la direction du commissariat de l'Intérieur, en affirmant que la tâche la plus importante à ce moment-là était de combattre la contre-révolution, a écrit Trotsky. Je m'y suis opposé. [...] Cela valait-il la peine de mettre entre les mains de nos ennemis l'arme additionnelle que représentait mon origine juive ?

« Lénine a presque perdu son sang-froid, a poursuivi Trotsky. « Nous vivons une grande révolution internationale. Quelle importance peuvent avoir de telles bagatelles ? »

« Lénine avait raison », a écrit Trotsky plus loin dans *Ma vie*. « Pendant les années où la révolution montait, cette question n'avait aucune importance. Bien sûr, les blancs [les forces contre-révolutionnaires] ont bien tenté de recourir à des idées antisémites dans leur agitation à l'intérieur de l'armée rouge, mais ils n'ont eu aucun succès. [...]

« La question de mes origines juives n'a pris de l'importance qu'au début de la campagne politique engagée contre moi » par Joseph Staline et d'autres dirigeants qui abandonnaient le programme internationaliste prolétarien de Lénine, à la fin des années 20 et 30. Trotsky dirigeait alors la lutte mondiale dans le mouvement communiste pour poursuivre le cours de Lénine. « Les antisémites ont relevé la tête en même temps que les antitrotskystes. Les uns et les autres puisaient à la même source : la réaction de la petite bourgeoisie contre Octobre. »

L'Internationale communiste a intégré, dans ses fondements programmatiques, le cours adopté par les bolcheviks pour mettre fin à l'oppression des Juifs. En mars 1919, le Comintern, nom sous lequel on connaissait l'Internationale, a été fondé à l'initiative des bolcheviks comme un mouvement mondial de partis prolétariens cherchant à suivre l'exemple dans leur propre pays de ce que les travailleurs et les paysans avaient commencé en Russie un an et demi plus tôt.

Ce programme et cette ligne de marche politique demeurent à ce jour les fondations sur lesquelles reposent le

Parti socialiste des travailleurs et le mouvement communiste mondial dont il fait partie.

~

« Je compte sur vous pour publier mes travaux sur la question juive dès que les circonstances le permettront », a écrit Abram Léon à ses camarades du parti dans la dernière lettre qu'il a réussi à faire sortir clandestinement de prison en Belgique avant d'être déporté à Auschwitz en juillet 1944.

Quelques mois après la fin de la seconde guerre mondiale en Europe, lorsque la direction du Parti socialiste des travailleurs aux États-Unis a pris connaissance de l'existence du manuscrit par des camarades en Belgique, elle s'est organisée pour en obtenir une copie afin de le traduire et le publier en anglais. En mai 1946, un membre du SWP qui était marin dans la marine marchande et qui agissait comme messager a apporté à New York le manuscrit retapé en français. Duncan Ferguson, un cadre du parti qui était également un sculpteur bien connu, l'a traduit en anglais. En août 1947, Farrell Dobbs, un dirigeant du SWP, a proposé à la direction du parti de lancer une souscription dans le journal hebdomadaire le *Militant* afin de recueillir l'argent nécessaire pour publier le livre.

L'édition anglaise de *La question juive : une interprétation marxiste* a d'abord paru au Mexique en 1950, publiée par les *Ediciones Pioneros*. Depuis lors, l'édition en langue anglaise a toujours été maintenue en circulation et diffusée largement.

En plus de vérifier le texte par rapport à l'original en français et de corriger quelques erreurs factuelles et de traduction, cette nouvelle édition 2020 comprend pour la première fois des cartes qui aideront le lecteur à suivre le récit d'Abram Léon, des dizaines de photos et d'illustrations ainsi qu'un glossaire de noms et de lieux.

~

Le matérialisme historique et la méthode dialectique de Karl Marx et de Friedrich Engels ont guidé chaque étape du travail d'Abram Léon sur ce livre. « La situation des Juifs au vingtième siècle », et nous pouvons maintenant ajouter au vingt-et-unième siècle, « se rattache intimement à leur passé historique », a écrit Abram Léon dans les premiers paragraphes. Il commence en remettant « la question juive sur les pieds » de la même manière, comme il l'explique lui-même, que Marx l'avait fait dans un article écrit en 1843 à l'âge de 25 ans [1] ».

Altérant le contenu de cet article, de nombreux ennemis de la classe ouvrière ont accusé Marx et le mouvement mondial qu'il a contribué à fonder d'être antisémites. C'est le contraire qui est vrai. Abram Léon prend avec raison le point de départ de Marx comme fondement irremplaçable de la lutte intransigeante contre la haine envers les Juifs.

« Il ne faut pas partir de la religion pour expliquer l'histoire juive, affirme Abram Léon. Au contraire, le maintien de la religion ou de la nationalité juives ne doit être expliqué que par le « Juif réel », c'est-à-dire par le Juif dans son rôle économique et social », y compris dans le rôle qu'ont joué les Juifs dans l'essor et le déclin du capitalisme au cours des 500 dernières années. L'histoire des Juifs et de la haine des Juifs se mêle à celle de la lutte des classes, en constante évolution au cours de deux millénaires, et a toujours fait partie intégrante de ces conflits de classe.

---

1. Karl Marx, *Sur la question juive*, La fabrique, Paris, 2006.

À l'époque impérialiste, la haine des Juifs remplit une fonction particulière pour les classes dirigeantes. Il ne s'agit pas simplement d'une forme d'intolérance et de discrimination parmi d'autres ni d'une autre variété de racisme, de « nationalisme blanc » ou de xénophobie. On ne doit pas ignorer les paroles et les actes antisémites, encore moins les « comprendre » comme s'ils n'étaient que de malheureuses « figures de style », des expressions « politiquement correctes » pour défendre le peuple palestinien ou encore des erreurs de jugement involontaires au sujet de la liberté de culte.

Croire que l'on peut compter sur la démocratie bourgeoise et ses partis capitalistes concurrents pour protéger les Juifs en période de grave crise sociale et politique est une illusion fatale, au moment où des sections de plus en plus nombreuses des classes possédantes deviennent convaincues que leur pouvoir même est menacé. Croire que la haine des Juifs disparaîtra d'elle-même, d'une façon ou d'une autre, est une illusion fatale pour le peuple juif de même que pour la classe ouvrière et ses alliés.

Ces conceptions erronées contredisent l'histoire du rôle de la haine des Juifs, de son rôle *particulier*, dans la défense de la richesse et du pouvoir d'État des capitalistes en situation de crise grave. Le fait que cette haine a perduré, disait Abram Léon, ne vient pas de la classe ouvrière. Sous les nazis, « les ghettos et les loques jaunes n'empêchent pas les ouvriers d'éprouver une solidarité grandissante à l'égard de ceux qui souffrent le plus des maux dont souffre toute l'humanité. »

La haine des Juifs ne constitue pas une division *au sein de* la classe ouvrière attisée par la classe dirigeante pour dresser un groupe de travailleurs contre un autre. Elle ne vise pas à exacerber la compétition entre travailleurs pour des emplois et réduire ainsi la résistance à l'exploitation.

Sous le capitalisme, ces divisions fomentées par la classe dirigeante constituent bien le fondement matériel de la discrimination et des préjugés racistes basés sur la couleur de la peau, le sexe, le statut migratoire, la langue et plus encore.

L'antisémitisme virulent diffère tant par ses origines que par son objectif.

En période de forte dislocation capitaliste, face au risque de perdre leur revenu, leur emploi, leur maison, leur ferme, leur petite entreprise ou leur carrière, les couches vulnérables des classes moyennes des villes et des campagnes cherchent un coupable. Elles ont peur de l'abîme. Elles craignent d'être précipitées dans le prolétariat, parmi les « déplorables » qui, en temps de crise, n'ont rien d'autre à vendre que leur force de travail ni rien d'autre dont ils peuvent vivre, au moment même où cette force de travail trouve de moins en moins d'acheteurs.

Avec une direction qui a une perspective lutte de classe et qui montre en action la voie à suivre, la classe ouvrière et ses organisations pourront arriver à diviser ces couches de petits-bourgeois qui voient venir leur future condition de prolétaires. Mais pour réussir, elles devront *lutter de manière décisive et remporter des victoires* qui profiteront également à de larges couches de petits producteurs et de propriétaires. Le mouvement ouvrier révolutionnaire et son parti d'avant-garde pourront convaincre et recruter beaucoup de membres de ces couches, mais *seulement* grâce à l'exemple de luttes ouvrières.

À l'inverse, si les dirigeants de la classe ouvrière qui favorisent la collaboration de classe réussissent à bloquer une telle alternative révolutionnaire, le mouvement syndical ne sera pas le seul à reculer. À la vue de la réalité brutale d'un ordre social qui ne leur offre rien sinon davantage de misère, des millions de petits-bourgeois deviendront sensibles à un certain anticapitalisme alimenté par l'amertume, le ressentiment, les préjugés et la haine. Cela pourra aussi se produire parmi des travailleurs désespérés et démoralisés, en particulier parmi ceux que le capital exploite principalement par le biais de l'esclavage de la dette.

« Il est donc faux d'accuser le grand capital d'avoir fait naître l'antisémitisme », explique Abram Léon. Au milieu des crises économiques et sociales turbulentes des années 20 et 30, alors que les dirigeants capitalistes en Allemagne se sentaient menacés par la perspective d'une révolution prolétarienne, « le grand capital ne fit que se servir de l'antisémitisme élémentaire des masses petites-bourgeoises », ajoute-t-il.

« Par le mythe du « capitalisme juif », le grand capital essaya de monopoliser à son profit la haine anticapitaliste des masses. »

~

Quelle est la racine de « l'antisémitisme élémentaire » de la petite-bourgeoise ? D'où vient le mythe du « capitalisme juif » ?

Abram Léon répond à ces questions en retraçant les origines de la haine des Juifs à l'époque moderne à travers l'histoire écrite de la société de classe. Il nous emmène de l'Antiquité, en passant par le féodalisme, l'essor du capitalisme avec sa création de la classe ouvrière moderne, jusqu'au début de l'agonie du capitalisme et de l'ordre impérialiste mondial qu'il domine.

Abram Léon montre que la diaspora juive, la dispersion de la grande majorité des Juifs de la région située entre le fleuve Jourdain et la côte méditerranéenne, a eu lieu plusieurs siècles avant la chute de Jérusalem en 70 après J.-C., c'est-à-dire bien avant la défaite de la première révolte juive contre l'empire romain *.

Il souligne le fait que bien que ces émigrants à travers le Moyen-Orient, l'Afrique du Nord et l'Europe aient eu différents moyens de subsistance, « il est indubitable que l'immense majorité des Juifs dans la dispersion s'occupaient du commerce ». En tant que marchands en tous genres, ils étaient pendant des siècles les intermédiaires commerciaux dominants entre l'Est et l'Ouest. Le commerce, l'octroi de crédits et le prêt d'argent par des Juifs ont été déterminants pour mettre fin à l'isolement géographique et ainsi permettre l'ouverture de grandes parties du monde non seulement à l'exploitation et à la colonisation, mais aussi aux échanges culturels, scientifiques et technologiques.

S'appuyant sur des sources historiques très nombreuses, Abram Léon démontre que pendant deux millénaires, de l'Antiquité jusqu'à l'essor du capitalisme industriel aux dix-huitième et dix-neuvième siècles, « Les Juifs constituent dans l'histoire avant tout un groupe social *ayant une fonction économique déterminée. Ils sont une classe ou mieux encore, un peuple-classe* ».

Tout au long de l'Antiquité et au début du moyen âge, cette position sociale a permis aux communautés juives d'être bien protégées par les classes dirigeantes possédantes non juives : aristocraties terriennes et esclavagistes, seigneurs féodaux et la royauté. Toutes ces classes dépendaient de réseaux de marchands pour ouvrir de nouvelles routes commerciales et faire des emprunts leur permettant de financer leur propre pouvoir, leur faste et leurs guerres.

Cependant, comme le relate Abram Léon, avec l'émergence du capitalisme marchand lui-même, les Juifs ont

* Voir le glossaire : Révolte juive, première.

dû faire face à une persécution accrue et à des expulsions massives, d'abord de France (1182) et d'Angleterre (1290), puis d'Espagne (1492) et du Portugal (1497). La concurrence venue d'une classe de marchands en plein essor et dont l'écrasante majorité était catholique, alimentait de nouveaux conflits de classe et établissait les bases sociales de la haine des Juifs.

Par le biais de guerres et de conflits sanglants qui ont duré des siècles, le capital industriel et bancaire en pleine croissance a miné et supplanté la société féodale, y compris dans ses façons de prêter de l'argent. Les nouvelles classes capitalistes émergentes d'Europe occidentale et centrale ont impitoyablement délogé les Juifs de leur position économique et sociale multiséculaire. Le peuple-classe juif était devenu de plus en plus un obstacle à l'exploitation universelle et effrénée par le capital — aussi bien par l'esclavage *salarié* que par l'esclavage de la *dette* — des travailleurs et des paysans sans propriété et des autres producteurs qui travaillaient sur la terre et dans les villes petites et grandes.

Le féodalisme se fondait sur la production à petite échelle pour la consommation locale, les domaines de chaque seigneur étant largement autosuffisants. La noblesse féodale au pouvoir exerçait un contrôle sur tous les aspects de la vie des paysans producteurs, les serfs, qui étaient attachés aux domaines des seigneurs. À la fin du moyen âge, ces relations féodales étaient devenues un frein au développement social et économique.

Le récit que fait Abram Léon de cette transition tumultueuse s'appuie sur la recherche et les riches analyses historiques présentées par Marx dans *Le Capital.* Léon décrit les conséquences dévastatrices, pour les Juifs de toute l'Europe, de la destruction de ces relations sociales médiévales par la bourgeoisie. Une expansion plus rapide du développement industriel et du commerce mondial ne pouvait se faire et se consolider qu'avec l'établissement d'un système bancaire capitaliste moderne.

« Éliminés les premiers par le féodalisme décadent, écrit Abram Léon, les Juifs furent aussi les premiers rejetés par les convulsions du capitalisme agonisant. Les masses juives se trouvèrent coincées entre l'enclume du féodalisme décadent et le marteau du capitalisme pourrissant. »

Pendant les cataclysmes sociaux des années 20 et 30, les classes dirigeantes bourgeoises en sont venues à utiliser cette histoire du peuple juif, mais *en la déformant*. Elles l'ont fait, explique Abram Léon, afin de « canaliser la conscience anticapitaliste des masses » contre le fantôme d'un substitut de l'ennemi de classe, une classe qui est largement antérieure au capitalisme et « n'existant plus qu'à l'état de vestige ; ce vestige est cependant suffisamment considérable encore pour donner une certaine apparence de réalité au mythe ».

C'est pour ces raisons qu'à l'époque impérialiste, la haine des Juifs prend sa source dans la petite bourgeoisie et dans deux courants politiques anticapitalistes bourgeois et petit bourgeois, l'extrême droite et la gauche radicale. Cependant, ce n'est qu'à partir du moment où un nombre important de familles de la classe dirigeante ne voient plus d'autre moyen de se maintenir au pouvoir que des secteurs de cette classe commencent à encourager et financer des partis fascistes et leurs unités de combat, petits au début mais toujours violents, pour attaquer des piquets de grève, des réunions de travailleurs et des luttes sociales. Ces secteurs du grand capital agissent ainsi pour briser les syndicats et les partis politiques de la classe ouvrière, et pour écraser dans le sang chaque acte de résistance des travailleurs face au désastre causé par le capital.

Au cours de ce processus, les dirigeants des organisations fascistes et leurs hommes de main armés érigent la haine des Juifs en étendard venimeux de leur croisade anti-ouvrière. Les défenseurs de l'ordre bourgeois ne les soutiennent qu'en dernier recours et dans des conditions extrêmes. Ils cherchent ainsi à tourner l'anticapitalisme des masses contre les Juifs, comme s'ils étaient la cause de leur insécurité et de leur ruine, et à détourner leur attention de la véritable cause : l'exploitation capitaliste mondiale, l'oppression et la division de la classe ouvrière.

C'est ce qui s'est passé en Allemagne à la fin des années 20 et au début des années 30 lorsque les dirigeants staliniens du Parti communiste ont refusé de mener la lutte pour un front uni de la classe ouvrière contre le fascisme. En agissant ainsi, le PC allemand a laissé échapper l'occasion de vaincre dans la rue et de manière décisive, avant son triomphe en 1933, le Parti ouvrier national-socialiste allemand d'Hitler qui était alors ascendant. Avec un mélange de proclamations gauchistes et d'inaction, le PC a barré la route à la révolution socialiste dans le pays le plus important d'Europe sur le plan politique.

La trahison des staliniens et des sociaux-démocrates a permis aux nazis de commencer, dès 1933, à consolider leur emprise sur l'appareil d'État capitaliste allemand. Ce qui, en retour, a accéléré le déclenchement de la deuxième boucherie impérialiste du vingtième siècle, y compris le projet d'Hitler d'exterminer les Juifs en Allemagne, en Pologne et dans les pays occupés d'Europe occidentale, centrale et orientale.

À partir des années 20 jusqu'à la fin de la seconde guerre mondiale, les nazis ont mené une propagande virulente contre les « capitalistes juifs » et les « banquiers juifs ». Leurs vauriens en uniforme puis les tueurs de la Gestapo fustigeaient le « Juif étranger », le « Juif international », le

« Juif cosmopolite », prétendument loyal à nul autre que son peuple. Les nazis ont placardé les murs et rempli les revues et les journaux de caricatures grotesques et obscènes d'usuriers et de prêteurs sur gages juifs : le « Juif errant », « le Juif éternel ». Dans le but de frapper encore plus le mouvement ouvrier, ils ont particulièrement ciblé les « communistes juifs » et les « judéo-bolcheviks ».

Aujourd'hui, alors que les tensions de classe s'intensifient, de tels stéréotypes antisémites, aussi répugnants soient-ils, ressurgissent en prenant de nouvelles formes. Les Juifs hassidiques sont ciblés pour être la cause de « l'embourgeoisement des quartiers » et accusés d'acheter des logements et des biens immobiliers afin d'en chasser les familles de travailleurs ou des classes moyennes modestes. On nous dit alors que les loyers « sont bien trop élevés » à cause des propriétaires juifs et que les prix de détail augmentent à cause de « l'avidité » des commerçants juifs.

Les propagandistes antisémites voudraient nous faire croire que le soutien des Juifs des États-Unis et d'ailleurs pour l'État d'Israël est une preuve de « double allégeance ». Des pamphlets antisémites prétendent à tort que les Juifs ont dominé la traite des esclaves africains et ont joué un rôle essentiel dans le génocide des Autochtones d'Amérique.

« Qui a dit aux 4000 Israéliens qui travaillaient dans les tours jumelles à New York, de rester chez eux ce jour-là ? », a écrit Amiri Baraka après le 11 septembre 2001 dans un commentaire haineux contre les Juifs : « Quelqu'un a fait exploser l'Amérique. » Et la liste continue.

En réalité, comme l'explique Abram Léon, « c'est précisément parce que les Juifs ne jouent pas le rôle qui leur est attribué que la persécution antisémite peut prendre une telle ampleur. [...] À mesure que s'évanouit le fantôme du capitalisme juif, apparait dans toute sa laideur la réalité capitaliste ». C'est ce qu'on voit de plus en plus aujourd'hui.

~

« Aux pires époques du moyen âge, des contrées entières s'ouvraient pour les recevoir », a écrit Abram Léon au début des années 40. « Actuellement, le capitalisme, qui domine l'univers entier, leur rend la terre inhabitable. »

La crise capitaliste mondiale des premières décennies du vingtième siècle « a aggravé la situation des Juifs d'une façon inouïe, explique-t-il. Les Juifs, éliminés de leurs positions économiques dans le féodalisme, ne purent s'intégrer dans l'économie capitaliste en pleine putréfaction. Dans ses convulsions, le capitalisme rejette même les éléments juifs qu'il ne s'est pas encore complètement assimilés.

« Partout se développe un antisémitisme féroce des classes moyennes étouffant sous le poids de contradictions capitalistes. »

Au milieu de cette montée de la barbarie, tandis que la grande dépression débouchait sur la guerre impérialiste mondiale, Washington, Londres et d'autres démocraties capitalistes ont fermé leur porte à l'émigration juive d'Europe. Elles l'ont fait dès 1933, lorsque Hitler et les nazis ont pris le pouvoir en Allemagne, et jusqu'à longtemps après la fin de la seconde guerre mondiale en 1945 et les années immédiates d'après-guerre.

En 12 ans, de 1933 à 1945, l'administration américaine de Franklin D. Roosevelt a accordé des visas à 200 000 immigrants juifs, seulement 17 000 en moyenne par an. En juin 1939, dans le port de Miami, le gouvernement américain du « New Deal » a refoulé les 937 demandeurs d'asile à bord du paquebot allemand Saint-Louis, presque tous des réfugiés juifs. Le navire a été contraint de retourner en Europe. En quelques années, plus d'un quart des passagers avaient péri.

Pendant cette même période, le gouvernement du Royaume-Uni a autorisé l'entrée à moins de 6 000 Juifs par an en moyenne ; l'Australie à 1250 par an. Le Canada a accordé des visas à 5 000 Juifs au cours de ces douze années, soit moins de 500 par an en moyenne.

Comment expliquer que les plus puissantes démocraties impérialistes aient ainsi claquer la porte aux Juifs ? Abram Léon présente une réponse claire : les Juifs étaient venus frapper à leur porte dans les années 30, en pleine période de « crise persistante du capitalisme » et « de guerres presque incessantes ».

« En réalité, dit Abram Léon, les possibilités d'émigration juive diminuent en même temps qu'augmente sa nécessité. Les causes qui poussent à l'émigration », c'est-à-dire la persécution meurtrière des Juifs déclenchée par l'intensification de la crise et du conflit interimpérialiste, « sont les mêmes que celles qui empêchent sa réalisation : elles proviennent toutes de la décadence du capitalisme. »

Dans un article antérieur, adressé aux Juifs des États-Unis en décembre 1938, le dirigeant bolchevique Léon Trotsky a fortement insisté sur le même point. « Le nombre de pays qui expulsent les Juifs croît sans cesse. Le nombre de pays susceptibles de les accueillir diminue. En même temps, le combat s'exacerbe et s'intensifie.

« On peut sans peine imaginer ce qui attend les Juifs dès le déclenchement de la guerre mondiale à venir. Mais, même si la guerre est écartée, le prochain développement de la réaction mondiale implique avec certitude *l'extermination physique des Juifs.* »

Même après la seconde guerre mondiale, un quart de million de survivants juifs en Europe se sont vu refuser l'entrée aux États-Unis, au Royaume-Uni et en « Palestine

La question juive

UNE INTERPRÉTATION MARXISTE

La lutte pour construire des partis révolutionnaires qui sont prolétariens dans leur programme, leur composition de classe et leur ligne de conduite ne peut se faire sans lutter pour débarrasser le monde de la haine des Juifs sous toutes ses formes.

Manifestation devant le consulat allemand à New York en novembre 1938. Parrainée entre autres par le Parti socialiste des travailleurs, elle exigeait que Washington accueille des réfugiés. Cette action avait été appelée en réponse à la *Kristallnacht* (Nuit de cristal), une opération meurtrière menée par les troupes d'assaut nazies contre les entreprises, les écoles, les maisons et les synagogues juives en Allemagne.

Lors de graves crises sociales, les fascistes utilisent l'antisémitisme des classes moyennes ruinées en quête de boucs émissaires. Le grand capital, qui voit son pouvoir menacé par la classe ouvrière, entretient alors le mythe du « capital juif » pour rejeter la faute sur les Juifs.

ARCHIVES MUNICIPALES, NUREMBERG, ALLEMAGNE

En haut : La banderole déployée lors d'une action pronazie en 1933 en Allemagne dit : « Aidez-nous à libérer l'Allemagne du capital juif. N'achetez pas dans les magasins juifs. »

En bas : Affiche pour l'exposition « Juif éternel », organisée par le Troisième Reich à Munich, 1937. La caricature antisémite représente un Juif avec des pièces d'or dans une main, un fouet dans l'autre et une carte de l'Allemagne marquée du marteau et de la faucille sous le bras.

Travailleurs de New York ! Halte aux fascistes ! Manifestons au Madison Square Garden !

WORKERS OF NEW YORK!

Stop the Fascists!

PICKET MADISON SQUARE ARDEN, MON., FEB. 20, 6 P. M. !

he fascists are mobilizing at Madison Square Garden Monday night.

itler's German-American Bund gangsters, Pelley's Silver Shirt scum Coughlin's mob of labor-haters have hurled a brazen challenge at workers of New York.

Wrapping themselves in the cloak of patriotism and "Americanism", e fascists prepare to *spew* their anti-labor and anti-Jewish poison hroughout New York City.

These gangs have already gone too far. They must be stopped.

What are you going to do to stop this murderous crew?

We must not let this filthy, creeping slime get a foothold in New York.

Gather in front of Madison Square Garden Monday by the thousands!

Be there at 6:00 P. M. sharp!

Let the fascists feel the anger and the might of the working class—Get out and picket!

Don't wait for the concentration camps — Act now!

On to Madison Square Garden Monday Night!

Issued by the
SOCIALIST WORKERS PARTY (Fourth International)
116 University Place, New York City

En haut : Minneapolis, 1938. Garde de défense syndicale mise en place par la direction de la section locale 544 des Teamsters. Ses exercices d'entraînement publics et ses actions disciplinées ont chassé les Chemises d'argent fascistes de la ville, mettant un terme aux tentatives de s'en prendre aux Juifs et de s'attaquer au local et aux réunions des travailleurs de la section 544.

En bas : New York, 20 février 1939. (À droite) Rassemblement de 50000 personnes à l'appel du Parti socialiste des travailleurs devant le Madison Square Garden, où se tenait (à gauche) un meeting pronazi de 20000 personnes. **Encadré :** Tract d'appel au rassemblement.

Parce qu'ils luttaient sans compromis contre les persécutions antisémites, Lénine et les bolcheviks jouissaient d'une grande estime parmi les Juifs et les autres peuples opprimés.

En haut : Moscou, novembre 1919. Le dirigeant bolchevik V. I. Lénine et le commandant de l'armée rouge Léon Trotsky (saluant).

Le gouvernement des travailleurs et des paysans a mis fin aux pogroms et vaincu la contre-révolution des classes exploiteuses. « Les ennemis des travailleurs, ce ne sont pas les Juifs. Ce sont les capitalistes de tous les pays », a dit Lénine. **En bas :** Une affiche antisémite publiée en 1919 par les contre-révolutionnaires dépeint Trotsky comme le « diable » juif. Celui-ci a indiqué par la suite, lorsqu'il dirigeait la lutte pour défendre le cours communiste de Lénine, que les staliniens ont ressuscité « la question de mon origine juive ».

APRÈS LE POGROM PAR MAURYCY MINKOWSKIC (1910)

INSTITUT YIVO DE RECHERCHE JUIVE

En haut : Peinture d'un artiste juif polonais dépeignant les survivants du pogrom de 1906 à Bialystok, en Pologne sous domination russe. Cette attaque organisée par la police politique tsariste a duré trois jours, pendant lesquels 80 personnes ont péri et beaucoup d'autres ont été blessées. **En bas :** Odessa en Ukraine soviétique, 1918. Unité d'autodéfense juive pendant la guerre civile russe. Les Juifs étaient particulièrement visés par les attaques contre-révolutionnaires.

Le nouveau gouvernement soviétique des travailleurs et des agriculteurs a garanti les droits politiques des Juifs et a encouragé un renouveau culturel juif : dans la vie quotidienne, la musique, la littérature, la peinture et le théâtre.

INSTITUT YIVO DE RECHERCHE JUIVE

GALERIE D'ÉTAT TRETYAKOV, MOSCOU

En haut : Le dessin représente des soldats de l'armée rouge chassant les capitalistes et les ennemis de la révolution. D'après un livre en yiddish fait à la main et produit dans un orphelinat juif de Bershad, en Ukraine en 1924. **En bas :** Dessins de costumes pour la pièce *Les travailleurs de l'atelier de confection et les hommes riches* d'Isaac Rabichev, 1922. **Page de face, en bas :** Scène d'une représentation au Théâtre yiddish d'État en 1922 de *La Sorcière*, une pièce d'Avram Goldfaden, souvent appelé le père du théâtre yiddish.

À droite : *Musique* par Marc Chagall. Une des quatre peintures murales de Chagall à l'entrée du Musée du théâtre central d'État de Moscou, créé en 1920 par des acteurs, des artistes et des metteurs en scène avec le soutien et le financement du gouvernement soviétique.

GALERIE D'ÉTAT TRETYAKOV, MOSCOU

SÉE DU THÉÂTRE CENTRAL D'ÉTAT A.A. BAKHRUSHIN, MOSCOU

Après la seconde guerre mondiale, 250 000 Juifs survivants se sont vu refuser l'entrée aux États-Unis, au Royaume-Uni et en Palestine sous mandat britannique. En Allemagne, en Autriche et en Italie, on les a transférés dans des camps pour « déplacés ».

Page d'en face, en haut : Juillet 1947. Des soldats britanniques montent à bord du navire de réfugiés *Exodus*, refusant à 4 500 Juifs l'entrée en Palestine et les renvoyant en Europe. Trois passagers ont été tués, des dizaines, blessés.

Le *Militant* a condamné Londres et Washington. « Exigeons que les États-Unis ouvrent leurs portes aux personnes déplacées. Invitons les réfugiés de l'*Exodus* à venir en Amérique ! », a dit l'hebdomadaire ouvrier. « Le mouvement ouvrier doit combattre cette attitude inhumaine. »

WOLF SCHÄRF

MONDAY, AUGUST 4, 1947 THE MILITANT PAGE THREE

4,500 Jews Get Another Lesson in "Democracy"

By Evelyn Atwood

For the past 12 days, 4,500 Jewish refugees, among them 1,800 women and [illegible] for Palestine, have undergone bloodshed a[illegible] British imperialists that Hitler cou[illegible]

[illegible] the Jewish immigrants [illegible]ered aboard three British [illegible] Empire Valour, Ocean [illegible] Runnymede Park for [illegible] to France. Food sup[illegible] far from sufficient for [illegible]itudes.

[illegible] officials still claim that [illegible]efugees were well treated. The [illegible]ndition of the involuntary passengers revealed quite the contrary. Several died as a result of ill treatment or of wounds. According to a Reuters dispatch, a Jewish doctor who went aboard the **Runnymede Park** said there was an epidemic of diarrhoea among the children. But reports about the condition of the ship's occupants could not be verified, since newspaper men were forbidden even to approach the ships. The wretched people could be observed only through field glasses. Some were peering through portholes. Others were standing on decks which were completely compartmented with barbed wire.

About 17 [illegible] British warships — five destroyers and one cruiser — opened up savage warfare on the little vessel and its defenseless occupants. The warships smashed into the **Exodus** from three directions, enveloping the ship in a cloud of fire bombs, gunfire, tear gas. Huge portions of the ship were reduced to kindling wood.

SCORES WOUNDED

For more than three hours, while women and children screamed, the murderous assault continued. Twenty men fell seriously wounded, five lay dying, a hundred were injured. [illegible]

4 500 Juifs reçoivent une autre leçon de « démocratie »

British Seize Refugee Ship

KLAUS FOHRINGER

En haut : Le *Militant* du 4 août 1947. Le titre de la photo dit : « Les Britanniques saisissent un navire de réfugiés. »

Au-dessus et à gauche : Deux camps pour personnes déplacées en Autriche après la seconde guerre mondiale.

La haine des Juifs n'est pas une simple forme de bigoterie et de discrimination parmi d'autres, ni un autre type de racisme ou de xénophobie. Abram Léon explique ses racines économiques et son histoire vieille de 2000 ans.

En haut : Attaque armée contre des Juifs, qui a fait trois morts en décembre 2019, dans une épicerie casher à Jersey City, au New Jersey.

En bas : New York, janvier 2020. Manifestation de 25 000 personnes condamnant les meurtres de Juifs à New York et au New Jersey.

ROBERT TORRES

La campagne « Boycott, désinvestissement, sanctions », menée par la gauche petite-bourgeoise, vise à exclure les Juifs israéliens d'événements culturels, sportifs et universitaires et s'en prend aux entreprises qui commercent et investissent en Israël.

En haut à gauche : Action de boycott contre un grand magasin britannique en 2010. **En haut à droite :** Le quatuor à cordes de Jérusalem dont le concert à Londres a été perturbé la même année. **En bas :** Melbourne, Australie, juin 2010.

On ne peut résoudre la question juive indépendamment de la révolution prolétarienne mondiale.

À G. : ESTUDIOS REVOLUCIÓN / À DR. : AIMABLE AUTORISATION DE LA MAISON DE LA COMMUNAUTÉ JUIVE DE CUBA

La révolution socialiste à Cuba a fourni un exemple de direction communiste comme on en n'avait pas vue depuis la révolution bolchevique dirigée par Lénine en Russie, en 1917. **En haut :** La Havane, février 1962. Fidel Castro s'adresse à un million de Cubains en réponse aux agressions des États-Unis. Le rassemblement a adopté la Deuxième déclaration de La Havane, un appel à l'action lancé aux travailleurs des Amériques. La direction cubaine défend les droits religieux et culturels des Juifs. **En bas à gauche :** La Havane, août 2010. Fidel Castro avec Adela Dworin, dirigeante de la communauté cubaine juive et le journaliste américain Jeffrey Goldberg (à droite), qui a interviewé Fidel Castro. **En bas à droite :** La Havane, décembre 2010. Raúl Castro, alors président, allume la *menorah* de *Hanouka* à la synagogue Beth Shalom.

sous mandat » de l'empire britannique. Au contraire, on les a transférés dans des camps pour « personnes déplacées » dont ils n'avaient aucun espoir de sortir, en Allemagne, en Autriche et en Italie.

Abram Léon n'a pas vécu assez longtemps pour voir toutes les conséquences de cette boucherie impérialiste pour les Juifs. Au début de la guerre, des millions de Juifs ont été frappés à mort aux mains des nazis et de leurs collaborateurs dans d'autres pays ; ils ont été abattus d'une balle dans la tête au-dessus de fosses communes en Pologne, dans les pays baltes et dans la partie de l'Union soviétique occupée par l'Allemagne, asphyxiés au monoxyde de carbone provenant des pots d'échappement de camions et d'automobiles, et assassinés dans les rues de toute l'Europe centrale et orientale. Plus tard, quand Abram Léon lui-même a été tué, un million d'autres Juifs ont été massacrés dans les chambres à gaz d'Auschwitz ainsi qu'un quart de million dans les marches de la mort infligées aux survivants, fin 1944 et début 1945, quand les troupes soviétiques et celles des autres alliés se rapprochaient des camps d'extermination.

Environ 90 pour cent des Juifs qui vivaient en Pologne avant la guerre ont péri. Ils étaient la moitié des Juifs assassinés, soit trois millions sur six.

~

Face à « la menace de l'extermination complète », dit Abram Léon dans les derniers chapitres, le salut des Juifs « suppose […] la révolution prolétarienne ».

Abram Léon a écrit *La question juive* pour aider à préparer les travailleurs à accomplir cette révolution. On ne pouvait résoudre la question juive, disait-il, en émigrant en Palestine. Il fallait plutôt adhérer à un parti prolétarien luttant pour faire avancer la lutte pour le pouvoir ouvrier dans le pays où on vit et travaille et, par ce biais, se joindre au mouvement révolutionnaire mondial.

Au début des années 30, Abram Léon avait été un dirigeant en Belgique du groupe de jeunes socialistes sionistes *Hachomer Hatzaïr*. Le mouvement politique qu'on appelle sionisme s'était développé à la fin du dix-neuvième siècle et au début du vingtième, explique Abram Léon. Il était « né à la lueur des incendies provoqués par les pogroms russes » et de la montée de l'agitation et des persécutions antisémites en France, en Allemagne et ailleurs en Europe. Ce mouvement appelait les Juifs à rompre les amarres, partout où ils se trouvaient, et à déménager en Palestine.

À partir de ses propres expériences, cependant, Abram Léon en est venu à rejeter ce programme. Ces courants bourgeois et petits-bourgeois avaient tort. Il n'est pas possible de « résoudre la question juive sans détruire le capitalisme qui est la source principale des souffrances des Juifs ». Le manuscrit de *La question juive* est venu d'un ensemble de thèses rédigées pour clarifier des questions centrales dans le combat politique que Léon menait au sein de l'*Hachomer Hatzaïr* dans le but de gagner d'autres membres de cette organisation à un cours internationaliste prolétarien.

En 1939, Abram Léon avait gagné une vingtaine de jeunes membres de l'*Hachomer Hatzaïr* à cette perspective internationaliste prolétarienne. Ensemble, ils se sont joints à la section belge de la Quatrième Internationale. Un an après l'occupation allemande de mai 1940, le groupe s'est réorganisé sous le nom de Parti communiste révolutionnaire et Abram Léon en a été élu secrétaire politique. Comme d'autres membres du mouvement mondial dans lequel il était désormais engagé, Abram Léon était convaincu des perspectives révolutionnaires présentées par Trotsky en mai 1940.

« La guerre, rappelons-le encore une fois, écrivait Trotsky, accélère énormément le développement politique. Ces tâches grandioses, qui hier encore paraissaient éloignées de plusieurs années sinon des décades, peuvent surgir directement devant nous dans les deux ou trois prochaines années et même plus tôt. [...] Nous poursuivons une préparation constante, persistante, infatigable de la révolution dans les usines, dans les manufactures, dans les villages, dans les casernes, au front et dans la flotte. Tel est notre programme. »

Des situations révolutionnaires et prérévolutionnaires ont effectivement émergé dans plusieurs pays impérialistes d'Europe au lendemain de la deuxième guerre mondiale et de la victoire de l'Union soviétique contre les tentatives de l'impérialisme allemand de détruire les dernières conquêtes de la révolution bolchevique. En outre, les travailleurs exploités et les peuples opprimés d'Asie, d'Afrique et des Amériques se sont engagés dans des luttes nationales démocratiques pour la terre, les droits syndicaux, les libertés politiques et l'indépendance, libérant ainsi des centaines de millions de personnes du joug colonial.

À Cuba, la lutte contre la domination impérialiste a abouti non seulement à une révolution socialiste mais aussi, pour la première fois depuis les bolcheviks, à une révolution dirigée par une direction communiste, non stalinienne ; une direction ancrée dans la classe ouvrière et agissant dans son intérêt, tant à Cuba qu'au niveau international.

En Europe, les opportunités révolutionnaires pour la classe ouvrière et ses alliés n'ont cependant pas abouti. Réunis à Yalta au début de 1945, les dirigeants américain, britannique et soviétique, Franklin Roosevelt, Winston Churchill et Joseph Staline, ont entériné ce qui prévalait déjà sur le terrain au niveau militaire en reconnaissant les

« sphères d'influence » de l'après-guerre. Moscou s'est vu attribuer l'Europe orientale, dont une grande partie était occupée par les forces armées soviétiques qui marchaient sur Berlin.

Implicitement, ce pacte signifiait que les partis communistes staliniens en Grèce, en France et en Italie allaient collaborer pour s'opposer à toute perspective révolutionnaire en Europe du Sud et de l'Ouest et permettre au pouvoir capitaliste de retrouver sa stabilité. Ces partis ont justifié ce cours de collaboration de classe en comptant sur le fait que l'impérialisme maintiendrait une « coexistence pacifique » avec l'Union soviétique, ce qui n'était qu'une illusion. Au lieu d'organiser les travailleurs pour faire une révolution contre la classe dominante dans leur propre pays, les directions des partis communistes ont assuré à leurs membres et sympathisants qu'avec le temps la « planification économique » bureaucratique de Moscou prouverait sa supériorité et gagnerait les travailleurs au socialisme.

Ces trahisons et défaites ont fait que les perspectives de résoudre la question juive en suivant la voie prolétarienne révolutionnaire défendue par Léon Trotsky et Abram Léon ont également été trahies.

Washington, Londres et d'autres puissances impérialistes maintenant leurs frontière hermétiquement fermées, les survivants juifs de la campagne d'extermination nazie n'ont plus vu que la Palestine comme refuge contre la misère et la persécution. Ils se sont tournés vers ce qui, en mai 1948, a été proclamé l'État d'Israël, un État juif, où quelque 700 000 Juifs ont trouvé le moyen de se rendre. En quelques heures seulement, le président américain Harry Truman, suivi peu après par l'Union soviétique, ont été les deux premiers gouvernements du monde à reconnaître Israël.

Abram Léon explique dans ce livre que lorsqu'il discute du mouvement sioniste, il se contente de décrire son incapacité à offrir une solution à la question juive. La place du « sionisme en Palestine constitue naturellement un autre problème, » écrit-il.

On ne peut clarifier cette question sans prendre en compte la situation créée depuis la fin de la deuxième guerre mondiale par le capitalisme et la lutte des classes, au Moyen-Orient et au niveau international. Cette réalité comprend non seulement le fait que la haine des Juifs se perpétue à mesure que l'ordre impérialiste mondial éclate de toutes parts, mais aussi le fait que la dépossession nationale des Palestiniens n'est toujours pas résolue.

Israël approche de sa soixante-quinzième année en tant qu'État, avec une population comprenant des travailleurs qui sont juifs, arabes ou autres. Depuis des décennies, les travailleurs, les paysans et les opprimés du Moyen-Orient et d'Afrique du Nord ont été victimes de la trahison, de la faillite et de la dégénérescence des courants politiques staliniens, nationalistes bourgeois et islamistes qui prétendent faussement parler et agir en leur nom. Jamais le peuple palestinien n'a été aussi dépourvu d'une direction politique capable de faire avancer la lutte pour ses aspirations nationales, une direction chevronnée, moralement apte et surtout dont la composition de classe et les perspectives sont prolétariennes.

Le cours que les travailleurs ayant une conscience de classe doivent promouvoir et expliquer, c'est celui de la reconnaissance d'Israël ainsi que d'un État palestinien souverain et d'un seul tenant.

Ce cours est le seul qui puisse permettre aux travailleurs palestiniens, juifs et autres du Moyen-Orient, quelles que soient leurs convictions religieuses ou autres, de prendre conscience de leurs intérêts communs. Cette voie peut leur permettre de converger dans la lutte contre leur exploitation et leur oppression, peu importe que les responsables en soient les gouvernements capitalistes et les classes dirigeantes d'Israël, des États arabes, d'Iran ou d'ailleurs, ou qu'il s'agisse de Washington ou d'autres puissances impérialistes.

Ce n'est qu'en suivant cette voie que pourra se forger la solidarité de classe dans des batailles communes, y compris dans la lutte révolutionnaire en Israël et en Palestine pour prendre le pouvoir des mains des dirigeants capitalistes et les remplacer par des gouvernements de travailleurs et d'agriculteurs : des gouvernements qui agissent dans l'intérêt des travailleurs et des opprimés de toute la région.

Comme l'histoire et la lutte des classes le démontrent une fois de plus en ce début du vingt-et-unième siècle, Abram Léon n'aurait pas pu voir plus juste quand il a affirmé qu'il n'y a aucun moyen de « résoudre la question juive indépendamment de la révolution mondiale ». Mais tout parti politique qui prétend parler et agir dans l'intérêt de la classe ouvrière et qui ne reconnait pas aujourd'hui le droit d'Israël à exister s'engage sur une voie qui l'oppose aux intérêts de tous les travailleurs, de toutes les origines nationales, au Moyen-Orient et dans le monde.

~

Fidel Castro, dirigeant fondateur de la lutte révolutionnaire des travailleurs et des paysans qui a mené à la victoire la révolution socialiste à Cuba, a souligné en 2010 que ceux qui s'opposent à la domination impérialiste doivent résolument affronter et combattre l'antisémitisme.

« Je ne pense pas que quiconque ait été autant calomnié que les Juifs », a dit Fidel Castro dans une entrevue avec le journaliste américain Jeffrey Goldberg, qu'il avait invité à venir à La Havane pour l'occasion. « Je dirais bien plus que les musulmans. Ils ont été calomniés bien plus que les musulmans parce qu'ils sont calomniés et tenus responsables pour tout. » L'entrevue a été publiée dans le numéro du 7 septembre 2010 du magazine *Atlantic*.

Pendant plus de 2000 ans, les Juifs ont été soumis à de terribles persécutions puis aux pogroms, a poursuivi Fidel Castro. « On aurait pu supposer qu'ils auraient disparu. Je pense que leur culture et leur religion les ont maintenus ensemble en tant que nation. Les Juifs ont vécu une existence bien plus difficile que la nôtre, a ajouté Castro. Il n'y a rien de comparable à l'Holocauste. »

Fidel Castro s'en est directement pris au président iranien de l'époque, Mahmoud Ahmadinejad, pour avoir nié cette tentative génocidaire d'exterminer tous les Juifs. Le gouvernement iranien, a déclaré Castro, « servirait mieux la cause de la paix en reconnaissant l'histoire *unique* de l'antisémitisme et en essayant de comprendre pourquoi les Israéliens craignent pour leur existence ».

Jeffrey Goldberg a écrit qu'il était surpris d'entendre Fidel Castro « exprimer une telle sympathie pour les Juifs et pour le droit d'Israël à exister (qu'il a approuvé sans équivoque) ». « *Sí, sin ninguna duda* », a répondu Castro lorsqu'on lui a demandé si l'État d'Israël avait le droit d'exister. « *Oui, sans l'ombre d'un doute.* »

Dans un discours public à l'Université de La Havane peu après la publication de l'entrevue, Fidel Castro a réitéré ces opinions et les a défendues. « De nombreux amis arabes », a-t-il dit, l'avaient averti que Jeffrey Goldberg était « le plus ardent défenseur du sionisme ». Il a poursuivi en disant que, tant à Cuba que « dans le monde entier, [les Juifs] ont été persécutés et calomniés ». Puis, il a ajouté qu'il admirait le peuple juif « pour avoir résisté à la dispersion et à la persécution pendant 2000 ans ».

De plus, a souligné Fidel Castro, Jeffrey Goldberg est « un excellent journaliste qui est capable d'exposer son point de vue de manière agréable et magistrale, ce qui favorise le débat. Il n'invente pas de phrases, il les transfère et les interprète ».

~

Le peuple juif ne peut pas compter sur la démocratie libérale, ses gouvernements impérialistes et ses partis politiques pour se défendre face à une nouvelle montée de la démagogie et de la terreur antisémites. C'est une illusion, tout comme l'espoir que les Juifs puissent être suffisamment assimilés pour échapper à la persécution et à la violence en tant que Juifs.

Le capitalisme aujourd'hui est le même ordre mondial responsable de la ruine économique et sociale, des guerres sanglantes et des mouvements génocidaires de la première moitié du vingtième siècle. Au moment d'écrire cette introduction en mai 2020, cet ordre mondial axé sur le profit provoque un brusque approfondissement de la crise capitaliste. Cette crise pousse des centaines de millions de producteurs exploités au chômage et hors de leurs terres, en faisant baisser les salaires, en intensifiant les cadences et en menaçant la sécurité au travail de ceux qui ont encore un emploi.

La question juive, c'est-à-dire la bataille pour débarrasser le monde de toute forme de persécution et de violence antisémites *une fois pour toutes*, fait partie intégrante de la ligne de marche de la classe ouvrière vers la conquête du pouvoir. Elle est inséparable du travail gigantesque pour construire des partis révolutionnaires de masse, prolétaires dans leur programme, leur composition de classe et leur ligne de conduite, capables de mener cette lutte historique à la victoire.

C'est Abram Léon qui a le mieux résumé les perspectives d'une victoire révolutionnaire de la classe ouvrière présentées dans ce livre : « Quand le peuple des fabriques et des champs aura enfin secoué la tutelle des capitalistes, quand devant l'humanité libérée s'ouvrira un avenir de développement illimité, les masses juives pourront apporter une contribution qui ne sera pas négligeable à l'élaboration d'un monde nouveau. » Un monde socialiste.

Dave Prince
15 mai 2020

UN

Les bases d'une étude scientifique de l'histoire juive

L'étude scientifique de l'histoire juive n'a pas encore dépassé le stade de l'improvisation idéaliste. Tandis que le champ de l'histoire générale a été conquis, en grande partie, par la conception matérialiste, tandis que les historiens sérieux se sont hardiment engagés dans la voie de Marx, l'histoire juive demeure le terrain de prédilection des « chercheurs de dieu » de toute espèce. C'est un des seuls domaines historiques où les préjugés idéalistes sont parvenus à s'imposer et à se maintenir dans une mesure aussi étendue.

Que de papier n'a-t-on pas noirci pour célébrer le fameux « miracle juif » ! « Étrange spectacle que celui de ces hommes qui, pour conserver le dépôt sacré de leur foi, bravaient les persécutions et le martyre », dit Jassuda Bédarride [1].

1. Jassuda Bédarride, *Les Juifs en France, en Italie et en Espagne*, Paris, 1859, p. i.

La conservation des Juifs est expliquée par tous les historiens comme le résultat de la fidélité qu'ils ont témoignée à travers des siècles à leur religion ou à leur nationalité. Les divergences ne commencent à se manifester entre eux que lorsqu'il s'agit de définir le « but » pour lequel les Juifs se sont conservés, la raison de leur résistance à l'assimilation. Certains, se plaçant au point de vue religieux, parlent du « dépôt sacré de leur foi », d'autres, tels Doubnov, défendent la théorie de « l'attachement à l'idée nationale ». « Il faut chercher les causes du phénomène historique de la conservation du peuple juif dans sa force spirituelle nationale, dans sa base éthique et dans le principe monothéiste », dit l'*Allgemeine Encyclopädie* [Encyclopédie générale], qui parvient ainsi à concilier les divers points de vue des historiens idéalistes [2].

Mais s'il est possible de concilier les théories idéalistes, il serait vain de vouloir trouver un terrain de conciliation entre ces mêmes théories et les règles élémentaires de la science historique. Celle-ci doit rejeter catégoriquement l'erreur essentielle de toutes les écoles idéalistes, qui consiste à placer le problème cardinal de l'histoire juive, celui du maintien du judaïsme, sous le signe du libre arbitre. Seule l'étude du rôle économique des Juifs peut contribuer à éclaircir les causes du « miracle juif ».

Étudier l'évolution de ce problème ne présente pas seulement un intérêt académique. Sans une étude approfondie de l'histoire juive, il est difficile de comprendre la question juive à l'époque actuelle. La situation des Juifs au vingtième siècle se rattache intimement à leur passé historique. Tout état social est un stade du processus social. *L'être* n'est qu'un moment du *devenir*. Pour pouvoir analyser la

---

2. Ben Adir, article sur l'antisémitisme dans *Allgemeine Yidishe Enzyklopedie* [en yiddish], Paris, 1936, vol. 3, p. 454-455.

question juive dans son état de développement actuel, il est indispensable d'en connaître les racines historiques.

Dans le domaine de l'histoire juive, comme dans le domaine de l'histoire générale, la pensée géniale de Marx indique la voie à suivre. « Ne cherchons pas le secret du Juif dans sa religion, mais cherchons le secret de la religion dans le Juif réel [3]. »

Marx remet ainsi la question juive sur les pieds. Il ne faut pas partir de la religion pour expliquer l'histoire juive. Au contraire, le maintien de la religion ou de la nationalité juives ne doit être expliqué que par le « Juif réel », c'est-à-dire par le Juif dans son rôle économique et social. La conservation des Juifs n'a rien de miraculeux. « Le judaïsme s'est maintenu non pas en dépit de l'histoire, mais par l'histoire [4]. »

Et c'est précisément par l'étude de la fonction historique du judaïsme qu'on peut découvrir le « secret » de son maintien dans l'histoire. Les conflits entre le judaïsme et la société chrétienne, sous leur apparence religieuse, sont en réalité des conflits sociaux. « La contradiction qui existe entre l'État et une religion *déterminée*, par exemple le judaïsme, nous la ramenons sur un plan humain dans la contradiction de l'État avec des éléments *profanes déterminés* [5]. »

Le schéma général de l'histoire juive se présente à peu près ainsi d'après l'école idéaliste prédominante (à diverses nuances près) : jusqu'à la destruction de Jérusalem, éventuellement jusqu'à la rébellion de Bar Kokhba *, la nation juive ne se distingue en rien d'autres nations normalement constituées, telles les nations romaine ou grecque. Les

3. Karl Marx, *Sur la question juive*, La fabrique, Paris, 2006, p. 66.

4. Karl Marx, *Sur la question juive*, p. 69.

5. Karl Marx, *Sur la question juive*, p. 39.

* Voir le glossaire : Révolte juive, troisième

guerres entre les Romains et les Juifs ont pour résultat de disperser la nation juive aux quatre coins du monde. Dans la dispersion, les Juifs opposent une résistance farouche à l'assimilation nationale et religieuse. Le christianisme ne trouve pas sur son chemin d'adversaires plus acharnés et, malgré tous ses efforts, ne parvient pas à les convertir. La chute de l'empire romain accentue l'isolement du judaïsme qui constitue, après le triomphe complet du christianisme à l'Occident, le seul élément hétérodoxe.

Selon ce schéma, les Juifs de la dispersion, à l'époque des invasions barbares, ne constituent nullement un groupe social homogène. Au contraire, l'agriculture, l'industrie, le commerce sont largement représentés parmi eux. Ce sont les persécutions religieuses continuelles qui les obligent à se cantonner de plus en plus dans le commerce et l'usure. Les croisades, par le fanatisme religieux qu'elles ont suscité, accentuent violemment cette évolution qui transforme les Juifs en usuriers et aboutit à leur cantonnement dans les ghettos. Bien entendu, la haine contre les Juifs est aussi alimentée par leur rôle économique. Mais les historiens n'attribuent à ce facteur qu'une importance secondaire. Cette situation du judaïsme se maintient jusqu'à la révolution française qui détruit les barrières que l'oppression religieuse avait dressées devant les Juifs.

Plusieurs faits importants s'inscrivent en faux contre ce schéma :

1. La dispersion des Juifs ne date nullement de la chute de Jérusalem. Plusieurs siècles avant cet événement, la grande majorité des Juifs était déjà disséminée aux quatre coins du monde. « Ce qui est certain, c'est que bien avant la chute de Jérusalem, plus des trois quarts des Juifs n'habitaient plus la Palestine [6]. »

---

6. Voir Arthur Ruppin, *Les Juifs dans le monde moderne*, Payot, Paris, 1934.

Le royaume juif de Palestine avait pour les larges masses juives dispersées dans l'empire grec puis dans l'empire romain une importance tout à fait secondaire. Leur lien avec la « mère patrie » ne se manifestait que lors des pèlerinages religieux à Jérusalem, qui jouait un rôle semblable à celui de La Mecque pour les musulmans. Un peu avant la chute de Jérusalem, le roi Agrippa * disait : « Il n'y a pas au monde un seul peuple qui ne contienne une parcelle du nôtre [7]. »

La diaspora ne fut donc nullement un fait accidentel, produit d'une entreprise de violence [8]. La raison essentielle de l'émigration juive doit être recherchée dans les conditions géographiques de la Palestine.

« Les Juifs en Palestine sont possesseurs d'un pays montagneux qui ne suffit plus à un certain moment à assurer à ses habitants une existence aussi supportable que celle de leurs voisins. Un tel peuple est forcé de choisir entre le pillage et l'émigration. Les Écossais, par exemple, s'engagèrent alternativement dans chacune de ces voies. Les Juifs, après de nombreuses luttes avec leurs voisins prirent aussi le second chemin. [...] Des peuples vivant dans de telles conditions ne se rendent pas à l'étranger comme agriculteurs. Ils y vont plutôt en tant que mercenaires comme les Arcadiens dans l'Antiquité, les Suisses au moyen âge, les Albanais à notre époque ; ou en tant que *marchands*,

---

* Voir le glossaire : Révolte juive, première

7. Flavius Josèphe, « Guerre des Juifs », dans *Oeuvres complètes*, t. V, Paris, 1912, p. 205 et suiv.

8. « Tout d'abord nous ne connaissons aucune puissance hostile qui ait contraint notre peuple à se répandre dans toute l'Asie mineure, en Macédoine et en Grèce. » Levi Herzfeld, *Handelsgeschichte der Juden des Alterthums* [L'histoire commerciale des Juifs de l'Antiquité], Braunschweig, 1879, p. 202-203.

La diaspora juive (700 av. J.-C. à 70 apr. J.-C.)

Des siècles avant la conquête de Jérusalem par Rome en 70 après J.-C., la plupart des Juifs avaient émigré de Palestine. La grande majorité était des commerçants, une position économique qui a jeté les bases de leur cohésion en tant que peuple.

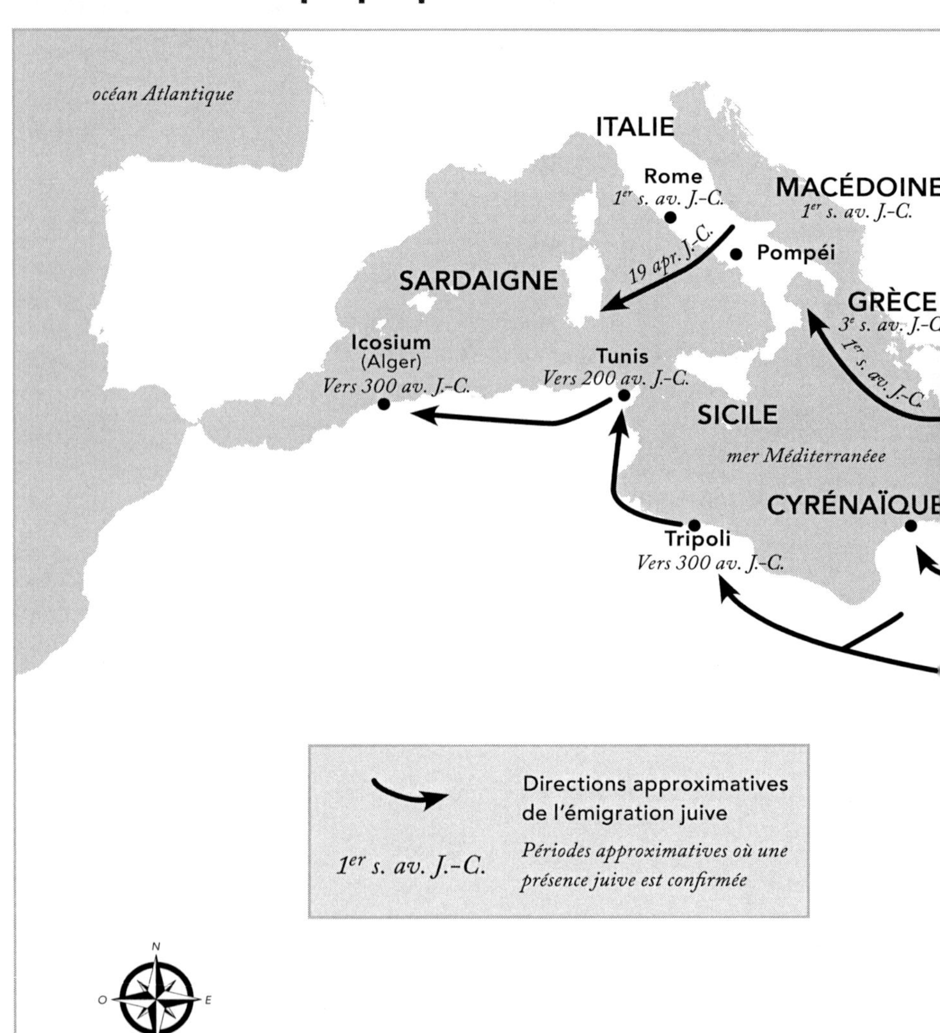

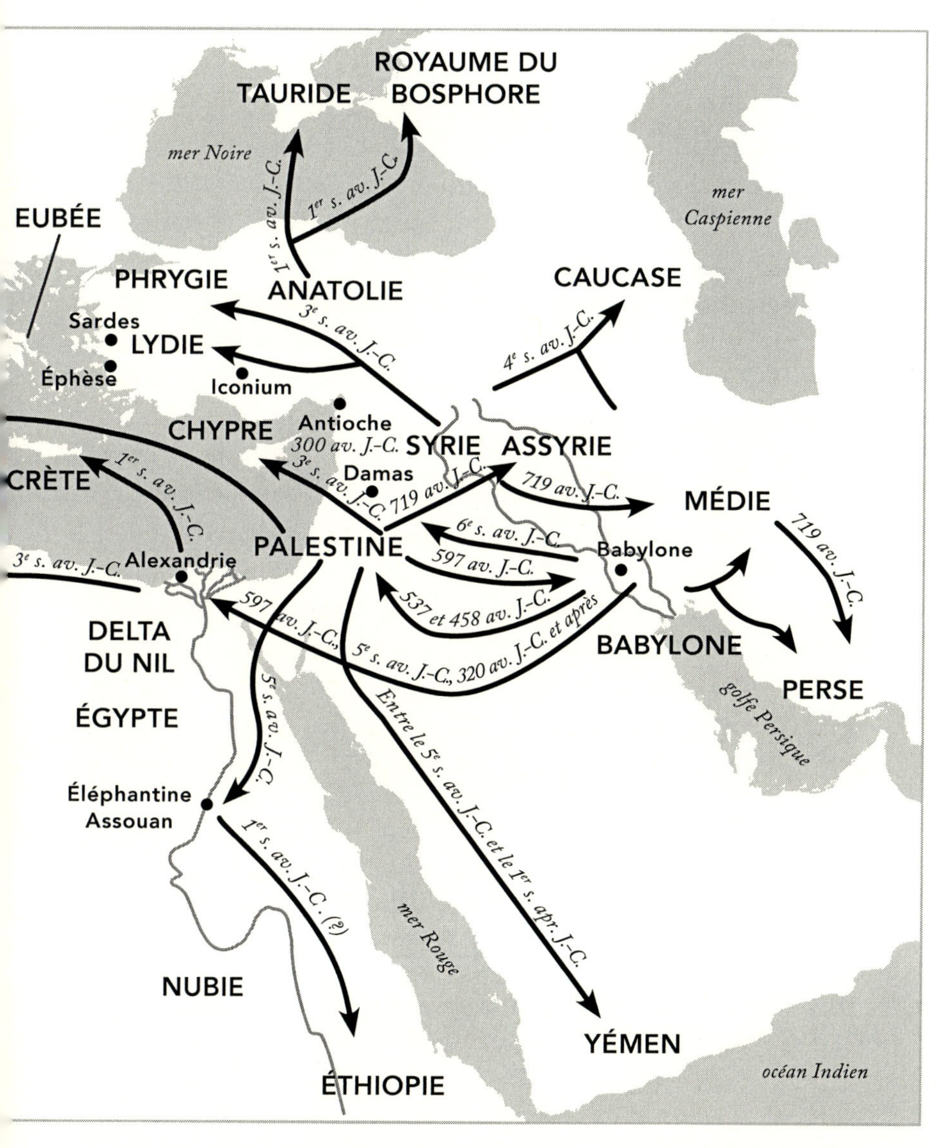
ROYAUME DU
BOSPHORE
TAURIDE
mer Noire
1er s. av. J.-C.
1er s. av. J.-C.
EUBÉE
mer
Caspienne
PHRYGIE
ANATOLIE
CAUCASE
3e s. av. J.-C.
Sardes
LYDIE
4e s. av. J.-C.
Éphèse
Iconium
Antioche
CHYPRE
300 av. J.-C.
SYRIE
ASSYRIE
1er s. av. J.-C.
3e s. av. J.-C.
Damas
CRÈTE
719 av. J.-C.
719 av. J.-C.
MÉDIE
719 av. J.-C.
6e s. av. J.-C.
PALESTINE
Babylone
3e s. av. J.-C.
Alexandrie
597 av. J.-C.
537 et 458 av. J.-C.
597 av. J.-C., 5e s. av. J.-C., 320 av. J.-C. et après
DELTA
DU NIL
BABYLONE
PERSE
ÉGYPTE
5e s. av. J.-C.
Entre le 5e s. av. J.-C. et le 1er s. apr. J.-C.
golfe Persique
Éléphantine
Assouan
1er s. av. J.-C. (?)
mer Rouge
NUBIE
YÉMEN
océan Indien
ÉTHIOPIE

comme les Juifs, les Écossais et les Arméniens. On voit donc qu'un milieu semblable développe chez des peuples de races différentes les mêmes caractéristiques [9]. »

2. Il est indubitable que l'immense majorité des Juifs dans la dispersion s'occupaient du commerce. La Palestine elle-même depuis des temps fort reculés constituait une voie de passage de marchandises, un pont entre la vallée de l'Euphrate et celle du Nil. « La Syrie était la grande route prédestinée des conquérants. [...] C'était aussi la voie que suivaient les marchandises et celle par laquelle circulaient les idées. On comprend que dans ces régions se soit fixée de très bonne heure une nombreuse population avec de grandes villes vouées par leur situation même au commerce [10]. »

Les conditions géographiques de la Palestine expliquent donc à la fois l'émigration juive et son caractère commercial. D'autre part, chez toutes les nations au début de leur développement, les commerçants sont des étrangers. « La caractéristique d'une économie naturelle, c'est que chaque domaine produit tout ce qu'il consomme et consomme tout ce qu'il produit. Rien ne pousse donc à acheter biens ou services chez autrui. [...] Puisque dans cette économie, on produit ce qu'on consomme, nous trouvons chez tous les peuples comme premiers commerçants des étrangers [11]. »

Philon [env. 15 av. J.-C. à 45 apr. J.-C.] énumère les nombreuses villes où les Juifs étaient établis comme

---

9. Karl Kautsky, « Das Massaker von Kischinew und die Judenfrage » [Le massacre de Kichinev et la question juive], dans *Die Neue Zeit*, 1903.

10. Adolphe Lods, *Israël, des origines au milieu du VIIIe siècle*, 1930, p. 22.

11. Lujo Brentano, *Die Anfänge des modernen Kapitalismus* [Les origines du capitalisme moderne], Munich, 1916, p. 10, 15.

commerçants. Il dit qu'ils « habitaient une quantité innombrable de villes en Europe, en Asie, en Libye, sur les continents et dans les îles, sur les côtes et à l'intérieur ». Les Juifs qui habitaient les îles comme le continent hellénique et plus loin à l'Occident, s'y étaient installés dans les buts commerciaux [12]. « En même temps que ces Syriens, se rencontrent des Juifs, éparpillés ou plutôt groupés dans toutes les villes. Ce sont des marins, des courtiers, des banquiers, dont l'influence a été aussi essentielle dans la vie économique du temps que l'influence orientale qui se décèle à la même époque dans l'art et dans les idées religieuses [13]. »

C'est à leur position sociale que les Juifs sont redevables de la large autonomie que leur octroyaient les empereurs romains. C'est aux Juifs « seuls que l'on permit de constituer un État dans l'État ». Et « tandis que les autres étrangers étaient soumis à l'administration des autorités de la ville, les Juifs purent se gouverner jusqu'à un certain point eux-mêmes [14]. » César [régna de 46 à 44 av. J.-C.] « favorisa les intérêts des Juifs d'Alexandrie et de Rome par des faveurs spéciales et des privilèges, et protégea en particulier leur culte spécial contre les prêtres grecs et romains [15]. »

---

12. Levi Herzfeld, *Handelsgeschichte der Juden des Alterthums*, p. 203.

13. Henri Pirenne, *Mahomet et Charlemagne*, 2e éd., Paris-Bruxelles, 1937, p. 3.

14. Theodor Mommsen, *The Provinces of the Roman Empire* [Les provinces de l'empire romain], New York, 1887, vol. 2, p. 179.

15. Theodor Mommsen, *Histoire romaine*, Paris, 1882, tome VII, p. 275.
Werner Sombart, dans son oeuvre de valeur tellement inégale (*Les Juifs et la vie économique*, Paris, 1923) où les pires absurdités voisinent avec des recherches pleines d'intérêt, dit : « Je trouve dans la religion juive les mêmes idées-forces que celles qui caractérisent le capitalisme. »

3. La haine des Juifs ne date pas seulement de l'établissement du christianisme. Sénèque traite les Juifs de race criminelle. Juvénal croit que les Juifs n'existent que pour causer des maux aux autres peuples. Quintilien dit que les Juifs constituent une malédiction pour les autres peuples.

La cause de l'antisémitisme antique est la même que celle de l'antisémitisme médiéval : l'opposition de toute société basée principalement sur la production des valeurs d'usage à l'égard des marchands. « L'hostilité médiévale à l'égard des marchands n'est pas seulement d'inspiration chrétienne ou pseudo-chrétienne. Elle a aussi une source païenne, réelle celle-ci. Elle a de fortes racines dans une idéologie de classe, dans le mépris où les classes dirigeantes de la société romaine, tant les gentes sénatoriales que les curiales de province, ont, par tradition paysanne

---

Cette affirmation est juste, à condition de sous-entendre par capitalisme le commerce et l'usure « précapitalistes ». Nous verrons plus loin qu'il est faux d'attribuer aux Juifs une part prépondérante dans la construction du capitalisme moderne [voir chapitre 4]. À l'appui de sa thèse, Sombart cite une quantité d'extraits du Talmud et d'autres livres religieux juifs qui reflètent cette proche parenté de la religion juive et de l'esprit commercial.

Voici à titre d'exemple quelques-unes de ces citations :

« Un homme qui aime la joie, l'huile et le vin ne devient pas riche. » *Proverbes*, 21.17. « Tu prêteras à tous les peuples et tu n'emprunteras à personne. » *Deutéronome*, 15.6. « La richesse ornera la maison du sage et la pauvreté, celle du méchant. » Rabbi Éléazar disait : « Le juste aime mieux son argent que son corps. » *Sota*, xiia. Et Rabbi Itshak remarqua encore ceci : « Que l'homme ait toujours son argent en usage. » *Baba Mezia*, 42a.

Il est naturellement difficile d'obtenir une vue d'ensemble du fouillis de textes écrits et commentés à des époques et dans des contrées différentes. L'empreinte de l'esprit commercial se remarque cependant nettement dans la plupart de ces écrits. Le travail de Sombart n'est, dans ce sens, que l'illustration de cette thèse marxiste que la religion constitue le reflet idéologique d'une classe sociale. Mais Sombart, comme d'autres savants bourgeois, s'efforce d'intervertir la relation causale : c'est la religion qui aurait été le facteur primaire.

profonde, tenu toutes les formes d'activité économique autres que celles dérivant de l'agriculture [16]. »

Cependant, si l'antisémitisme était déjà fortement développé dans la société romaine, la situation des Juifs, comme nous l'avons vu, y était très enviable. L'hostilité des classes vivant de la terre à l'égard du commerce n'exclut pas leur état de dépendance à son égard. Le propriétaire hait et méprise le marchand sans pouvoir s'en passer [17].

Le triomphe du christianisme n'a pas apporté de notables changements à cet égard. Le christianisme, d'abord religion d'esclaves et d'opprimés, s'est rapidement transformé en idéologie de la classe dominante des propriétaires fonciers. C'est Constantin le Grand [régna de 306 à 337] qui posa en fait les bases du servage médiéval. La

---

16. Henri Laurent, « Religion et affaires » dans *Cahiers du libre examen*, Bruxelles, 1938.

Aristote dit dans sa *Politique* : « C'est avec beaucoup de raison qu'on a une grande aversion pour l'usure parce qu'elle procure une richesse provenant de la monnaie elle-même et qui n'est plus appliquée à l'emploi pour lequel on se l'était procurée. On ne l'avait créée que pour l'échange, tandis que l'usure la multiplie elle-même. L'intérêt est l'argent de l'argent et c'est, de toutes les acquisitions, la plus contraire à la nature. » Plus loin : « Les citoyens ne doivent exercer ni les arts mécaniques ni les professions mercantiles, car ce genre de vie a quelque chose de vil et est contraire à la vertu. » *Politique*, I, 10, 1258b ; VII, 9, 1328b.

17. Contrairement à l'avis de plusieurs historiens, l'économie antique, malgré un développement assez important des transactions commerciales, était essentiellement basée sur la production des valeurs d'usage. « L'industrie de *famille*, c'est celle qui règne non seulement dans les sociétés primitives mais même dans celles de l'Antiquité et se prolonge jusque dans la première période du moyen âge. Les hommes sont divisés par petits groupes autonomes au point de vue économique, en ce sens qu'ils se suffisent à eux-mêmes, ne consommant guère que ce qu'ils ont produit et ne produisant guère que ce qu'ils doivent consommer. L'échange et la division du travail n'existent qu'à l'état embryonnaire. » Charles Gide, *Principes d'économie politique*, Paris, 1898, p. 165.

marche triomphale du christianisme à travers l'Europe s'accompagne de l'extension de l'économie féodale. Les ordres religieux ont joué un rôle extrêmement important dans le progrès de la civilisation, qui consistait à l'époque dans le développement de l'agriculture basée sur le servage.

Pourquoi s'étonner que « né dans le judaïsme, formé d'abord exclusivement de Juifs, le christianisme ne trouve cependant nulle part durant les quatre premiers siècles, plus que chez eux, de difficultés à acquérir des adeptes pour sa doctrine [18] » ? En effet, le fond de la mentalité chrétienne des dix premiers siècles de notre ère pour tout ce qui touche à la vie économique est qu'« un marchand peut difficilement faire oeuvre agréable à Dieu » et que « tout négoce implique une part plus ou moins considérable de duperie [19] ».

La vie des Juifs semblait complètement incompréhensible à saint Ambroise qui vivait au quatrième siècle. Il méprisait profondément les richesses des Juifs et croyait fermement qu'ils en seraient punis de damnation éternelle.

Il n'y a donc rien que de très naturel dans l'hostilité farouche des Juifs à l'égard du catholicisme et dans leur volonté de conserver la religion qui exprimait admirablement leurs intérêts sociaux. Ce n'est donc pas la fidélité des Juifs à leur foi qui explique leur conservation en tant que groupe social distinct, mais au contraire leur conservation en tant que groupe social distinct qui explique leur attachement à leur foi.

Cependant comme l'hostilité antique à l'égard des Juifs, l'antisémitisme chrétien, aux dix premiers siècles de l'ère

---

18. Jean Juster, *Les Juifs dans l'empire romain*, Paris, 1914, vol. 1, p. 102.

19. Henri Laurent, « Religion et affaires ».

chrétienne, ne va pas jusqu'à la revendication de l'anéantissement du judaïsme. Tandis que le christianisme officiel persécutait sans miséricorde le paganisme et les hérésies, il tolérait la religion juive. La situation des Juifs ne cessait de s'améliorer à l'époque du déclin de l'empire romain, après le triomphe complet du christianisme et jusqu'au douzième siècle. Plus s'accentuait la décadence économique et plus le rôle commercial des Juifs gagnait de l'importance. Au dixième siècle, ils constituent le seul lien économique de l'Europe avec l'Asie.

Les Juifs ont constitué dans l'histoire un groupe ayant une fonction économique déterminée, un peuple-classe. Parce qu'ils se sont conservés en tant que classe sociale, ils ont aussi conservé certains traits religieux, ethniques et linguistiques.

4. C'est seulement à partir du douzième siècle, parallèlement au développement économique de l'Europe occidentale, à l'accroissement des villes et à la formation d'une classe commerciale et industrielle indigène, que la situation des Juifs commence à empirer sérieusement, pour amener leur élimination presque totale de la plupart des pays occidentaux. Les persécutions contre les Juifs prennent des formes de plus en plus violentes. Par contre, dans les pays retardataires de l'Europe orientale, leur situation continue à être florissante jusqu'à une époque assez récente.

Par ces quelques considérations préliminaires, on voit combien est fausse la conception générale qui règne dans le domaine de l'histoire juive. *Les Juifs constituent dans l'histoire avant tout un groupe social ayant une fonction économique déterminée. Ils sont une classe, ou mieux encore, un peuple-classe* [20].

La notion de classe ne contredit nullement la notion de peuple. C'est parce que les Juifs se sont conservés en tant que classe sociale qu'ils ont aussi gardé certaines de leurs particularités religieuses, ethniques et linguistiques [21].

Cette identité de la classe et du peuple (ou de la race) est loin d'être exceptionnelle dans les sociétés précapitalistes. Les classes sociales s'y distinguent très fréquemment par un caractère plus ou moins national ou racial. « Les classes inférieures et les classes supérieures [...] ne sont, dans plusieurs pays, que les peuples

---

20. « Le paysan et le seigneur du moyen âge ne sont pas producteurs de marchandises. Il est vrai qu'ils échangent leurs excédents à l'occasion, mais l'échange est pour eux quelque chose de fondamentalement étranger, une exception. Ainsi, ni le seigneur ni le paysan ne possèdent en général de grandes sommes d'argent. La plus grande partie de leur richesse consiste en valeur d'usage, en froment, en bétail, etc. Circulation des marchandises, circulation du capital-argent, l'économie monétaire en général est au fond étrangère à cette forme de société. Le capital vit, d'après l'expression claire de Marx, dans les pores de cette société. C'est dans ces pores que s'introduit le Juif. » Otto Bauer, *Die Nationalitätenfrage und die Sozialdemokratie*, Vienne, 1907, p. 367.

21. Henri Pirenne dit au sujet de la conservation du caractère national chez les Allemands habitant les pays slaves ce qui suit : « Le motif principal [de cette conservation] est sans doute qu'ils furent chez les Slaves les initiateurs et durant de longs siècles les représentants par excellence de la culture urbaine. Les Allemands ont introduit chez les peuples agricoles la bourgeoisie et c'est peut-être plus encore comme classe sociale que comme groupe national qu'ils ont, dès le début, contrasté avec eux. » Henri Pirenne, *Histoire de l'Europe*, Bruxelles, 1936, p. 248.

conquérants et les peuples asservis d'une époque antérieure. La race des envahisseurs a formé une noblesse oisive et turbulente. [...] La race envahie ne vivait pas des armes mais du travail [22]. » Kautsky dit de même : « Des classes différentes peuvent acquérir un caractère racial spécifique. D'autre part, la rencontre de races différentes, dont chacune s'est spécialisée dans une occupation déterminée, peut avoir comme résultat que chacune de ces races occupe une position sociale différente au sein de la même communauté. Il peut se faire que la *race devienne classe* [23, 24]. »

---

22. Augustin Thierry, *Histoire de la conquête de l'Angleterre par les Normands*, 1825.

23. Karl Kautsky, *Rasse und Judentum* [Race et peuple juif], 1921, p. 26. Comme les cloisons entre les diverses classes sont étanches à l'époque précapitaliste, il arrive très souvent que les différences nationales persistent très longtemps. Elles se manifestent avant tout dans la diversité linguistique. La langue du peuple conquis était dégradée au rôle d'un parler populaire méprisé et la langue des conquérants devenait la langue des gens de « bonne société ». En Angleterre, durant de longs siècles, l'aristocratie normande continuait à se servir du français, tandis que le peuple s'exprimait en saxon. C'est de la fusion de ces deux langues que s'est formé l'anglais moderne. À la longue, les différences linguistiques s'estompaient. Les Burgondes, les Francs et les autres barbares n'ont pas tardé à parler la langue de leurs sujets. Par contre, les conquérants arabes ont imposé la leur aux peuples conquis. Ces différences linguistiques entre classes ne disparaissent complètement qu'avec l'avènement de la bourgeoisie au pouvoir.

24. Ludwig Gumplowicz dit par ailleurs : « Certaines classes (celle des seigneurs, celle des paysans, celle des commerçants) diffèrent entre elles par la nature des éléments ethniques qui se sont rencontrés pour former chacune d'elles. [...] La différence entre ces classes se maintient facilement parce que, étant à la fois anthropologique et morale, elle permet aux classes et castes de se fermer sur elles-mêmes et de s'isoler les unes par rapport aux autres. » Ludwig Gumplowicz. *Précis de sociologie*, Paris, 1894, p. 227.

Il y a évidemment une interdépendance continuelle entre le caractère racial ou national et le caractère de classe. La position sociale des Juifs a exercé une influence profonde, déterminante sur leur caractère national.

S'il n'y a pas de contradiction dans cette notion de peuple-classe, il est encore plus facile d'admettre la correspondance de la classe et de la religion. Chaque fois qu'une classe parvient à un degré de maturité et de conscience déterminé, son opposition à la masse dominante revêt des formes religieuses. Les hérésies des albigeois, des lollards, des manichéens, des cathares et d'innombrables sectes qui pullulaient dans les villes médiévales, sont les premières manifestations religieuses de l'opposition croissante de la bourgeoisie et du peuple à l'ordre féodal. Ces hérésies ne se sont élevées nulle part au rang de religion dominante à cause de la faiblesse relative de la bourgeoisie médiévale. Elles ont été étouffées sauvagement dans le sang. C'est seulement au dix-septième siècle que la bourgeoisie, de plus en plus puissante, a pu faire triompher le luthérianisme et surtout le calvinisme et ses succédanés anglais [25].

Tandis que le catholicisme exprime les intérêts de la noblesse terrienne et de l'ordre féodal, le calvinisme (ou puritanisme) ceux de la bourgeoisie ou du capitalisme, le judaïsme reflète les intérêts d'une classe commerciale précapitaliste [26, 27].

---

25. Cette vue scientifique a été nécessairement acceptée depuis longtemps par tous les historiens sérieux.

26. « Le capitalisme juif était un capitalisme spéculatif de parias ; le capitalisme puritain s'identifiait à l'organisation bourgeoise du travail. » Max Weber, *General Economic History* [Histoire économique générale], New York, 1927, p. 381.

27. Certes, la correspondance entre classe et religion n'est pas parfaite. Tous les gentilshommes ne sont pas catholiques et tous les bourgeois

Ce qui distingue principalement le « capitalisme » juif du capitalisme proprement dit c'est que, contrairement à ce dernier, il n'est pas porteur d'un mode de production nouveau. « Ici, le capital marchand est pur, séparé des extrêmes, les sphères de production entre lesquelles il fait l'intermédiaire. » « Les peuples commerçants dans le monde antique existaient, à la manière des dieux d'Épicure, dans les espaces interstellaires ou plutôt comme les Juifs dans les pores de la société polonaise. » « L'usure, comme le commerce, exploitent un mode de production donné : ils ne le créent pas ; ils y restent extérieurs [28]. »

L'accumulation de l'argent aux mains des Juifs ne provenait pas d'une forme de production spéciale, de la production capitaliste. La plus-value (ou surproduit) provenait de l'exploitation féodale et les seigneurs étaient obligés d'abandonner une partie de cette plus-value aux Juifs. De là l'antagonisme des Juifs et du féodalisme, mais de là aussi le lien indestructible qui existait entre eux.

Comme pour le seigneur, le féodalisme était aussi pour le Juif sa terre nourricière. Si le seigneur avait besoin du Juif, le Juif avait aussi besoin du seigneur. C'est en raison de cette position sociale que les Juifs n'ont pu s'élever nulle part au rôle de classe dominante. Dans l'économie féodale, le rôle d'une classe marchande ne peut être

---

n'adhèrent pas au calvinisme. Mais les classes donnent leur empreinte à la religion. Ainsi, « la révocation de l'édit de Nantes a fait fuir, à la fin du dix-septième siècle, peut-être 100 000 protestants, presque tous d'ailleurs habitants des villes et appartenant aux classes industrielles et marchandes (les paysans huguenots convertis seulement en apparence n'ont guère quitté le royaume). » Henri Sée, *La France économique et sociale au XVIII*e *siècle*, 3e éd., Paris, 1939, p. 15.

28. Karl Marx, *Le Capital*, Livre 3, éditions du Progrès, Moscou, 1984, p. 345, 346, 645.

que nettement subordonné. Le judaïsme ne pouvait être qu'un culte plus ou moins toléré [29].

Nous avons déjà vu que dans l'Antiquité, les Juifs possédaient leur juridiction propre. Il en était de même au moyen âge. « Dans la société plastique du moyen âge, chaque classe d'hommes, de même qu'elle vit suivant sa coutume propre, possède sa juridiction spéciale. Par-dessus l'organisation judiciaire de l'État, l'Église a ses officialités, la noblesse a ses cours féodales, les paysans leurs cours domaniales. La bourgeoisie, à son tour, acquiert des échevinages [30]. »

L'organisation spécifique des Juifs était la *Kehila*. Chaque agglomération juive était organisée en communauté (*Kehila*) qui avait une vie sociale particulière et une organisation judiciaire propre. C'est en Pologne que cette organisation a atteint le degré le plus perfectionné. D'après une ordonnance du roi Sigismond Auguste de 1551, les Juifs avaient le droit de choisir les juges et les rabbins qui devaient administrer toutes leurs affaires. C'est seulement dans les procès entre Juifs et non-Juifs qu'intervenaient les tribunaux des voïvodies [tribunaux d'unités administratives polonaises présidés par le seigneur ou son représentant].

Dans chaque agglomération juive, la population choisissait librement un conseil de la communauté. L'activité de ce conseil, appelé *Kahal*, était très étendue. Il devait percevoir les impôts pour l'État, répartir les impôts généraux et spéciaux, diriger les écoles élémentaires et supérieures (*yeshivot*). Il réglait toutes les questions concernant

---

29. Sauf chez une peuplade mongole (les Khazars) des bords de la mer Caspienne, qui adopta au huitième siècle le culte israélite. Y a-t-il un rapport entre la fonction commerciale de cette peuplade et sa conversion au judaïsme ?

30. Henri Pirenne, *Les anciennes démocraties des Pays-Bas*, Paris, 1910.

le commerce, l'artisanat, la charité. Il s'occupait de règlement des conflits entre les membres de la communauté. Le pouvoir de chaque *Kahal* s'étendait sur les habitants juifs des villages environnants.

Avec le temps, les divers conseils des communautés juives prirent l'habitude de se réunir régionalement, à intervalles réguliers, pour discuter les questions administratives, juridiques et religieuses. Ces assemblées prirent ainsi l'aspect de petits parlements.

À l'occasion de la grande foire de Lublin, s'assemblait une sorte de parlement général où participaient les représentants de la Grande Pologne, de la Petite Pologne, de la Podolie, de la Volhynie. Ce parlement prit le nom de *Vaad Arba Aratzoth*, le Conseil des quatre pays.

Les historiens juifs traditionnels n'ont pas manqué de voir dans cette organisation une forme de l'autonomie nationale. « Dans l'ancienne Pologne, dit Doubnov, les Juifs constituaient une nation ayant sa propre autonomie, son administration intérieure, ses tribunaux et une certaine indépendance juridique [31]. »

Il est clair que parler d'une autonomie nationale au seizième siècle constitue un anachronisme grossier. Cette époque ignorait tout dc la question nationale. Dans la société féodale, seules les classes possèdent leurs juridictions spéciales. L'autonomie juive s'explique par la position sociale et économique spécifique des Juifs et non par leur « nationalité ».

L'évolution linguistique reflète aussi la position sociale spécifique du judaïsme.

---

31. Conférence de Simon Doubnov à la réunion de la Société historique ethnographique de Saint-Pétersbourg (Voir son article dans la revue *Voshod*, n° 12, 1894, en russe). [Voir aussi Doubnov, *History of the Jews in Russia and Poland*, Philadelphie, 1916. Note de Duncan Ferguson.]

L'hébreu disparaît très tôt en tant que langue vivante. Partout les Juifs adoptent les langues des peuples environnants. Mais cette adaptation linguistique se fait généralement sous forme d'un dialecte nouveau où se retrouvent certaines locutions hébraïques. Il exista, à divers moments de l'histoire, des dialectes judéo-arabe, judéo-persan, judéo-provençal, judéo-portugais, judéo-espagnol, etc., sans parler du judéo-allemand qui est devenu le yiddish actuel. Le dialecte exprime les deux tendances contradictoires qui ont caractérisé la vie juive : la tendance à l'intégration dans la société environnante et la tendance à l'isolement provenant de la situation sociale et économique du judaïsme [32, 33].

C'est seulement là où les Juifs cessent de constituer un groupe social particulier qu'ils s'assimilent complètement à la société environnante. « L'assimilation n'est pas un phénomène nouveau dans l'histoire juive », dit le sociologue sioniste Ruppin [34].

En réalité, si l'histoire juive est l'histoire de la conservation du judaïsme, elle est aussi l'histoire de l'assimilation de larges couches du judaïsme. « Dans le Nord de l'Afrique, avant l'islamisme, beaucoup de Juifs faisaient de l'agriculture mais la majorité d'entre eux a été absorbée par la

32. Déjà, au cinquième siècle avant J.-C., les Juifs de la diaspora parlaient l'araméen. Plus tard, ils se servaient surtout du grec : « Les épitaphes des cimetières juifs de Rome sont surtout grecques, rédigées dans un jargon à peine compréhensible. Certaines sont latines, aucune n'est hébraïque. » Ludwig Friedländer, *Darstellungen aus der Sittengeschichte Roms* [Représentations de l'histoire des morales et des coutumes de Rome], vol. II, p. 519.

33. Il serait intéressant de rechercher pourquoi les Juifs vivant dans les pays slaves ont conservé si longtemps le dialecte germanique (yiddish).

34. Arthur Ruppin, *Les Juifs dans le monde moderne*, p. 265.

population locale [35]. » Cette assimilation s'explique par le fait que les Juifs ont cessé d'y constituer une classe, qu'ils sont devenus des agriculteurs. « Si les Juifs s'étaient adonnés à l'agriculture, ils se seraient forcément dispersés par tout le pays, ce qui, en quelques générations, aurait amené une assimilation complète au reste de la population malgré la différence religieuse. Mais, adonnés au commerce et concentrés dans les villes, ils formèrent des communautés particulières et eurent une vie sociale séparée, ne se fréquentant et ne se mariant qu'entre eux [36]. »

On pourrait rappeler aussi les nombreuses conversions des propriétaires terriens juifs en Allemagne au quatrième siècle, la disparition complète des tribus guerrières juives d'Arabie, l'assimilation des Juifs en Amérique du Sud, au Suriname, etc. [37]

La loi de l'assimilation pourrait se formuler ainsi : là où les Juifs cessent de constituer une classe, ils perdent plus ou moins rapidement leurs caractéristiques ethniques, religieuses et linguistiques, ils s'assimilent [38].

---

35. Arthur Ruppin, *Les Juifs dans le monde moderne*, p. 136.

36. Arthur Ruppin, *Les Juifs dans le monde moderne*, p. 136.

37. À l'époque du développement du capitalisme, du quatorzième au dix-neuvième siècle, l'assimilation signifiait généralement en Europe occidentale la pénétration dans la classe capitaliste chrétienne. La pénétration des Juifs dans la classe capitaliste peut être comparée à la transformation en capitalistes des propriétaires féodaux. Ici aussi, la lutte de la bourgeoisie contre le féodalisme se termine, dans certains cas, par l'expropriation totale de la classe féodale (France) ou par la pénétration des féodaux dans la classe capitaliste (Angleterre, Belgique). Le développement capitaliste a des effets semblables pour les Juifs. Dans certains cas ils doivent s'assimiler, dans d'autres ils sont éliminés.

38. En règle générale, les persécutions contre les Juifs avaient un caractère social. Mais le retard de l'idéologie par rapport à l'infrastructure sociale peut aussi expliquer certaines persécutions *purement*

Il est très malaisé de ramener l'histoire juive en Europe à quelques périodes essentielles, les conditions économiques, sociales et politiques étant différentes dans chaque pays. Tandis que la Pologne et l'Ukraine se trouvaient encore en plein féodalisme à la fin du dix-huitième siècle, en Europe occidentale on assiste à un développement accéléré du capitalisme à la même époque. On comprend aisément que la situation des Juifs en Pologne ressemblera plutôt à la situation des Juifs français de l'époque carolingienne [env. 750 à 900] qu'à celle de leurs coreligionnaires de Bordeaux et de Paris. « Le Juif portugais de Bordeaux et un Juif allemand de Metz sont des êtres absolument différents », écrivait un Juif français à Voltaire. Les riches bourgeois juifs de France ou de Hollande n'avaient presque rien de commun avec les Juifs polonais, classe de la société féodale.

Malgré les différences considérables des conditions et du rythme du développement économique des pays européens habités par les Juifs, une étude attentive permet de dégager les stades essentiels de leur histoire.

A. Période précapitaliste

C'est aussi la période de la plus grande prospérité des Juifs. Le « capital » commercial et usuraire trouve de grandes

---

religieuses. Dans certaines régions, les Juifs purent conserver assez longtemps leur religion particulière, tout en s'étant transformés en agriculteurs. Les persécutions auront pour but, dans ce cas, de *hâter* leur conversion. Ce qui distingue les persécutions *religieuses* des persécutions *sociales* (sous déguisement religieux), c'est leur caractère moins violent et le peu de résistance des Juifs. Ainsi, il semble que dans l'Espagne wisigothique, les Juifs furent en partie agriculteurs. Aussi les rois wisigoths n'avaient jamais songé à les expulser, comme le firent plus tard Ferdinand et Isabelle. Les persécutions purement religieuses doivent être considérées comme exceptionnelles.

possibilités d'expansion dans la société féodale. Les Juifs sont protégés par les rois et les princes et leurs relations avec les autres classes sont généralement bonnes.

Cette situation se prolonge en Europe occidentale jusqu'au onzième siècle. L'époque carolingienne, point culminant du développement féodal, est aussi l'apogée de la prospérité des Juifs.

L'économie féodale continue à dominer l'Europe orientale jusqu'à la fin du dix-huitième siècle. C'est aussi là que se reporte de plus en plus le centre de la vie juive.

B. Période du capitalisme médiéval

À partir du onzième siècle, l'Europe occidentale entre dans une période de développement économique intense. Le premier stade de cette évolution se caractérise par la création d'une industrie corporative et d'une bourgeoisie marchande indigène. La pénétration de l'économie marchande dans le domaine agricole détermine le second stade.

Le développement des villes et d'une classe marchande indigène entraîne l'éviction complète des Juifs du commerce. Ils deviennent des usuriers dont la clientèle principale est composée de la noblesse et des rois. Mais la transformation marchande de l'économie agricole a pour effet de miner aussi ces positions.

L'abondance relative de l'argent permet à la noblesse de secouer le joug de l'usure. Les Juifs sont chassés d'un pays après l'autre. D'autres s'assimilent, en s'absorbant surtout dans la bourgeoisie indigène.

Dans certaines villes, principalement en Allemagne et en Italie, les Juifs s'occupent surtout du crédit pour les masses populaires, les paysans et les artisans. Devenus de petits usuriers exploitant le peuple, ils sont souvent victimes de soulèvements sanglants.

En général, la période du capitalisme médiéval est celle des plus violentes persécutions juives. Le « capital » juif entre en conflit avec toutes les classes de la société.

Mais l'inégalité du développement économique des pays de l'Europe occidentale influe sur les formes de la lutte antisémite.

Dans un pays, c'est la noblesse qui dirige la lutte contre les Juifs, dans d'autres c'est la bourgeoisie et en Allemagne, c'est le peuple qui déclenche le mouvement.

Le capitalisme médiéval est inconnu ou presque en Europe orientale. Il n'y a pas de séparation entre le capital commercial et le capital usuraire. Contrairement à l'Europe occidentale où Juif devient synonyme d'usurier, les Juifs y sont avant tout commerçants et intermédiaires. Tandis que les Juifs sont progressivement éliminés des pays de l'Occident, ils affermissent constamment leur position à l'est de l'Europe.

C'est seulement au dix-neuvième siècle que le développement du capitalisme (ce n'est plus cette fois le capitalisme corporatif mais le capitalisme moderne qui entre en scène) commence à ébranler la situation prospère des Juifs russes et polonais. « La misère des Juifs en Russie ne date que de l'abolition du servage et du régime féodal de la propriété rurale. Aussi longtemps que l'un et l'autre avaient existé, les Juifs avaient trouvé de larges possibilités de subsistance comme marchands et intermédiaires [39]. »

C. Période du capitalisme manufacturier et industriel

La période capitaliste proprement dite commence à l'époque de la Renaissance et elle se manifeste d'abord par une extension formidable des relations commerciales et par le développement des manufactures.

---

39. Werner Sombart, *L'apogée du capitalisme*, Paris, 1932, vol. 1, p. 430.

Dans la mesure où les Juifs subsistent en Europe occidentale, et ils n'y sont qu'en petit nombre, ils participent au développement du capitalisme. Mais la théorie de Sombart qui leur attribue une action prépondérante dans le développement du capitalisme relève du domaine de la fantaisie. Précisément parce que les Juifs représentaient un capitalisme primitif (commercial, usuraire), le développement du capitalisme moderne ne pouvait qu'être fatal à leur situation sociale.

Ce fait n'exclut pas, loin s'en faut, la participation individuelle des Juifs à la création du capitalisme moderne. Mais là où les Juifs s'intègrent à la classe capitaliste, *là se produit aussi leur assimilation.* Le Juif, grand entrepreneur ou actionnaire de la Compagnie hollandaise ou anglaise des Indes est au seuil du baptême, seuil qu'il franchit d'ailleurs avec une grande facilité. Les progrès du capitalisme vont de pair avec l'assimilation des Juifs en Europe occidentale.

Si le judaïsme n'a pas disparu complètement en Occident, c'est grâce à l'afflux massif des Juifs de l'Europe orientale. La question juive qui se pose actuellement à l'échelle mondiale procède donc, en premier lieu, de la situation du judaïsme oriental. Cette situation résulte elle-même du retard du développement économique de cette partie du monde. Les causes particulières de l'émigration juive se rattachent ainsi aux causes générales du mouvement d'émigration du dix-neuvième siècle.

L'émigration générale du dix-neuvième siècle fut produite en grande partie par l'insuffisance du développement capitaliste par rapport au rythme de l'écroulement de l'économie féodale ou manufacturière. Au paysan anglais, chassé par la capitalisation de l'économie rurale, s'ajoutait l'ouvrier artisanal ou manufacturier refoulé par les machines. Ces masses paysannes et artisanales éliminées par le nouveau système économique durent se chercher un gagne-pain au-delà des océans. Mais cette situation ne se prolonge pas indéfiniment. À cause du rapide développement des forces productives en Europe occidentale, la partie de la population privée de ses moyens de subsistance put bientôt trouver du travail en suffisance dans l'industrie. C'est pour cela qu'en Allemagne, par exemple, l'émigration vers l'Amérique, très forte au milieu du dix-neuvième siècle, s'arrête presque entièrement à sa fin. Il en est de même pour l'Angleterre et les autres pays de l'Europe occidentale [40].

Mais tandis que le déséquilibre de la société située entre l'écroulement du féodalisme et le développement du capitalisme disparaissait en Europe occidentale, il s'approfondissait dans les pays arriérés de l'Est. La destruction de l'économie féodale et des formes primitives du capitalisme s'y effectuait beaucoup plus rapidement que le développement du capitalisme moderne. Des masses de plus en plus considérables de paysans et d'artisans durent chercher une voie de salut dans l'émigration. Au début du dix-neuvième siècle, c'étaient principalement les Anglais, les Irlandais, les Allemands et les Scandinaves qui formaient le gros des immigrants en Amérique. L'élément slave et juif devient prépondérant à la fin du dix-neuvième siècle parmi les masses se dirigeant vers l'Amérique.

Dès le début du dix-neuvième siècle, les masses juives cherchèrent de nouvelles voies d'immigration. Mais au début, c'est vers l'intérieur de la Russie et de l'Allemagne qu'elles se dirigèrent. Les Juifs parviennent à s'introduire

---

40. « L'épanouissement économique des principaux pays européens dans le dernier quart du dix-neuvième siècle arrête ce flot d'émigration, mais bientôt monte la deuxième vague composée principalement d'émigrants des pays agraires de l'Europe. » Vladimir Woytinski, *Tatsachen und Zahlen Europas* [Faits et chiffres de l'Europe], Vienne, 1930, p. 60.

dans les grands centres industriels et commerciaux où ils jouent un rôle important en tant que commerçants et industriels. Fait nouveau et important, pour la première fois depuis des siècles, un prolétariat juif naît. Le peuple-classe commence à se différencier socialement.

Mais le prolétariat juif se concentre essentiellement dans le secteur des moyens de consommation. Il est principalement artisanal. À mesure que la grande industrie étend le champ de son exploitation, les branches artisanales de l'économie déclinent. L'atelier cède la place à l'usine. Et il apparaît ainsi que l'intégration des Juifs dans l'économie capitaliste est encore extrêmement précaire. Ce n'est plus seulement le marchand « précapitaliste » qui est forcé à l'émigration mais aussi l'ouvrier artisanal juif. Des masses juives de plus en plus considérables quittent l'Europe orientale pour l'Occident et l'Amérique. La solution de la question juive, c'est-à-dire la pénétration complète des Juifs dans l'économie, devient ainsi un problème mondial.

D. La décadence du capitalisme

Le capitalisme, par la différenciation sociale du judaïsme, par son intégration à l'économie et par l'émigration, a posé les bases de la solution de la question juive.

Mais il ne l'a pas résolue. Au contraire, la formidable crise du régime capitaliste au vingtième siècle a aggravé la situation des Juifs d'une façon inouïe. Les Juifs éliminés de leurs positions économiques dans le féodalisme ne purent s'intégrer dans l'économie capitaliste en pleine putréfaction. Dans ses convulsions, le capitalisme rejette même les éléments juifs qu'il ne s'est pas encore complètement assimilés.

Partout se développe un antisémitisme féroce des classes moyennes étouffant sous le poids de contradictions capitalistes. Le grand capital se sert de cet antisémitisme élémentaire de la petite bourgeoisie pour mobiliser les masses autour du drapeau du racisme.

Les Juifs sont étouffés entre deux systèmes : le féodalisme et le capitalisme, dont chacun accentue la putréfaction de l'autre.

DEUX

De l'époque de l'Antiquité à l'époque carolingienne, la période de prospérité commerciale des Juifs

A. Avant la conquête romaine

C'est par la Syrie et la Palestine que s'effectuait, depuis une époque très reculée, l'échange des produits entre les deux plus anciens foyers de culture du monde antique méditerranéen : l'Égypte et l'Assyrie [1]. Le caractère essentiellement commercial des Phéniciens et des Cananéens procède de la situation géographique et historique des pays qu'ils habitaient [2].

Les Phéniciens devinrent le premier grand peuple commerçant de l'Antiquité parce qu'ils s'étaient trouvés placés

1. « Dans le langage commun de la science européenne, la vie antique est essentiellement celle qui s'est développée autour du bassin méditerranéen. » Jules Toutain, *L'économie antique*, Paris, 1927, p. 1.

2. C'est probablement la prospérité commerciale de la Palestine qui la fit apparaître aux yeux des Israélites comme le pays « de miel et de lait ». Il est probable que l'invasion israélite a porté un coup grave au commerce palestinien. Mais avec le temps, les Israélites ont repris à leur compte les relations profitables avec les pays du Nil et de l'Euphrate.

entre les deux premiers grands centres de la civilisation. Ce sont les marchandises assyriennes et égyptiennes qui constituèrent, au début, l'objet principal du commerce phénicien. Il en fut certainement de même pour les marchands palestiniens [3]. D'après Hérodote, les marchandises assyriennes furent les articles les plus anciens et les plus importants du commerce phénicien. Non moins ancienne était la liaison des Phéniciens avec l'Égypte. Les légendes du Canaan biblique aussi bien que les mythes phéniciens font état des relations suivies des habitants de ces pays avec l'Égypte, par mer et par terre. Hérodote parle aussi des marchandises égyptiennes portées en Grèce depuis une période très éloignée par les Phéniciens [4].

Mais si la situation géographique de la Palestine était aussi favorable que celle de la Phénicie pour le trafic des marchandises entre l'Égypte et l'Assyrie, les facilités de navigation dont disposait la Syrie lui faisaient totalement défaut [5]. La Phénicie était abondamment pourvue de tout ce qui était nécessaire pour les voyages en mer. Les cèdres

---

3. C'est donc, dès le début, une situation géographique et historique spécifique qui détermina le caractère commercial des Phéniciens et des Juifs. Il est évident que seule la proximité des centres de civilisation pourvus d'une industrie relativement importante et le voisinage de pays produisant déjà en partie pour l'échange pouvaient permettre le développement des peuples spécifiquement commerçants comme les Phéniciens et les Juifs. C'est à côté des premiers grands centres de la civilisation que se développèrent les premiers grands peuples commerçants.

4. Franz Karl Movers, *Die Phönizier* [Les Phéniciens], Berlin, 1856, vol. 2, p. 18.

5. « Déjà avant l'arrivée des Israélites au Canaan, le commerce s'y trouvait à un haut degré de développement. Dans les lettres de Tell-el-Amarna datant du quinzième siècle avant J.-C., on parle de caravanes traversant le pays. » Frants Bühl, *Die Sozialen Verhältnisse der Israeliten* [Les rapports sociaux des Israélites], Berlin, 1899, p. 76.

et les cyprès du Liban lui fournissaient le bois de construction. Le cuivre et le fer se trouvaient aussi en abondance dans les montagnes du Liban et dans les environs. Sur la côte phénicienne, de nombreux ports naturels s'offraient à la navigation [6].

Aussi ne faut-il pas s'étonner que, de bonne heure, des navires phéniciens lourdement chargés de produits égyptiens et assyriens aient commencé à sillonner les routes navigables du monde antique. « Les relations politiques et mercantiles de la Phénicie avec les grands États du Nil et de l'Euphrate, relations établies plus de deux mille ans avant J.-C., permirent l'extension du commerce phénicien aux pays côtiers de l'océan Indien [7]. » Les Phéniciens rapprochèrent les peuples et les civilisations les plus différents de l'Antiquité [8].

Durant de longs siècles, les Phéniciens conservèrent le monopole du commerce entre les pays relativement développés de l'Orient et les pays incultes de l'Occident. À l'époque de l'hégémonie commerciale des Phéniciens, l'état économique des îles de la Méditerranée occidentale et des pays qui la bordaient était encore très arriéré. « Ce n'est pas à dire que le négoce ait été inconnu à la société homérique, mais il consistait essentiellement pour les Grecs en importations. [...] Pour payer ces achats [les matières premières ou précieuses, les objets manufacturés que les

---

6. Franz Karl Movers, *Die Phönizier*, p. 19-20.

7. Franz Karl Movers, *Die Phönizier*, p. 18.

8. « Par leur infatigable ardeur commerciale et leur indestructible esprit d'entreprise, les Phéniciens s'étaient acquis le nom d'un peuple commercial auquel n'avait pu se comparer aucun peuple antique. C'est plus tard seulement, au moyen âge, que ce nom, avec toutes les mauvaises notions qui s'y attachaient, passa à leurs voisins et héritiers commerciaux, les Juifs de la diaspora. » Franz Karl Movers, *Die Phönizier*, p. 26.

navigateurs étrangers venaient leur offrir], les Grecs paraissent surtout avoir donné du bétail [9]. »

Cette situation, très désavantageuse pour les indigènes, ne se maintint pas longtemps. Le commerce phénicien lui-même devint un des principaux stimulants du développement économique de la Grèce. L'essor de la Grèce fut aussi favorisé par la colonisation hellénique qui prit une grande extension entre les neuvième et septième siècles avant J.-C. Les colons grecs se répandent en tous sens dans la Méditerranée. Les villes grecques se multiplient. Thucydide et Platon expliquent l'émigration grecque par le manque de terres.

Le développement de la colonisation grecque est accompagné d'un essor prodigieux (relativement à l'époque) de l'industrie et du commerce helléniques. Le développement économique de la Grèce aura pour conséquence le déclin commercial de la Phénicie. « Jadis dans les rades grecques, les Phéniciens débarquaient leurs marchandises qu'ils échangeaient contre les produits indigènes, le plus souvent, semble-t-il, des têtes de bétail. Désormais, les marins grecs [10] vont porter eux-mêmes en Égypte, en Syrie, en Asie mineure, chez les peuples de l'Europe comme les Étrusques, encore grossiers comme les Scythes, les Gaulois, les Ligures, les Ibères, les objets manufacturés et les oeuvres d'art, tissus, armes, bijoux, vases peints dont la renommée est grande et dont sont friands tous les barbares [11]. »

9. Jules Toutain, *L'économie antique*, p. 24-25.

10. Ces « marins grecs » semblent avoir été surtout des métèques, des étrangers établis en Grèce. Le rôle commercial des Phéniciens avait été lié au développement des civilisations égyptienne et assyrienne. L'essor de la civilisation hellénique eut pour résultat la prospérité commerciale des métèques.

11. Jules Toutain, *L'économie antique*, p. 40.

La période s'étendant entre le sixième et le quatrième siècle semble avoir été l'époque de l'apogée économique de la Grèce. « Ce qui caractérise cette période nouvelle, c'est que les métiers se sont multipliés, organisés, spécialisés, la division du travail a été poussée très loin [12]. » À l'époque de la guerre du Péloponnèse, Hiponicas employait 600 esclaves et Nicias 1000 dans les mines.

Ce développement économique important de la Grèce a entraîné la plupart des savants bourgeois à parler d'un « capitalisme grec ». Ils vont jusqu'à comparer l'industrie et le commerce helléniques au vaste mouvement économique de l'époque industrielle.

En réalité, l'agriculture demeure toujours la base économique de la Grèce et de ses colonies. « La colonie grecque est presque toujours, non pas une colonie marchande, mais une colonie militaire et agricole [13]. » Ainsi Strabon raconte au sujet de Cumes, une colonie grecque d'Italie, que c'est seulement 300 ans après leur établissement que ses habitants se sont aperçus que leur ville se trouvait près de la mer. Le caractère essentiellement agricole de la vie économique du monde hellénique est incontestable. Il ne peut pas être question non plus d'une industrie comparable à l'industrie moderne. « Les méthodes de production et d'organisation sont restées artisanales [14]. » Seules les mines semblent présenter, tout au

12. Jules Toutain, *L'économie antique*, p. 68.

13. Johannes Hasebroek, *Staat und Handel im alten Griechenland* [État et commerce dans la Grèce antique], Tübingen, 1928, p. 112.

14. Johannes Hasebroek, *Staat und Handel im alten Griechenland*, p. 78. La production des valeurs d'usage demeure le fondement de l'économie. Tout ce qu'on peut admettre, c'est que la production pour l'échange a pris en Grèce le maximum d'extension rendue possible par le mode de production antique.

moins quant à la force de travail, un spectacle semblable à celui que nous connaissons actuellement.

Le fait que, malgré leur grande extension, l'industrie et le commerce sont restés principalement aux mains d'étrangers, des métèques, prouve le mieux leur rôle relativement subordonné dans l'économie grecque. « Dans l'immense trafic dont Athènes est le centre, comme dans son industrie, la part des métèques reste prépondérante [15]. » À Délos, le grand centre commercial, les inscriptions montrent que presque tous les commerçants sont étrangers [16].

Le citoyen grec méprise le commerce et l'industrie, il est avant tout propriétaire foncier. Aristote, comme Platon, sont opposés à ce qu'on accepte les marchands dans la cité [17].

Il faut donc se garder d'exagérer l'importance du développement industriel et commercial de la Grèce. En fait, l'expansion grecque fut principalement agricole et militaire. Elle allait cependant de pair avec un développement industriel et commercial très important pour l'époque [18].

---

15. Pierre Roussel, *La Grèce et l'Orient*, Paris, 1928, p. 301. Voir aussi Michel Clerc, *Les métèques athéniens*, Paris, 1893, p. 397. « Le commerce maritime était, en effet, en grande partie entre les mains des métèques. » Et Henri Francotte, *L'industrie dans la Grèce ancienne*, Bruxelles, 1900, vol. I, p. 192. « Le commerce maritime à Athènes paraît surtout dans les mains des étrangers. »

16. Johannes Hasebroek, *Staat und Handel im alten Griechenland*, p. 27. Au temps de sa prospérité, Athènes comptait 400 000 esclaves, 20 000 citoyens et 30 000 métèques.

17. « On ne peut pas plus parler de la commercialisation du monde que de son industrialisation. Le caractère agraire de l'économie est prédominant même au quatrième siècle avant J.-C. » Johannes Hasebroek, *Staat und Handel im alten Griechenland*, p. 101.

18. « Tout rapprochement entre les ports de la Grèce antique et les places modernes de Gênes et de Marseille ne peut que provoquer le scepticisme

Les Grecs ne devinrent jamais un peuple commercial comme les Phéniciens et les Juifs. Mais dans les colonies grecques et plus tard dans les royaumes helléniques, on assiste à un essor commercial et industriel très important. Il va sans dire que les États grecs, tout en n'étant pas réellement mercantiles, favorisaient de toutes leurs forces le commerce et l'industrie, sources financières des plus importantes.

Ce n'est pas seulement au développement économique de la Grèce et de ses colonies qu'il faut attribuer le déclin du commerce phénicien. Il y a encore une autre cause importante : c'est l'antagonisme croissant entre la Perse et la Grèce. Parallèlement à l'extension de la civilisation hellénique, on assiste à la marche triomphale des Perses à travers l'Asie. L'empire perse atteint son apogée au cinquième siècle. Il s'étend sur une partie de l'Asie et sur l'Égypte.

Le développement parallèle des civilisations grecque et persane dut porter le coup de grâce au commerce phénicien. Le commerce entre l'Asie et l'Europe fut certainement rendu très difficile par le partage du monde méditerranéen entre deux sociétés également hostiles l'une à l'autre. Les mondes persan et grec se créèrent chacun un trafic commercial propre.

On peut supposer que la Palestine, complètement supplantée auparavant par la Phénicie, recommence à jouer un rôle commercial important avec la décadence phénicienne et le développement du commerce asiatique après la période des conquêtes persanes. La voie de passage

---

ou le sourire. Cependant le spectacle donné par cet échange, ces transports, ces allées et venues de marchandises était alors nouveau en Méditerranée. Il différait profondément par son intensité et par sa nature de celui qu'avait offert le commerce phénicien, simple colportage maritime, plutôt qu'un véritable négoce. » Jules Toutain, *L'économie antique*, p. 84.

entre l'Égypte et la Babylonie retrouve toute sa valeur. Tandis que le commerce phénicien perd de plus en plus de son antique importance au point qu'au temps de Lucien [deuxième siècle apr. J.-C.], les salaisons en feront les principaux frais, les Juifs jouent dans l'empire perse un rôle de tout premier plan [19].

Certains historiens attribuent à l'exil babylonien un rôle important dans la transformation des Juifs en peuple commerçant *. « À Babylone, les Juifs se transformèrent en peuple commerçant, tel que nous le connaissons dans l'histoire économique du monde. Ils ont trouvé chez les Babyloniens des rapports économiques très évolués. Les textes cunéiformes dernièrement trouvés montrent que les Juifs exilés participaient activement à la vie commerciale. Ils s'occupaient des affaires de crédit, très développées chez les Babyloniens. Ils étaient aussi grands commerçants [20]. »

Mais la dispersion juive est certainement antérieure à l'exil babylonien [sixième siècle av. J.-C.]. « Il y a de sérieuses raisons d'admettre l'existence d'une diaspora pré-exilique [21]. » On exagère fort l'ampleur de l'exil juif sous Nabuchodonosor. C'est seulement une partie des classes dirigeantes qui fut frappée par les mesures du roi babylonien. La majorité des Juifs établis en Palestine continuèrent à y demeurer.

Si donc à l'époque persane on trouve les Juifs disséminés dans toutes les parties de cet immense empire, et le livre d'Esther est très éloquent à ce sujet, il serait enfantin

---

19. Charles Autran, *Phéniciens*, Paris, 1920, p. 51.

* Voir le glossaire : Exil babylonien

20. Lujo Brentano, *Das Wirtschaftsleben der antiken Welt* [La vie économique du monde antique], Iéna, 1929, p. 80.

21. Antonin Causse, *Les dispersés d'Israël*, Paris, 1929, p. 7.

de voir dans ce fait la conséquence de l'exil babylonien, exil qui dura en tout 50 ans. Il est aussi puéril de croire que le peuple juif soit retourné en Palestine à l'époque d'Esdras et de Néhémie [cinquième siècle av. J.-C.]. Leur oeuvre fut avant tout d'ordre religieux. Il s'agissait de rebâtir le temple et de reconstruire une métropole religieuse pour le judaïsme dispersé.

« La plupart des historiens ont considérablement exagéré le rôle du judaïsme palestinien à l'époque persane. On raisonne comme si, Jérusalem une fois restaurée, toute l'histoire d'Israël s'était concentrée autour de la montagne sainte ; comme si tout le peuple était vraiment revenu de l'exil et avait habité sur une terre de quelques centaines de kilomètres carrés entre Tekoa, Mitspa et Jéricho. En réalité, à cette époque, les Juifs de Judée ne représentaient qu'une partie, la plus petite, du judaïsme. Et sans doute n'était-ce pas la plus vivante [22]. »

L'édit de Cyrus [538 av. J.-C.] s'adresse en ces termes aux Juifs de la diaspora : « Que tous les autres, dans tous les lieux où ils habitent, laissent les hommes de cet endroit aider [ceux qui vont en Palestine] en argent, en or, en biens et en troupeaux, outre ce qu'ils offrent volontairement au temple de Dieu qui est à Jérusalem. » (Le livre d'Esdras, I,4) « Et tous ceux qui étaient dans les environs, continue le livre d'Esdras (I, 6), mirent aux mains [des 42 000 Juifs qui retournaient en Palestine] des vases d'argent et d'or, des troupeaux et des biens. » Il est évident qu'il ne s'agit pas là d'un retour massif des Juifs en Palestine mais surtout de la reconstruction du temple.

Les principales colonies de la diaspora étaient situées, à l'époque perse, en Mésopotamie, en Chaldée et en Égypte. Les documents qui ont été trouvés à Éléphantine en Égypte,

22. Antonin Causse, *Les dispersés d'Israël*, p. 54-55.

datant du cinquième siècle avant J.-C., jettent une lumière intéressante sur la situation des colonies juives de la diaspora à cette époque.

D'après les archives appartenant à une famille juive, il apparaît que les « Juifs faisaient le commerce, achetaient et vendaient des maisons et des terrains, prêtaient de l'argent, administraient des dépôts et étaient très versés dans les questions du droit [23]. » Il est très intéressant de constater que même les chansons et les contes sont en araméen, ce qui montre que déjà, au cinquième siècle avant J.-C., l'hébreu n'était plus une langue usuelle pour les Juifs. L'araméen, c'est la grande langue asiatique de l'époque, la langue commerciale [24].

La religion des Juifs d'Éléphantine n'est pas aussi évoluée que la religion officielle codifiée à l'époque d'Esdras-Néhémie. Dans une supplique au gouverneur perse, ils demandent l'autorisation de rebâtir leur temple. Or précisément, la réforme d'Esdras-Néhémie vise à concentrer tous les Juifs de la diaspora autour de l'unique temple de Jérusalem. C'est effectivement à Jérusalem qu'afflueront jusqu'à l'année 70 les dons des Juifs dispersés dans le monde.

C'est cette richesse du temple de Jérusalem qui fut probablement la raison principale de l'entreprise d'Antiochus contre les Juifs. « Simon lui annonça que le trésor public à Jérusalem était plein de sommes considérables et qu'il y avait des richesses publiques immenses. » (Second Livre des Macchabées, III, 6). Plus tard, Mithridate confisque sur la petite île de Cos 800 talents destinés au temple

23. *Jüdisches Lexikon* [Lexique juif], Berlin, 1927-1930, article sur Éléphantine, p. 345-346.

24. Antonin Causse, *Les dispersés d'Israël*, p. 79.

de Jérusalem. À l'époque romaine, Cicéron se plaignait dans ses discours des sommes immenses qui affluaient à Jérusalem.

La période hellénistique [323 à 30 av. J.-C.] constitue l'époque de l'apogée économique de l'Antiquité. Les conquêtes d'Alexandre détruisirent les barrières entre le monde hellénique et l'Asie et l'Égypte. Les villes poussèrent comme des champignons dans toutes les parties de l'empire hellénique. Les « plus grands fondateurs de villes, non seulement de cette époque mais même de toute l'histoire, furent Seleucus Ier et son fils Antiochus Ier [25]. » Les rois de la période hellénistique créent de nouveaux centres urbains destinés à supplanter les anciennes cités persanes et phéniciennes. « Sur les côtes de Syrie, le port d'Antioche fait oublier les villes antiques de Tyr et de Sidon [26]. » Seleucus crée au bord du Tigre Séleucie pour ravir à Babylone son rôle central dans le commerce mondial [27]. Ce but fut pleinement atteint.

Tandis que Babylone tomba en décadence, la Séleucie hellénique devint probablement la plus grande ville de cette époque. Elle avait 600 000 habitants, d'après Pline. À côté de Séleucie, Alexandrie et Antioche devinrent les centres du monde hellénistique. Toutes ces villes connurent pendant la période hellénistique une prospérité incontestable.

La situation des Juifs semble s'être encore affermie après les conquêtes d'Alexandre. « Les Juifs surent se faire reconnaître des privilèges spéciaux aussi bien, comme il

---

25. Eduard Meyer, *Blüte und Niedergang des Hellenismus in Asien* [Épanouissement et déclin de l'hellénisme en Asie], Berlin, 1925, p. 20.

26. Pierre Roussel, *La Grèce et l'Orient*, p. 486.

27. Eduard Meyer, *Blüte und Niedergang des Hellenismus in Asien*, p. 22.

semble, par les Séleucides que par les Lagides [la dynastie en Égypte qui a commencé avec le roi Ptolémée Ier (366-282 av. J.-C.)]. À Alexandrie où ils avaient été attirés par Ptolémée Ier et où ils abondaient, ils formaient une communauté à part qui s'administrait elle-même et était soustraite à la juridiction des tribunaux grecs [28]. » « Les Juifs obtinrent dans la capitale de Syrie, à Antioche, une certaine autonomie et une position privilégiée. De même à Cyrène [29]. »

La situation privilégiée et la position économique spécifique des Juifs sont déjà l'origine de graves conflits avec la population des villes qu'ils habitaient. Des conflits éclataient sans cesse, aussi bien dans les villes palestiniennes qu'à Alexandrie, à Séleucie, à Cyrène et à Chypre [30]. Ces conflits n'avaient rien de commun avec les antagonismes nationaux actuels. Au contraire, les empires hellénistiques connaissent une formidable assimilation des peuples qui les composent. Le nom de Grec est appliqué de moins en moins aux membres d'une nation particulière. On l'attribue maintenant aux parties dominantes et cultivées de la population. Alexandre ordonna à tous, dit un écrivain ancien, de considérer comme leur patrie le monde, comme leurs parents les gens de bien et comme étrangers les méchants.

L'importance croissante du judaïsme dans la vie commerciale du monde hellénistique doit être aussi attribuée au déplacement de l'axe de la vie économique vers l'Orient. La prospérité d'Alexandrie, d'Antioche et de Séleucie offre un contraste frappant avec la pauvreté et la décadence où

---

28. Pierre Roussel, *La Grèce et l'Orient*, p. 480-481.

29. Lujo Brentano, *Das Wirtschaftsleben der antiken Welt*, p. 78.

30. Eduard Meyer, *Blüte und Niedergang des Hellenismus in Asien*, p. 61.

la Grèce était tombée à la même époque. Polybe insiste à plusieurs reprises sur la décadence des cités grecques. Au deuxième siècle avant J.-C., les « visiteurs avaient peine à croire que cette ville où l'eau était rare, les rues mal tracées, les maisons incommodes était la fameuse Athènes [31]. » Athènes fut éliminée de son rôle comme centre du monde civilisé.

Ce qui, avec la décadence économique, contribua à la ruine de la Grèce, ce furent les incessantes luttes de classes qui, par suite du mode de production arriéré, ne pouvaient aboutir à aucun résultat important [32]. Le triomphe de la plèbe était éphémère. Les partages de richesses ne pouvaient aboutir qu'à de nouvelles inégalités sociales, génératrices de nouveaux conflits sociaux. Ainsi le triomphe de la Grèce, après les conquêtes d'Alexandre, fut illusoire.

Le déplacement du centre économique du monde vers l'Orient qui s'en était suivi amena son rapide déclin [33]. Les classes possédantes et aristocratiques, impuissantes devant les révoltes plébéiennes, durent chercher l'appui

---

31. André Piganiol, *La conquête romaine*, Paris, 1927, p. 205.

32. Ces luttes de classe sont strictement limitées à la population libre des cités grecques. « Une égalité plus ou moins grande dans la possession des biens paraissait nécessaire au maintien de cette démocratie politique. C'est là l'origine des guerres sanglantes entre les riches et les pauvres où finit par aboutir la démagogie hellénique. Mais jamais les esclaves, les serfs, les métèques ne prennent part à ces revendications. » Claudio Jannet, *Les grandes époques de l'histoire économique jusqu'au XVIe siècle*, Paris, 1896, p. 8.

33. « La péninsule grecque [à l'époque hellénistique] perdait alors sa position dominante et le centre économique du monde se déplaçait vers l'Orient. » Karl Julius Beloch, *Geschichte Griechenlands (Hellas und Rom)* [Histoire de la Grèce (la Grèce et Rome)], Berlin, 1912-1927. Vol. 1, p. 279-280.

de Rome mais Rome ne fit que donner le coup de grâce à la Grèce ainsi qu'à l'hellénisme [34].

Les Romains se jetèrent sur le monde hellénistique comme sur une riche proie qu'ils devaient piller et conquérir. « Entre 211 et 208, selon les renseignements très incomplets qui nous sont parvenus, cinq vieilles cités de l'Hellade sont mises à sac [35]. » Corinthe, la riche cité commerciale, est détruite. « J'y étais, dit Polybe, j'ai vu des tableaux foulés aux pieds, les soldats s'installant dessus pour jouer aux dés. » Rome a porté également des coups très rudes à l'hellénisme en Asie [36]. Le magnifique édifice hellénistique fut détruit sous les coups conjugués des Romains et des Parthes.

B. L'impérialisme romain et sa décadence

Contrairement à l'impérialisme moderne, essentiellement basé sur le développement des forces productives, l'impérialisme antique est fondé sur le pillage des pays conquis. Il ne s'agit pas, pour les impérialismes antiques de frayer les voies à leurs produits et à leurs capitaux. Ils ne visent qu'à dépouiller les pays conquis.

L'état arriéré de la production dans l'Antiquité ne pouvait assurer le luxe des classes possédantes des pays conquérants que par la ruine plus ou moins rapide des peuples conquis. L'épuisement de ces pays conquis, les difficultés croissantes de nouvelles conquêtes, l'amollissement graduel des conquérants devaient amener tôt ou tard la décadence des impérialismes antiques.

---

34. Voir Numa-Denys Fustel de Coulanges, *La Cité antique*, Paris, 1863.

35. Maurice Holleaux, *Rome, la Grèce et les monarchies hellénistiques au III*[e] *siècle avant J.-C.*, Paris, 1921, p. 231.

36. André Piganiol, *La conquête romaine*, p. 232.

Rome constitue l'exemple classique de l'impérialisme antique. On a fortement exagéré le développement commercial et industriel de Rome. Son commerce a toujours été passif [37]. Rome ne faisait qu'attirer sur elle l'exportation des provinces sans rien leur rendre en retour [38]. Les classes dirigeantes romaines avaient un mépris profond pour toute espèce de trafic. La loi Claudia [218 av. J.-C.] interdit aux sénateurs, à leurs fils et à toute l'aristocratie de Rome de posséder des navires jaugeant plus de 300 amphores, ce qui correspond à moins de 80 hectolitres de graines ou de légumes. Cela signifie leur interdire l'exercice du commerce. César renouvelle cette interdiction.

La politique romaine n'a jamais été déterminée par ses prétendus intérêts commerciaux. La meilleure preuve, c'est que Rome, après la défaite d'Annibal [202 av. J.-C.], permit encore aux Carthaginois d'interdire l'entrée de leur mer [39]. « En général, il faut dire que les problèmes économiques romains étaient très simples. La conquête graduelle de l'Italie de même que des provinces occupait le surplus du capital et de la population. Le besoin de l'industrie et du commerce ne se faisait pas ressentir », dit Tenney Frank [40].

Les commerçants à Rome étaient généralement étrangers et c'est cela d'ailleurs qui explique l'accroissement

---

37. Heinrich Cunow, *Allgemeine Wirtschaftsgeschichte* [Histoire économique générale], Berlin, 1926-1931, vol. 2, p. 61.

38. Henri Pirenne, *Histoire de l'Europe*, p. 14. « Les produits affluaient vers le centre sans qu'il y eût un courant compensateur en retour. » Gustave Legaret, *Histoire du développement du commerce*, Paris, 1927, p. 13.

39. Tenney Frank, *An Economic History of Rome to the End of the Republic* [Histoire économique de Rome jusqu'à la fin de la république], Baltimore, 1920, p. 108.

40. Tenney Frank, *An Economic History of Rome to the End of the Republic*, p. 117-118.

continu de la colonie juive à Rome depuis l'époque de César. Les « négociatores » romains n'étaient pas des commerçants mais des usuriers qui pillaient les provinces [41]. Le développement du commerce dans l'empire romain doit être surtout attribué au besoin de luxe croissant des classes dirigeantes de Rome. Strabon explique de cette façon le développement du grand marché de Délos : « D'où venait ce développement du commerce ? De ce que les Romains, enrichis par la destruction de Carthage et de Corinthe, s'étaient vus habitués à se servir d'un très grand nombre d'esclaves [42]. »

Il en était de même de l'industrie. L'industrie romaine dépendait surtout des besoins de luxe de l'aristocratie. Tenney Frank, après avoir remarqué que, pendant le quatrième siècle avant l'ère chrétienne, nul progrès sensible ne fut fait dans le domaine de l'industrie, ajoute que « les deux siècles qui suivirent n'apportèrent aucun changement dans la nature de la production industrielle à Rome, que sans doute la quantité des objets fabriqués augmenta en raison de l'accroissement de la cité mais qu'il ne s'ensuivit aucune exportation et que la seule évolution visible fut la substitution du travail servile au travail libre [43] ».

Même les auteurs qui considèrent que l'Italie avait été un pays de production à l'époque républicaine admettent qu'elle cesse de l'être dans la période impériale. « L'Italie est de moins en moins un pays de production. [...] Plusieurs industries prospères à la fin de la période républicaine sont

---

41. Tenney Frank, *An Economic History of Rome to the End of the Republic*, p. 231.

42. Strabon, *Géographie*, XIV, 5.

43. Jules Toutain, *L'économie antique*, p. 300. Toutain ne partage pas cette opinion.

en décadence. [...] Ainsi le trafic entre l'Italie et l'Orient ne se faisait plus que dans un seul sens et encore était-il de plus en plus aux mains des Asiatiques, des Alexandrins et des Syriens [44]. »

Ainsi l'Italie ne vivait plus que de l'exploitation des provinces. La petite propriété, base de la force romaine, fut progressivement éliminée par de vastes domaines servant au luxe des aristocrates romains et où prédominait le travail des esclaves [45]. Tout le monde connaît la conclusion de Pline : « *Latifundia perdidere Italiam* » [La grande propriété ruina les Italiens].

L'esclave devient de plus en plus un objet de luxe au lieu d'être un facteur de production [46]. Horace, dans une de ses satires, disait que dix esclaves au moins étaient indispensables à un homme comme il faut. En fait, des milliers d'esclaves travaillaient dans les vastes latifundia. « Dans les domaines de Tusculum et de Tibur, sur les rivages de Terracine et de Baia, là où les anciens fermiers latins avaient semé et récolté, on voyait s'élever maintenant dans une splendeur vide les villas de nobles romains dont quelques-unes couvraient l'espace d'une ville de grandeur moyenne, avec leurs dépendances de jardins, d'aqueducs, de viviers d'eau douce et d'eau salée pour la conservation et la multiplication du poisson de mer et du poisson

---

44. Jean Hatzfeld, *Les trafiquants italiens dans l'Orient hellénique*, Paris, 1919, p. 190, 191.

45. « À l'époque des Auguste, la disparition des paysans était l'objet de préoccupations journalières des cercles dirigeants. » Michael Rostovtzeff, *Gesellschaft und Wirtschaft im Römischen Kaiserreich* [Société et économie dans l'empire romain], Leipzig, 1931, t. I, p. 56.

46. Karl Kautsky, *De Oorsprong van het Christendom* [Les origines du christianisme], p. 359. [Une version française de ce livre est disponible en ligne.]

d'eau douce, des garennes à lièvres, à lapins, à cerfs, à chevreuils, à sangliers et des volières pour les faisans et pour les paons [47]. »

En même temps que le travail libre était éliminé par le travail servile, l'Italie devenait un immense centre de gaspillage des richesses drainées de tout l'empire. Des impôts écrasants ruinaient les provinces.

« Les coûteux et fréquents armements maritimes et les défenses des côtes pour refréner la piraterie, la tâche de contribuer aux oeuvres d'art, aux combats de bêtes ou à d'autres exigences de luxe absurdes des Romains pour le théâtre et la chasse étaient presque aussi fréquents qu'oppressifs et incalculables.

« Une seule circonstance peut montrer à quel point les choses étaient poussées. Pendant les trois années de l'administration de Caïus Verrès en Sicile, le nombre des fermiers de Leontini était tombé de 84 à 32 ; à Motya, de 187 à 86 ; à Herbita, de 252 à 120 ; à Argyrium, de 250 à 80, en sorte que dans quatre districts les plus fertiles de Sicile, 59 pour cent des propriétaires préféraient laisser leurs champs en friche que de les cultiver sous ce *régime*. [...]

« Dans les États clients, les formes de la taxation étaient un peu différentes mais le fardeau était encore plus lourd s'il est possible, depuis qu'aux exactions des Romains s'ajoutaient celles des cours des pays [48]. »

Le capitalisme romain, dans la mesure où le terme capitalisme lui était applicable, était essentiellement spéculatif et n'avait aucun rapport avec le développement des forces productives [49].

---

47. Theodor Mommsen, *Histoire romaine*, tome VII, p. 233.

48. Theodor Mommsen, *Histoire romaine*, tome VII, p. 264.

49. Giuseppe Salvioli, *Le capitalisme dans le monde antique*, Paris, 1906.

Le commerce et la banque de Rome ressemblaient à une entreprise de brigandage organisé. « Mais ce qui était encore pire s'il est possible, et encore moins sujet au contrôle, c'était le mal causé par les hommes d'affaires d'Italie aux malheureux provinciaux. Les parties les plus productives de la propriété foncière et toutes les affaires commerciales et monétaires étaient concentrées dans leurs mains. [...] L'usure florissait plus que jamais. « Toutes les cités sont ruinées », dit un traité publié en 684 [70 av. J.-C.]. « La même vérité est spécialement attestée en ce qui concerne l'Espagne et la Gaule narbonnaise, les provinces qui étaient économiquement parlant dans la même situation. Dans l'Asie mineure, les villes comme Samos et Halicarnasse étaient presque vides : l'esclavage leur semblait un paradis, comparé avec ce tourment auquel les provinciaux libres succombaient et même les patients asiatiques étaient devenus, suivant les descriptions des hommes d'État romains, fatigués de la vie. [...] Même les hommes d'État romains convenaient publiquement et franchement que le nom Romain était incroyablement odieux dans toute la Grèce et l'Asie [50]. »

Il est clair que ce système de parasitisme et de brigandage ne pouvait se prolonger indéfiniment. La source des richesses où puisait Rome se tarissait. Bien avant la chute de Rome, nous assistons à un ralentissement continu du commerce. La base du pillage se rétrécissait au fur et à mesure que Rome vidait les pays conquis de leur substance.

Le fait que la production des céréales, surtout celle du froment, diminuait tandis que la vigne et l'olivier conquéraient de vastes domaines, à l'est et à l'ouest, constitue un indice alarmant de cet état de choses. Les produits de luxe éliminent les produits indispensables à la production et à

50. Theodor Mommsen, *Histoire romaine*, tome VII, p. 267.

la reproduction de la force de travail. « L'extension de la culture de la vigne et de l'olivier ne signifiait pas seulement une aggravation des conditions économiques pour l'Italie mais pouvait avoir comme suite la pénurie de froment et la famine dans tout l'empire [51]. » C'est en vain que [l'empereur] Trajan essaie de parer à ce danger en obligeant les sénateurs à acheter des terres en Italie. Ses successeurs n'auront pas beaucoup plus de succès. Le luxe tue la production. « Bientôt les édifices superbes ne laisseront plus de terres à la charrue du laboureur », s'écrie Horace.

Au deuxième siècle, la décadence commerciale est complète. Les rapports avec les pays lointains sont interrompus. « On n'a pas trouvé de monnaies romaines du troisième siècle aux Indes », ce qui prouve une interruption d'échanges entre Rome et les Indes [52]. La décadence de l'agriculture égyptienne était tellement prononcée au deuxième siècle qu'il fut nécessaire de renoncer à une partie des livraisons de blé de cette province autrefois si riche. Il fallut remplacer des livraisons égyptiennes par des fournitures de blé de la province d'Afrique (l'Algérie et la Tunisie actuelles) [53].

Commode [régna de 177 à 192] se vit obligé de mettre sur pied une flottille destinée au transport du blé provenant de la province d'Afrique. Nous avons vu que le commerce dans l'empire romain était principalement basé sur l'approvisionnement des classes riches de Rome. Est-il étonnant que l'épuisement des provinces ait été suivi par

---

51. Michael Rostovtzeff, *Gesellschaft und Wirtschaft im Römischen Kaiserreich*, t. I, p. 165.

52. Michael Rostovtzeff, *Gesellschaft und Wirtschaft im Römischen Kaiserreich*, t. II, p. 180.

53. Wilhelm Schubart, *Aegypten von Alexander dem Grossen bis auf Mohammed* [L'Égypte d'Alexandre le Grand jusqu'à Mahomet], Berlin, 1922, p. 167.

la décadence commerciale ? De plus en plus, les empereurs romains sont obligés de recourir à des réquisitions en nature, qui ne font d'ailleurs qu'aggraver le mal dont souffrent les provinces. « Les réquisitions se multiplient : le blé, les peaux, le bois et les bêtes domestiques devaient être livrés et le paiement était très irrégulier, quand il était possible de compter là-dessus [54]. »

L'économie purement naturelle, productrice exclusive de valeurs d'usage, se substitue lentement à l'échange de produits. « Alors que la paix romaine avait naguère pour conséquence l'échange régulier des choses et le nivellement des conditions de vie entre les différentes régions de l'empire, dans l'anarchie du deuxième siècle, chaque pays est condamné souvent à vivre sur lui-même, péniblement et pauvrement [55]. »

On a essayé d'expliquer le remplacement graduel de l'esclavage par le colonat [une ancienne forme de fermage] soit par le manque d'énergie des propriétaires fonciers, soit par la pénurie d'esclaves causée par la fin des guerres extérieures. C'est probablement la ruine graduelle des colonies, la cessation des arrivages des produits qui en est la raison essentielle. Les grands propriétaires, de plus en plus réduits à vivre des produits de leurs terres, ont intérêt à remplacer le travail d'esclaves, relativement peu productif, par le système du colonat qui ressemblait au système du servage qui s'épanouira au moyen âge. « Le colon doit à son maître tout ce que le vilain devra à son seigneur [56]. »

---

54. Michael Rostovtzeff, *Gesellschaft und Wirtschaft im Römischen Kaiserreich*, t. II, p. 135.

55. Eugène Albertini, *L'empire romain*, Paris, 1929, p. 306.

56. Ernest Lavisse et Alfred Rambaud, *Histoire générale du IVe siècle à nos jours*, Paris, 1893, vol. 1, p. 16.

De plus en plus s'accroît le pouvoir des propriétaires fonciers qui souvent disposent de formidables étendues de terres. En Égypte au cinquième siècle, les paysans leur seront complètement soumis. L'administration étatique passe entièrement en leurs mains [57].

Il est donc certainement inexact de voir dans l'économie naturelle, qui s'épanouira à l'époque carolingienne, un résultat de l'effondrement de l'empire romain et de la destruction de l'unité économique méditerranéenne [58].

Sans doute, les invasions barbares jouèrent un rôle très important dans la décadence du commerce antique, dans l'épanouissement de l'économie féodale. Mais le déclin économique de l'empire romain a commencé bien avant la chute de Rome et plusieurs siècles avant l'invasion musulmane.

Un autre indice très important de l'évolution vers l'économie naturelle est l'altération monétaire commencée déjà sous la domination de Néron [59]. Le cuivre remplace

---

57. Wilhelm Schubart, *Aegypten von Alexander dem Grossen bis auf Mohammed*, p. 29. Très significative est aussi la disparition graduelle de la classe des chevaliers, la classe des « capitalistes » romains.

58. « L'organisation domaniale, telle qu'elle apparaît à partir du neuvième siècle, est donc le résultat des circonstances extérieures. On n'y remarque rien d'une transformation organique. Cela revient à dire qu'elle est un phénomène anormal. » Henri Pirenne, *Les villes du moyen âge*, Bruxelles, 1927, p. 46. « L'empire franc va jeter les bases de l'Europe du moyen âge. Mais la mission qu'il a remplie a eu pour condition essentielle le renversement de l'ordre traditionnel du monde. Rien ne l'y aurait appelé si l'évolution historique n'avait été détournée de son cours et pour ainsi dire désaxée par l'invasion musulmane. Sans l'Islam, l'empire franc n'aurait sans doute jamais existé et Charlemagne *sans Mahomet serait inconcevable.* » Henri Pirenne, *Les villes du moyen âge*, p. 27-28. Pour Pirenne, l'économie féodale résulte donc de la destruction de l'unité méditerranéenne provoquée principalement par l'invasion musulmane.

59. Michael Rostovtzeff, *Gesellschaft und Wirtschaft im Römischen Kaiserreich*, t. I, p. 125.

de plus en plus l'or et l'argent. Au deuxième siècle, il y a pénurie presque complète d'or [60].

Le développement de l'économie naturelle, de l'économie essentiellement productive de valeurs d'usage, est donc loin de constituer un « phénomène anormal » comme le prétend Pirenne. L'empire romain fut ruiné économiquement avant de l'être politiquement. L'ébranlement politique de l'empire romain ne fut possible que par son déclin économique. Le chaos politique du troisième siècle, comme l'invasion des barbares, s'explique précisément uniquement par le déclin économique de l'empire romain.

À mesure que les provinces sont ruinées, à mesure que cesse un échange intensif des marchandises, à mesure qu'on assiste à un retour à l'économie naturelle, l'existence même de l'empire perd tout intérêt pour les classes possédantes. Chaque pays, chaque domaine se replie sur lui-même. L'empire, avec son immense administration et son armée extrêmement coûteuse, devient un chancre, un organe parasitaire dont le poids insupportable pèse sur toutes les classes. Les impôts dévorent la substance des peuples. Sous Marc Aurèle, lorsque les soldats, après leurs grands succès contre les Marcomans [180 apr. J.-C.], eurent demandé une augmentation de solde, l'empereur leur fit cette réponse significative : « Tout ce que vous recevriez au-dessus de votre solde habituelle aurait dû être prélevé sur le sang de vos parents. »

Le trésor était épuisé. Pour pouvoir entretenir l'appareil administratif et l'armée, il fallait s'attaquer aux fortunes des particuliers. Tandis que les classes inférieures ne cessent de se révolter, les classes possédantes se détournent de l'empire qui les ruine. Après la ruine

---

60. Giuseppe Salvioli, *Le capitalisme dans le monde antique.*

économique de l'empire par l'aristocratie, l'aristocratie est ruinée à son tour par l'empire. « Journellement, on pouvait voir des gens qui hier étaient encore parmi les plus riches, devoir prendre le bâton de mendiant », disait Hérodien.

La sauvagerie des soldats croissait continuellement. Ce n'était pas seulement l'avidité qui les poussait à dépouiller les habitants. L'appauvrissement des provinces et le mauvais état des moyens de transport créant des difficultés pour l'approvisionnement des armées, les soldats étaient forcés d'employer la violence pour trouver ce qui était nécessaire à leur subsistance. Caracalla [régna de 211 à 217], en octroyant la citoyenneté romaine à tous les habitants romains, ne vise qu'à augmenter la masse imposable. Ironie de l'histoire : tout le monde devint romain quand Rome n'était plus rien.

Les exactions de l'administration romaine, les excès de la soldatesque incitaient tous les habitants de l'empire à vouloir sa destruction. « Le séjour des soldats avait des conséquences catastrophiques. La population de Syrie lui préférait l'occupation du pays par les Parthes [61]. »

« Le gouvernement romain devenait tous les jours plus odieux à ses sujets. [...] L'inquisition sévère, qui confisquait leurs biens et exposait souvent leurs personnes aux tortures, décida les sujets de [l'empereur] Valentinien à préférer la tyrannie moins compliquée des barbares. Ils rejetaient avec horreur le nom de citoyens romains si respecté, si envié de leurs ancêtres [62]. »

---

61. Michael Rostovtzeff. *Gesellschaft und Wirtschaft im Römischen Kaiserreich*, p. 375.

62. Edward Gibbon, *Histoire de la décadence et de la chute de l'empire romain*, Paris, 1835-1836, t. I, p. 840.

L'écrivain chrétien Salvien disait dans « *De Gubernatione Dei* » : « Une grande partie de la Gaule et de l'Espagne appartient déjà aux Goths et tous les Romains ne souhaitent qu'une chose : ne plus revenir sous la domination de Rome. Je m'étonnerais que tous les pauvres et tous les nécessiteux n'eussent fui chez les barbares, n'était-ce le fait qu'ils ne peuvent abandonner leurs foyers. Et nous, Romains, nous nous étonnons de ne pas pouvoir vaincre les Goths, alors que nous préférons vivre parmi eux plutôt que chez nous. »

Loin d'être un phénomène « anormal », l'invasion des barbares était la conséquence normale de la décadence économique et politique de l'empire. Même sans les invasions, l'empire se serait probablement disloqué. « Un des phénomènes les plus importants du développement intérieur de l'Asie mineure et de la Syrie est le retour progressif au féodalisme. [...] La révolte des Isauriens en Asie mineure constitue le symptôme de la tendance à la formation d'États indépendants [63]. » De même, la tentative de créer un empire indépendant gallo-romain, les essais de dissidence prouvent combien peu solide était l'armature de l'empire. Les barbares n'ont fait que donner le coup de grâce à l'édifice branlant de l'État romain.

La cause essentielle de la décadence de l'empire romain doit être cherchée dans la contradiction entre le luxe grandissant des classes possédantes, entre l'accroissement incessant de la plus-value et l'immobilité du mode de production. Durant toute l'époque romaine, on enregistre très peu de progrès dans le domaine de la production. Les outils du cultivateur ont gardé leur forme primitive. « Charrue, bêche, houe, pioche, fourche, faux, faucille, serpette, dans

63. Michael Rostovtzeff, *Gesellschaft und Wirtschaft im Römischen Kaiserreich*, t. II, p. 141.

les exemplaires qui ont survécu, ont passé, immuables, de génération en génération [64]. »

Le luxe croissant de l'aristocratie romaine et les frais de l'administration impériale provenaient de l'exploitation forcenée des provinces, ce qui eut comme conséquence le délabrement économique, la dépopulation, l'épuisement du sol [65]. Contrairement au monde capitaliste qui périra de la pléthore (relative) des moyens de production, le monde romain périt de leur insuffisance.

Les réformes de Dioclétien [régna de 284 à 305] et de Constantin [régna de 306 à 337] constituent une tentative d'asseoir l'empire romain sur la base de l'économie naturelle. « L'État se base maintenant sur la campagne et ses habitants [66]. » Le paysan fut enchaîné à son lopin de terre. Chaque propriétaire foncier devint responsable de son domaine et du nombre de colons qui y étaient établis. C'est sur cette base que fut établi le nouvel impôt.

« Les réformes de Dioclétien en matière d'impôts et les édits des empereurs qui l'ont suivi firent du colon un serf enchaîné à ses maîtres et à sa terre [67]. » Il en fut de même des autres couches de la population, petits propriétaires, artisans, marchands, tous furent enchaînés à leur lieu d'habitation et à leur profession. L'époque de Constantin est l'époque de la domination illimitée des grands propriétaires fonciers, maîtres incontestés de vastes

---

64. Jules Toutain, *L'économie antique*, p. 363.

65. Certains auteurs voient dans la dépopulation et l'épuisement du sol les causes essentielles de la décadence de l'empire.

66. Michael Rostovtzeff, *Gesellschaft und Wirtschaft im Römischen Kaiserreich*, t. II, p. 213.

67. Michael Rostovtzeff, *Gesellschaft und Wirtschaft im Römischen Kaiserreich*, t. II, p. 232.

domaines princiers. L'aristocratie abandonne de plus en plus les villes qui tombent en décadence et se réfugie dans les somptueuses villas de campagne où elle vit entourée de ses clients et de ses serfs.

Les réformes de Dioclétien et de Constantin constituent des tentatives d'adapter l'empire à l'économie naturelle. Mais nous avons vu que sur cette base l'empire n'avait plus aucune raison d'être. Rien, sauf la tyrannie, ne liait plus ses diverses parties. Aussi, si au point de vue économique et social, Constantin ouvre une nouvelle époque historique symbolisée par l'adoption du christianisme, au point de vue politique, il commence le dernier acte de l'histoire de l'empire romain.

C. Judaïsme et christianisme

La situation que les Juifs s'étaient acquise à l'époque hellénistique semble ne pas avoir subi de transformations fondamentales après la conquête romaine [de l'Égypte en 30 av. J.-C.]. Les privilèges octroyés aux Juifs par les lois hellénistiques furent confirmés par les empereurs romains. « Les Juifs jouissaient d'une condition privilégiée dans l'empire romain [68]. »

Le fait qu'à Alexandrie seule habitaient près d'un million de Juifs suffit pour caractériser leur rôle principalement commercial dans la dispersion qui comptait trois millions et demi de Juifs plusieurs siècles avant la prise de Jérusalem [70 apr. J.-C.], alors qu'un million à peine continuaient à demeurer en Palestine.

« Alexandrie en Égypte sous les empereurs romains fut ce que Tyr avait été à l'époque de la splendeur du commerce phénicien. [...] Sous le règne des Ptolémée, il s'était établi un commerce direct entre l'Égypte et l'Inde. De

68. Jacques Zeiller, *L'empire romain et l'Église*, Paris, 1928, p. 23.

Thèbes, les caravanes se rendaient à Méroé, dans la haute Nubie, dont les marchés étaient aussi fréquentés par les caravanes de l'intérieur de l'Afrique. Une flotte romaine se rendait à l'embouchure du Nil pour recevoir les objets précieux et les distribuer dans l'empire [69]. »

Deux quartiers sur cinq, à Alexandrie, étaient habités par les Juifs [70]. Le rôle des Juifs à Alexandrie était tellement important qu'un Juif, Tiberius Julius Alexander, fut nommé gouverneur romain de cette ville.

Au point de vue de la culture, ces Juifs alexandrins étaient complètement assimilés et ne comprenaient plus que le grec. C'est à leur intention que les livres religieux hébraïques durent être traduits dans cette langue. Des communautés semblables à celle d'Alexandrie étaient disséminées dans tous les centres commerciaux de l'empire. Les Juifs se répandirent en Italie, en Gaule et en Espagne. Jérusalem continuait à être le centre religieux du judaïsme diasporique.

« Les successeurs de David et de Salomon n'avaient guère plus de signification pour les Juifs de cet âge que Jérusalem pour ceux de notre temps. La nation trouvait sans doute, pour son unité religieuse et intellectuelle, un point de ralliement dans le petit royaume des Hasmonéens, mais la nation elle-même consistait non seulement en sujets des Hasmonéens, mais en une foule innombrable de Juifs dispersés dans tout l'empire et dans l'empire romain. Dans l'intérieur des cités d'Alexandrie et de Cyrène, les Juifs formaient des communautés administrativement et même localement distinctes, à peu

---

69. Georg Bernhard Depping, *Histoire du commerce entre le Levant et l'Europe*, Paris, 1845, vol. 1, p. 3-6.

70. Wilhelm Schubart, *Aegypten von Alexander dem Grossen bis auf Mohammed*, p. 8.

près semblables aux « quartiers des Juifs », mais avec une position plus libre et surveillées par un « maître du peuple » comme juge supérieur et administrateur. [...] Même à cette époque, l'affaire prédominante des Juifs était le commerce [71]. »

Dans les livres sibyllins de l'époque des Macchabéens [167 à 160 av. J.-C.], il est dit que « toutes les mers sont bondées de Juifs. »

« Ils sont allés dans presque toutes les villes et il serait difficile de trouver un endroit de la terre qui n'ait vu cette tribu ou qui n'ait été dominé par elle, dit Strabon. Que la plupart des Juifs dans l'Antiquité s'occupaient du commerce, cela est indiscutable pour les économistes [72]. »

Jérusalem était une grande et riche ville de 200 000 habitants. Son importance reposait avant tout sur le temple de Jérusalem. Les habitants de la ville et des environs vivaient avant tout de la masse des pèlerins qui affluaient dans la ville sainte. « Dieu devint pour les Juifs de Palestine un moyen important d'assurer leur subsistance [73]. » Ce n'étaient pas seulement les prêtres qui vivaient du service de Jéhovah, mais aussi les innombrables épiciers, changeurs de monnaies et artisans. Même les laboureurs et les pêcheurs de Galilée trouvaient certainement à Jérusalem des débouchés pour leurs produits. Il serait faux de croire que la Palestine fut entièrement habitée par les Juifs. Au Nord, il y avait plusieurs villes grecques. « Presque tout le

---

71. Theodor Mommsen, *Histoire romaine*, tome VII, p. 274.

72. Wilhelm Roscher, « Die Juden im Mittelalter » [Les Juifs au moyen âge] dans *Ansichten der Volkswirthschaft aus dem geschichtlichen Standpunkte* [Regards sur l'économie populaire d'un point de vue historique], Tübingen, 1875, p. 328-329.

73. Karl Kautsky, *De Oorsprong van het Christendom*, p. 223.

reste de la Judée s'offre à nous fractionné entre des tribus mélangées d'Égyptiens, d'Arabes et de Phéniciens », dit Strabon [74].

Le prosélytisme juif prend des proportions de plus en plus imposantes vers le commencement de l'ère chrétienne. « Pour beaucoup, il a certainement été tentant de faire partie d'une association commerciale si florissante et si étendue [75]. » Déjà en 139 avant J.-C., les Juifs sont bannis de Rome pour y avoir recruté des prosélytes. À Antioche, la plus grande partie de la communauté juive était composée des convertis.

C'est la position économique et sociale des Juifs dans la diaspora qui, encore avant la chute de Jérusalem, rendit seule possible leur cohésion religieuse et nationale. Mais s'il est évident que la plupart des Juifs jouent un rôle commercial dans l'empire romain, il ne faut pas penser que tous les Juifs soient des riches commerçants ou entrepreneurs. Au contraire, la majorité des Juifs se compose certainement de petites gens dont une partie tire sa subsistance directement ou indirectement du commerce : colporteurs, débardeurs, petits artisans, etc.

C'est cette foule de petites gens qui, la première, est frappée par la décadence de l'empire romain et souffre le plus des exactions romaines. Concentrée en grandes masses dans les villes, elle est capable de plus de résistance que le peuple des paysans dispersés dans les campagnes. Elle est aussi beaucoup plus consciente de ses intérêts. Aussi la foule juive des grandes villes constituera-t-elle un foyer continuel de troubles et de soulèvements dirigés à la fois contre Rome et contre les riches.

---

74. Strabon, *Géographie*, XVI, 2, 34.

75. Karl Kautsky, *De Oorsprong van het Christendom*, p. 220.

Il est devenu de tradition de faire du soulèvement juif en 70 une grande « insurrection nationale ». Cependant, si ce soulèvement était dirigé contre les exactions insupportables des procurateurs romains, il était aussi résolument hostile aux classes riches indigènes. Les aristocrates se déclarèrent tous contre la révolte. Par tous les moyens, le roi Agrippa et les autres [Juifs] membres des classes riches s'efforcèrent d'arrêter l'incendie. Il fallut que les zélotes massacrassent d'abord ces « gens de bien » avant de pouvoir s'attaquer aux Romains *. Le roi Agrippa et Bérénice, après l'échec de leurs efforts de « conciliation », se trouvèrent non du côté des insurgés, mais du côté des Romains. Les membres des classes dirigeantes qui, comme Flavius Josèphe, avaient fait mine de vouloir aider les révolutionnaires, s'empressèrent de les trahir honteusement.

D'autre part, la révolte en Judée ne fut pas unique en son genre. Plusieurs révoltes éclatèrent dans des villes grecques sous le règne de Vespasien [régna de 69 à 79]. Une agitation sociale intense était menée par les philosophes cyniques que Vespasien dut chasser des villes. Les Alexandrins aussi montrèrent leurs sentiments hostiles à Vespasien. « L'exemple de la Bithynie, les désordres à Alexandrie sous Trajan [régna de 98 à 117] montrent que la lutte de classe en Asie mineure et en Égypte ne s'est jamais arrêtée ** [76]. »

Mais l'agitation sociale ne se limite pas aux masses urbaines, les plus touchées cependant par la décadence

---

* Voir le glossaire : Zélotes

76. Michael Rostovtzeff, *Gesellschaft und Wirtschaft im Römischen Kaiserreich*, t. I, p. 99. Ailleurs : « En Mésopotamie, en Palestine, en Égypte et dans la Cyrénaïque, les révoltes juives sanglantes et dangereuses éclatèrent après la mort de Trajan. La Cyrénaïque en fut fortement ravagée. » Rostovtzeff, t. II, p. 76.

** Voir le glossaire : Révolte juive, deuxième.

croissante de la vie économique. Les masses paysannes commencent aussi à se mettre en mouvement. La situation des paysans est déjà très mauvaise au premier et au deuxième siècle. « La situation des fermiers s'aggrave de plus en plus en Égypte. Les conditions dans lesquelles vivaient les masses de la population égyptienne sont de beaucoup inférieures à la moyenne normale. L'impôt était écrasant, le mode de perception brutal et onéreux [77]. »

Sous Marc Aurèle [régna de 161 à 180], le mécontentement s'étend à toutes les provinces. L'Espagne refuse de fournir des soldats, la Gaule est pleine de déserteurs. Les révoltes se répandent en Espagne, en Gaule, en Afrique. Dans une supplique à l'empereur Commode, les petits fermiers africains disent : « Nous nous enfuirons dans un lieu où nous pourrons vivre comme des hommes libres. »

Pendant le règne de Septime Sévère [régna de 193 à 211], le banditisme prend des proportions inouïes. Des bandes de « Heimatlos » [apatrides] ravagent diverses parties de l'empire. Dans une supplique dont on a trouvé dernièrement un exemplaire, les petits fermiers de Lydie, en Asie mineure, s'adressent en ces termes à Septime Sévère : « Quand les percepteurs d'impôts de l'empereur apparaissent dans les villages, ils n'apportent rien de bon. Ils tourmentent les habitants par des réquisitions insupportables et par des amendes. » D'autres suppliques parlent de la brutalité et de l'arbitraire de ces mêmes employés.

La misère des masses urbaines et rurales offrit un terrain fertile à la propagation du christianisme. Rostovtzeff voit avec raison une liaison entre les révoltes juives et les

---

77. Michael Rostovtzeff, *Gesellschaft und Wirtschaft im Römischen Kaiserreich*, t. II, p. 64.

Les masses juives étaient un foyer de résistance. En 70 après J.-C., elles se sont soulevées contre l'insupportable pillage par Rome. Elles se sont aussi rebellées contre les classes riches juives, qui tentaient d'éteindre les flammes.

En bas : Arc de triomphe à Rome dédié à l'empereur Titus dont l'armée a écrasé la rébellion juive à Jérusalem en 70 après J.-C.

En haut : Une sculpture à l'intérieur de l'arc représente des soldats impériaux marchant dans Rome avec une *menorah* et des trompettes provenant du pillage du temple de Jérusalem, le centre de la révolte. À la fin du défilé, un chef rebelle a été exécuté.

révoltes populaires en Égypte et en Cyrénaïque sous le règne de Trajan et d'Hadrien [régna de 117 à 138] [78]. C'est dans les couches pauvres des grandes cités de la diaspora que se répandit le christianisme. « La première communauté communiste messianique se trouvait à Jérusalem, mais bientôt de telles communautés se fondèrent dans les autres villes habitées par un prolétariat juif [79]. » « Les plus vieilles stations du commerce phénicien terrestre et maritime furent aussi les sièges les plus anciens du christianisme [80]. » Tout aussi bien que les insurrections juives étaient suivies d'insurrections de couches populaires non juives, la religion communiste juive s'étend rapidement parmi les masses païennes.

La communauté chrétienne primitive n'est pas née sur le terrain du judaïsme orthodoxe, elle était en rapport étroit avec les sectes hérétiques [81]. Elle était sous l'influence d'une secte communiste juive, les Esséniens « qui, dit Philon, n'ont pas de propriétés, pas de maisons, d'esclaves, de terres ou de troupeaux ». Ils exercent l'agriculture ; le commerce leur est interdit.

Le christianisme à ses débuts doit être considéré comme une réaction des masses travailleuses du peuple juif contre la domination des riches classes commerciales. Jésus chassant les marchands du temple exprime la haine des masses populaires juives contre leurs oppresseurs, leur hostilité contre le rôle prédominant des riches commerçants.

---

78. Michael Rostovtzeff, *Gesellschaft und Wirtschaft im Römischen Kaiserreich*, t. II, p. 65.

79. Karl Kautsky, *De Oorsprong van het Christendom*, p. 330.

80. Franz Karl Movers, *Die Phönizier*, vol. 2, p. 1.

81. Voir Gustav Hölscher, *Urgemeinde und Spätjudentum* [Les premières communautés et le judaïsme tardif], Oslo, 1928, p. 26.

Au début, les chrétiens ne forment que de petites communautés sans grande importance. Mais c'est au deuxième siècle, époque de la grande misère dans l'empire romain, qu'ils parviennent à devenir un parti extrêmement puissant. « Au troisième siècle, l'Église se renforça d'une façon extraordinaire [82]. » « Au troisième siècle, les témoignages du christianisme se multiplient à Alexandrie [83]. »

Le caractère populaire, antiploutocratique du christianisme primitif est indiscutable. « Heureux les pauvres, car le royaume de Dieu vous appartient. Heureux vous qui avez faim, car vous serez rassasiés. [...] Mais malheur à vous, les riches. Malheur à ceux qui sont rassasiés, car vous aurez faim », dit l'Évangile de saint Luc.

L'Épître de saint Jacques est aussi affirmative : « Et maintenant, riches, pleurez, poussez des hurlements à cause des misères qui vous attendent. Vos richesses sont tombées en pourriture et vos vêtements ont été mangés par les vers. Votre or et votre argent se sont rouillés et leur rouille rendra témoignage contre vous et dévorera vos chairs comme un feu. [...] Voilà que le salaire des ouvriers qui ont moissonné vos champs et dont vous les avez frustrés élève la voix et sa clameur a pénétré jusqu'au Seigneur Sabaoth. » (V, 1-4).

Mais avec le développement rapide du christianisme, ses dirigeants essaient d'émousser son tranchant antiploutocratique. L'Évangile de saint Matthieu montre le changement intervenu. Il y est dit : « Heureux les pauvres d'esprit, car le royaume du Ciel vous appartient. Heureux ceux qui ont soif de justice, ils seront rassasiés. » Les pauvres sont

---

82. Michael Rostovtzeff, *Gesellschaft und Wirtschaft im Römischen Kaiserreich*, t. II, p. 223.

83. Wilhelm Schubart, *Aegypten von Alexander dem Grossen bis auf Mohammed*, tome II, p. 97.

devenus des pauvres *d'esprit* ; le royaume de Dieu n'est plus que le royaume du *ciel* ; les affamés n'ont plus que soif de *justice.* La religion révolutionnaire des masses populaires se change en religion consolatrice de ces mêmes masses.

Kautsky compare ce phénomène au révisionnisme social-démocrate. Il serait plus juste de comparer cette évolution au phénomène fasciste que nous connaissons actuellement. Le fascisme aussi essaie de se servir du « socialisme » pour raffermir le règne du capital financier. Il n'hésite pas devant les falsifications les plus éhontées pour tromper les masses, pour représenter le règne des magnats de l'industrie lourde comme le « règne du travail ». Cependant, la « révolution fasciste » a aussi un certain contenu économique et social. Elle clôt définitivement l'époque libérale et inaugure l'époque de la domination complète du capital des monopoles, antinomie du capitalisme de la libre concurrence.

De même, il est insuffisant de dire que le christianisme est devenu un instrument de duperie des classes pauvres. Il devint l'idéologie de la classe des propriétaires fonciers qui s'est emparée d'un pouvoir absolu sous Constantin. Son triomphe coïncide avec le triomphe complet de l'économie naturelle. En même temps que le christianisme, l'économie féodale se répand dans toute l'Europe.

Il est certainement faux de rendre le christianisme responsable de la chute de l'empire. Mais il a fourni l'armature idéologique aux classes qui se sont élevées sur ses ruines. « Le clergé de l'Orient et de l'Occident condamna même le plus léger prêt à intérêt [84]. » Il prenait ainsi en mains les intérêts de la nouvelle classe possédante dont toutes les

---

84. Edward Gibbon, *Histoire de la décadence et de la chute de l'empire romain*, t. II, p. 196-197.

richesses provenaient uniquement de la terre. La raison essentielle de la faillite du christianisme « prolétarien » et du triomphe du christianisme « fasciste » doit être recherchée dans l'état arriéré du mode de production de cette époque. Les conditions économiques n'étaient pas encore mûres pour le triomphe du communisme. Les luttes de classe des deuxième et troisième siècles n'aboutirent à aucun résultat pour les masses populaires [85].

Cela ne signifie pas que les classes pauvres aient accepté le triomphe du catholicisme sans résistance. L'abondance des hérésies constitue la meilleure preuve du contraire. Si l'Église officielle persécutait avec une telle fureur ces hérésies, c'est qu'elles représentaient, tout au moins en partie, les intérêts des classes pauvres.

Un auteur du quatrième siècle écrit de Constantinople : « Cette ville, dit-il, est pleine d'esclaves et de gens de métier qui sont tous de profonds théologiens et qui prêchent dans les boutiques et dans les rues. Priez un homme de vous changer une pièce d'argent, il vous apprendra en quoi le Fils diffère du Père. Demandez à un autre le prix d'un pain, il vous répondra que le Fils est inférieur au Père. Informez-vous si le bain est prêt, on vous dira que le Fils a été créé de rien. »

Comme nous l'avons vu, le christianisme fut d'abord l'idéologie des masses juives pauvres. Les premières églises se forment autour des synagogues. Les judéo-chrétiens avaient leur évangile propre qu'on nommait l'Évangile selon les Hébreux. Mais probablement assez rapidement, les

85. Elles furent la manifestation de la décadence de l'économie romaine. Mais les classes inférieures n'étaient pas en mesure de se hisser au pouvoir. Une nouvelle classe possédante se servit de leur idéologie pour s'imposer. Un changement était nécessaire, il se fit à son profit exclusif. Il en est de même, *mutatis mutandis*, pour la « révolution fasciste ».

judéo-chrétiens se fondirent dans la grande communauté chrétienne. Ils s'assimilèrent dans la grande masse des convertis. Après le troisième siècle, époque de la grande extension du christianisme, on n'entend plus parler de la communauté juive d'Alexandrie. Il est probable que la plupart des Juifs alexandrins sont entrés dans le giron de l'Église [86]. L'Église alexandrine acquit pendant un certain temps l'hégémonie au sein de la religion nouvelle. Au concile de Nicée [325], c'est elle qui donne le ton aux autres communautés chrétiennes.

Mais si les couches paysannes du judaïsme embrassèrent avec ardeur l'enseignement de Jésus, il n'en fut pas de même de ses classes dominantes et commerçantes. Au contraire, elles persécutèrent avec ardeur la religion communiste primitive. Plus tard, quand le christianisme fut devenu la religion des grands propriétaires, quand ses tendances antiploutocratiques du début se furent limitées seulement au commerce et à l'usure, il est évident qu'alors aussi l'opposition des classes juives aisées ne perdit rien de son acuité.

Au contraire, le judaïsme acquit de plus en plus conscience de son rôle propre. Malgré la décadence de l'empire, le rôle du commerce fut loin d'être fini. Les classes dominantes ont toujours besoin des produits de luxe de l'Orient. Si les Juifs jouaient déjà un rôle important dans le commerce aux époques antérieures, ils deviennent de plus en plus les seuls intermédiaires entre l'Orient et l'Occident. Juif devient de plus en plus synonyme de marchand.

Le triomphe de l'économie naturelle et du christianisme permit donc d'achever le procès de sélection qui transforme les Juifs en classe commerçante. Vers la fin de

86. Wilhelm Schubart, *Aegypten von Alexander dem Grossen bis auf Mohammed*, p. 46.

l'empire romain, il existe encore, certes, des groupes de Juifs dont l'occupation principale est l'agriculture ou l'élevage : en Arabie, en Babylonie, en Afrique du Nord. Les Juifs sont loin d'avoir disparu de Palestine.

Contrairement à l'opinion des historiens et des idéologues idéalistes, les Juifs palestiniens n'ont pas été dispersés aux quatre coins de l'univers par les Romains. Nous avons vu que la diaspora avait eu d'autres causes. En 484, les empereurs eurent beaucoup de difficulté à réprimer une violente révolte des paysans samaritains. Au début du septième siècle, les Juifs se jettent sur Tyr et massacrent sa population [87]. En 614, les bataillons juifs de Tibériade, de Nazareth et de la Galilée aidèrent le roi perse à conquérir Jérusalem et y exterminèrent une multitude d'habitants. Encore au temps de l'invasion musulmane, les Juifs constituaient d'après Caro le fond de la population palestinienne [88].

La conquête musulmane produira ici des effets semblables à ceux qu'elle a eus dans tous les pays conquis. La population subjuguée s'assimile progressivement aux conquérants. Tout comme l'Égypte perdit complètement son caractère propre sous la domination mahométane, la Palestine fut dépouillée définitivement de son caractère juif. Encore aujourd'hui, certains rites des paysans arabes de Palestine rappellent leur origine juive.

Dans d'autres pays aussi, les groupes d'agriculteurs ou de pasteurs juifs sont soumis à une forte poussée assimilatrice et succombent tôt ou tard et c'est là le phénomène

---

87. Samuel Krauss, *Studien zur byzantinischen-jüdischen Geschichte* [Études sur l'histoire juive byzantine], Leipzig, 1914, p. 29.

88. Georg Caro, *Sozial- und Wirtschaftsgeschichte der Juden im Mittelalter und der Neuzeit* [Histoire économique et sociale des Juifs au moyen âge et à l'ère moderne], Francfort, 1924, p. 117.

essentiel de plus en plus perceptible par l'évolution historique. Seules les communautés juives à caractère nettement commercial, nombreuses en Italie, en Gaule, en Germanie, etc., s'avèrent capables de résister à toutes les tentatives d'assimilation. Que reste-t-il des tribus juives pastorales d'Arabie, des agriculteurs juifs d'Afrique du Nord ? Rien, sauf des légendes. Au contraire, les colonies commerciales juives de la Gaule, de l'Espagne et de la Germanie ne font que se développer et s'épanouir.

On peut donc dire que si les Juifs se sont conservés, ce n'est pas *malgré* mais précisément *à cause* de leur dispersion. S'il n'y avait pas eu de diaspora avant la chute de Jérusalem, si les Juifs étaient demeurés en Palestine, il n'y a aucune raison de croire que leur sort eût été différent de celui de toutes les nations antiques. Les Juifs, comme les Romains, les Grecs, les Égyptiens, se seraient mêlés aux nations conquérantes, auraient adopté leur religion et leurs moeurs.

Si même les habitants actuels de la Palestine eussent continué à porter le nom de Juifs, ils eussent eu autant de commun avec les anciens Hébreux que les habitants d'Égypte, de Syrie et de Grèce avec leurs ancêtres de l'Antiquité. Tous les peuples de l'empire romain furent entraînés dans sa débâcle. Seuls les Juifs se sont conservés parce qu'ils continuèrent à porter dans le monde barbare qui a succédé à Rome les vestiges du développement commercial qui avait caractérisé le monde antique. Après que le monde méditerranéen se fut disloqué, ils continuèrent à relier entre elles ses parties éparses.

D. Les Juifs après la chute de l'empire romain

C'est donc bien la transformation de la nation juive en classe qui est à l'origine de la « conservation du judaïsme ». À l'époque de la ruine de l'empire romain, leur rôle commercial ne cesse de prendre de l'importance. « Si les Juifs avaient déjà participé avant la chute de l'empire romain au commerce mondial, ils atteignirent une prospérité plus grande encore après sa fin [89]. » Il est probable que les marchands syriens dont on parle à la même époque étaient aussi juifs. Cette confusion était fréquente dans l'Antiquité. Ovide parle, par exemple, du « jour peu propre aux affaires où revient, chaque semaine, la fête célébrée par les Syriens de Palestine [90] ».

« Au quatrième siècle, les Juifs appartenaient aux couches aisées et riches de la population. [...] Chrysostome dit des Juifs qu'ils possèdent de grandes sommes d'argent et que les patriarches rassemblent des trésors immenses. Il parle des richesses des Juifs comme d'un fait que les contemporains connaissent bien [91]. »

Pour de longs siècles, les Juifs seront les uniques intermédiaires commerciaux entre l'Orient et l'Occident. Le centre de la vie juive s'établit de plus en plus en Espagne et en France. Le maître de poste arabe, Ibn Khordadbeh (neuvième siècle), parle dans son *Livre des routes* des Juifs

---

89. Lujo Brentano, *Eine Geschichte der wirtschaftlichen Entwicklung Englands* [Une histoire du développement économique de l'Angleterre], Iéna, 1927, vol. 1, p. 363.

90. Si même ces Syriens ne sont pas juifs, c'est un fait qu'on n'en parle plus à l'époque carolingienne. Il est possible qu'ils se soient fondus dans les communautés commerciales juives, à moins qu'ils n'aient disparu complètement pour d'autres causes. À l'époque carolingienne, « Juif » est parfaitement synonyme de « marchand ».

91. Leopold Lucas, *Zur Geschichte der Juden in vierten Jahrhundert* [Sur l'histoire des Juifs au quatrième siècle], Berlin, 1910, p. 31-35. « À Antioche, saint Jean Chrysostome [...] montre les Juifs occupant les premières positions commerciales de la cité, faisant suspendre toutes les affaires quand ils célèbrent leurs fêtes. » Claudio Jannet, *Les grandes époques de l'histoire économique jusqu'au XVIe siècle*, p. 137.

radhanites qui, dit-il, « parlent le persan, le romain, l'arabe, les langues franque, espagnole et slave. Ils voyagent de l'Occident en Orient et d'Orient en Occident, tantôt par terre et tantôt par mer. Ils apportent de l'Occident des eunuques, des femmes esclaves, des garçons, de la soie, des pelleteries et des épées. Ils s'embarquent dans le pays des Francs, sur la mer Occidentale et se dirigent vers Farama (Peluse). [...] Ils se rendent dans le Sind, l'Inde et la Chine. À leur retour, ils se chargent de musc, d'aloès, de camphre, de cannelle et d'autres produits des contrées orientales. Quelques-uns font voile vers Constantinople afin d'y vendre leurs marchandises ; d'autres se rendent dans le pays des Francs [92] ».

« C'est sans doute à leurs importations que se rapportent les vers de Théodulphe relatifs aux richesses de l'Orient. L'Espagne est encore mentionnée dans le texte d'une formule [décret] de Louis le Pieux, à propos du Juif Abraham de Saragosse. [...] Les Juifs sont donc des pourvoyeurs d'épices et d'étoffes précieuses. Mais on voit par les textes d'Agobard qu'ils vendent aussi du vin. Et ils s'occupent au bord du Danube du commerce du sel. Au dixième siècle, les Juifs possèdent des salines près de Nuremberg. Ils font aussi le commerce d'armes. En outre, ils exploitent les trésors des églises. Mais leur grande spécialité, c'est [...] le commerce des esclaves. Quelques-uns de ceux-ci se vendent dans le pays, mais la majorité est exportée en Espagne. [...] « Juif » et « marchand » deviennent des termes synonymes [93] ».

Ainsi, il est dit dans un édit du roi Louis : « Des marchands, c'est-à-dire des Juifs et d'autres marchands, d'où qu'ils viennent, de ce pays ou d'autres pays, doivent payer une taxe juste soit pour des esclaves soit pour d'autres

---

92. Henri Pirenne, *Mahomet et Charlemagne*, p. 237.

93. Henri Pirenne, *Mahomet et Charlemagne*, p. 237-239.

Au dixième siècle, les commerçants juifs étaient le seul lien entre l'Europe et l'Asie. Ils favorisaient ainsi les échanges culturels et scientifiques.

MUSÉE DE SHANGHAI

TACUINUM SANITATIS

La grande majorité des Juifs de la diaspora s'adonnaient au commerce, souligne Abram Léon.

En haut : Marchand en Chine, avec une coiffe typique des Juifs (dynastie Tang, septième et huitième siècles après J.-C.). **En bas :** Pharmacie juive en Espagne, d'après un manuscrit du quatorzième siècle.

marchandises, de même qu'il en était d'usage sous d'autres rois [94]. » Selon Brutzkus, le nom de Radhanites qu'une partie des marchands juifs avaient, vient du fleuve Rhône d'où partaient leurs embarcations. Dans diverses chroniques on peut aussi rencontrer la désignation de « *Nautae Rhodanici* » [fleuve Rhône] [95].

Il est indubitable qu'à l'époque carolingienne, les Juifs étaient les principaux intermédiaires entre l'Orient et l'Occident. Leur position déjà prédominante dans le commerce, à l'époque du déclin de l'empire romain, les a bien préparés à ce rôle. On les traitait alors à l'égal des citoyens romains. Le poète Rutilius se plaignait que la nation vaincue opprimait les vainqueurs [96].

Au milieu du quatrième siècle, des commerçants juifs s'étaient fixés à Tongres et à Tournai [aujourd'hui en Belgique]. Les évêques entretenaient les meilleures relations avec eux et encourageaient fortement leur commerce. Sidoine Apollinaire priait l'évêque de Tournai (en 470) de les accueillir favorablement étant donné que « ces gens faisaient habituellement de belles affaires [97] ».

Au sixième siècle, Grégoire de Tours parle des colonies de Juifs à Clermont-Ferrand et à Orléans. Lyon possédait

---

94. Julius Brutzkus, « Der Handel der westeuropäischen Juden mit dem mittelalterlichen Kiew » [Le commerce des Juifs de l'Europe de l'Ouest avec la Kiev du moyen âge] dans *Schriftn far Ekonomik un Statistik* [Écrits d'économie et de statistique, en yiddish], Jacob Lestschinsky, Berlin, 1928, vol. 1, p. 70.

95. Julius Brutzkus, « Der Handel der westeuropäischen Juden mit dem mittelalterlichen Kiew », p. 69.

96. Georg Bernhard Depping, *Les Juifs dans le Moyen Âge*, Paris, 1845, p. 17-18.

97. Salomon Ullmann, *Histoire des Juifs en Belgique jusqu'au XVIIIe siècle*, Anvers, 1927, p. 9-10.

également à cette époque une nombreuse population de commerçants juifs [98]. L'archevêque de Lyon, Agobard, dans sa lettre *De Insolentia Judaeorum* [De l'insolence des Juifs], se plaint que les Juifs vendent des esclaves chrétiens en Espagne. Le moine de Saint Gall, au neuvième siècle, mentionne un Juif habitant le pays des Francs qui rapportait des choses précieuses de Palestine [99].

Il est donc évident qu'en France, dans les premiers siècles du moyen âge, les Juifs sont essentiellement commerçants [100]. En Flandre, où les Juifs habitaient depuis les invasions des Normands et jusqu'à la première croisade [1096-1099], le commerce se trouvait entre leurs mains [101]. « Vers la fin du neuvième siècle, il y avait à Huy une grande communauté juive. Les Juifs y occupaient une position importante et faisaient un commerce florissant. [...] En 1040 à Liège, ils tenaient le commerce entre leurs mains [102]. » En Espagne, « tout le commerce extérieur était exploité par eux. Ce commerce s'étendait sur toutes les denrées du pays : vins, huiles, minéraux. Les étoffes et les épices leur arrivaient du Levant. Il en était de même dans les Gaules [103]. »

---

98. Henri Pirenne, *Les villes du moyen âge*, p. 21.

99. Ignaz Schipper, *Anfänge des Kapitalismus bei den abenländischen Juden im früheren Mittelalter* [Les débuts du capitalisme chez les Juifs occidentaux dans la première partie du moyen âge], Vienne, 1907, p. 19-20

100. Henri Sée, *Esquisse d'une histoire économique et sociale de la France*, Paris, 1929, p. 91.

101. Willem G. Verhoeven, *Algemeene Inleiding tot de Belgische Historie* [Introduction générale à l'histoire de la Belgique], cité par Salomon Ullmann, *Histoire des Juifs en Belgique jusqu'au XVIIIe siècle*, p. 8.

102. Salomon Ullmann, *Histoire des Juifs en Belgique jusqu'au XVIIIe siècle*, p. 9-10.

103. Jassuda Bédarride, *Les Juifs en France, en Italie et en Espagne*, p. 55.

Les Juifs de Pologne et de Petite Russie se rendaient également en Europe occidentale pour y vendre des esclaves, des fourrures et du sel et pour y acheter toutes sortes d'étoffes. On lit dans une source hébraïque du douzième siècle que les Juifs achetaient sur les marchés rhénans de grandes quantités d'étoffes de Flandre, pour les échanger en Russie contre des fourrures. Le commerce juif entre Mayence et Kiev, selon Pirenne « la place du commerce la plus importante de la plaine du Sud », était très intense [104].

Il y avait certainement une importante colonie commerciale de Juifs à cette époque à Kiev, puisqu'on lit dans une chronique de 1113 que « pour décider Monomaque [Constantin IX, empereur d'Orient] à venir le plus tôt à Kiev, les habitants de cette ville lui firent savoir que la population s'apprête à piller les Boyards [seigneurs féodaux] et les Juifs [105] ».

Le voyageur arabe Ibrahim Al-Tartoushi témoigna également de l'ampleur du commerce juif entre l'Europe et l'Orient. Il écrit en 973, visitant Mayence : « Il est merveilleux que sur un point aussi éloigné de l'Occident, on trouve de telles quantités d'épices provenant de l'Orient le plus éloigné. » Dans l'histoire mise sous le nom du Juif Ben Gourion, dans l'oeuvre du géographe arabo-persan Qazwini et la relation de voyage du Juif espagnol Ibrahim ibn Ya'qub, du dixième siècle, on mentionne le prix du blé à Cracovie et à Prague, et des mines de sel appartenant aux Juifs [106].

104. Julius Brutzkus, *Der Handel der westeuropäischen Juden mit dem mittelalterlichen Kiew.*

105. Julius Brutzkus, *Der Handel der westeuropäischen Juden mit dem mittelalterlichen Kiew*, p. 72.

106. Ignaz Schipper, *Anfänge des Kapitalismus bei den abenländischen Juden im früheren Mittelalter*, p. 23.

D'après Gumplowicz, les Juifs étaient les seuls intermédiaires entre les bords de la Baltique et de l'Asie. Un vieux document caractérise ainsi les Khazars, peuplade mongole de la mer Caspienne, convertie au judaïsme : « Ils n'ont pas d'esclaves de la terre parce qu'ils achètent tout au moyen de l'argent [107]. » Itil, la capitale des Khazars, était un grand centre commercial d'où partait le trafic des marchandises aboutissant à Mayence.

Le converti Herman raconte, dans un écrit autobiographique, que lorsqu'il était encore juif, à l'âge de 20 ans (à peu près en 1127), il voyageait régulièrement de Cologne à Mayence pour s'occuper des affaires commerciales, car « tous les Juifs s'occupent du commerce » (« *siquidem omnes judaei negotiationi inserviunt* »).

Les paroles du Rabbi Eliezer ben Nathan [env. 1090-1170] sont aussi caractéristiques pour l'époque : « Le commerce, mais c'est là notre moyen de subsistance principal [108]. »

Les Juifs constituent « la seule classe dont la subsistance soit due au négoce. Et ils sont en même temps, par le contact qu'ils conservent les uns avec les autres, le seul lien qui subsiste [...] entre l'Orient et l'Occident [109] ».

La situation des Juifs dans la première moitié du moyen âge est donc extrêmement favorable. Les Juifs sont considérés comme faisant partie des classes supérieures de la société et leur situation juridique ne s'éloigne pas sensiblement de celle de la noblesse. Sous Charles le Chauve,

---

107. Julius Brutzkus, *Di geshikhte fun di Bergyidn oyf Kavkaz* [Histoire des Juifs montagnards du Caucase], dans *Historishe shriftn fun Yivo* [Etudes historiques du Yivo], Vilnius, 1937, t. 2, p. 26-42.

108. Ignaz Schipper, *Yidishe Geschikhte (Wirtschaftsgeshikhte)* [Histoire juive], Varsovie, 1930, vol. 2, p. 45.

109. Henri Pirenne, *Mahomet et Charlemagne*, p. 153.

l'édit de Pîtres (864) punit la vente de l'or ou de l'argent impurs par le fouet, lorsqu'il s'agit de serfs ou de corvéables, et d'une amende d'argent quand il s'agit de Juifs ou d'hommes libres [110]. « Les Juifs remplissaient alors un rôle qui répondait à une urgente nécessité économique, que personne d'autre ne pouvait satisfaire : la profession commerciale [111]. »

Les historiens bourgeois ne voient généralement pas de grande différence entre le commerce et l'usure antiques ou moyenâgeux et le capitalisme à notre époque. Cependant, il y a entre le commerce médiéval et l'usure qui lui est liée au moins autant de distance qu'entre le grand propriétaire capitaliste travaillant pour le marché et le seigneur féodal ; qu'entre le prolétaire moderne et le serf ou l'esclave.

Le mode de production dominant, à l'époque de la prospérité commerciale des Juifs, était féodal. On produisait essentiellement des valeurs d'usage et non pas des valeurs d'échange. Chaque domaine se suffisait à soi-même. Seuls certains produits de luxe, épices, étoffes précieuses, etc., étaient l'objet d'un échange. Les seigneurs cédaient une partie des produits bruts de leurs terres contre ces marchandises rares venant de l'Orient.

La société féodale, basée sur la production des valeurs d'usage, et le « capitalisme », dans sa forme primitive commerciale et usuraire, ne s'excluent pas mais se complètent.

---

110. Les Juifs sont même mieux protégés que les nobles par le privilège accordé à ceux de Spire par Henri IV (1090). Le chroniqueur polonais du douzième siècle, Wincenty Kadlubek, nous apprend que la même peine, la « septuaginta », qui était fixée pour lèse-majesté ou pour le blasphème, était appliquée aux assassins des Juifs. En 966, l'évêque de Vérone se plaignait que lors de batailles entre clercs et Juifs, les premiers étaient punis d'une amende triple à celle que devaient payer les Juifs.

111. Wilhelm Roscher, « Die Juden im Mittelalter », p. 16.

« Le développement prépondérant et autonome du capital comme capital marchand signifierait que la production n'est pas soumise au capital. [...] *Le développement indépendant du capital marchand est donc inversement proportionnel au développement économique général de la société* [112]. »

« Aussi longtemps que le capital marchand met en oeuvre l'échange de produits de communautés non développées, le profit commercial ne se présente pas seulement comme du vol et de l'escroquerie, mais c'est en grande partie là qu'il a trouvé son origine. Si l'on écarte le fait que le capital marchand exploite la différence entre les prix de production des différents pays (agissant, sous ce rapport, sur l'égalisation et la fixation des valeurs-marchandises), ces modes de production impliquent que le capital marchand s'approprie une partie prépondérante du surproduit. Il y arrive, d'une part, comme intermédiaire entre des communautés dont la production est encore essentiellement orientée vers la valeur d'usage et pour l'organisation économique desquelles la vente de la fraction des produits entrant en circulation, donc, en général, la vente des produits à leur valeur, est d'importance secondaire. D'autre part, parce que, dans ces systèmes de production anciens, le possesseur principal du surproduit auquel a affaire le commerçant, propriétaire d'esclaves, suzerain, État (par exemple, le despote oriental) symbolise la richesse tournée vers la jouissance [113]. »

Tandis que le capital commercial ou bancaire moderne n'est, économiquement parlant, qu'un appendice du capital industriel et ne fait que s'approprier une partie de la plus-value créée dans le procès de la production capitaliste,

---

112. Karl Marx, *Le Capital*, Livre 3, p. 344. [Italiques ajoutés par AL.]

113. Marx, *Le Capital*, Livre 3, p. 347.

le capital commercial et usuraire réalise ses bénéfices en exploitant la différence entre les coûts de production des divers pays, en s'appropriant une partie de la plus-value extorquée à leurs serfs par les seigneurs féodaux. « Pendant qu'une fraction s'en convertit en argent, pour être ultérieurement reconvertie en marchandise, l'autre fraction se transforme au même moment en marchandise pour être reconvertie ensuite en argent [114]. »

Le marchand juif n'investit pas de l'argent dans la production comme le fera, quelques siècles plus tard, le marchand des grandes villes médiévales. Il n'achète pas des matières premières, il ne finance pas les artisans drapiers. Son « capital commercial est simple mouvement intermédiaire entre des extrêmes qu'il ne domine pas et des conditions qu'il ne crée pas [115]. »

Au commerce se lie intimement le prêt à intérêt, l'usure. Si la richesse accumulée dans les mains de la classe féodale implique le luxe et le commerce qui sert à le procurer, le luxe à son tour devient le signe distinctif de la richesse. Au début, le surproduit accumulé permet au seigneur l'acquisition des épices, des tissus orientaux, des soieries. Plus tard, tous ces produits deviennent les attributs de la classe dominante. L'habit commence à faire le moine. Et lorsque les revenus ordinaires ne permettent pas de mener le train de vie qui devient habituel à la classe des propriétaires, il faut emprunter. Un deuxième personnage s'ajoute au marchand : l'usurier.

Généralement à cette époque, le second personnage ne fait qu'un avec le premier. Seul le marchand dispose des écus nécessaires au riche dissipateur noble. Mais ce n'est

---

114. Marx, *Le Capital*, Livre 3, p. 331.

115. Marx, *Le Capital*, Livre 3, p. 346.

pas seulement le seigneur qui a recours à l'usurier. Quand le roi a besoin de réunir une armée immédiatement et que le produit normal des impôts ne suffit pas, il est obligé de s'adresser à l'homme aux écus. Lorsque le paysan, par suite d'une mauvaise récolte, d'une épidémie ou du poids exorbitant des taxes, des impôts et des servitudes, ne peut plus s'acquitter de ses charges ; quand il a mangé ses semences ; quand il ne peut plus renouveler les instruments de travail usés, il doit emprunter ce qui lui est nécessaire chez l'usurier.

Le trésor de l'usurier est donc indispensable à une société à base d'économie naturelle. Il constitue la réserve où puise la société lorsque diverses circonstances accidentelles interviennent. « Le capital productif d'intérêts, ou pour le désigner sous sa forme antique, le capital usuraire, fait partie avec le capital commercial, son frère jumeau, des formes antédiluviennes du capital qui précèdent de loin le mode de production capitaliste et se retrouvent dans les structures sociales les plus diverses au point de vue économique [116]. »

« Que les Juifs allemands prêtaient sur gages déjà avant la première croisade, cela est indiscutable. Quand en 1107, l'évêque Herman de Prague mit en gage chez les Juifs de Ratisbonne des magnifiques draperies d'église pour la somme de 500 marks d'argent, il est difficile de croire que ce fut là la première opération de crédit de ce genre. Du reste, un document hébraïque témoigne que le prêt sur gage était habituel aux Juifs allemands de ce temps. Mais à cette époque, le crédit ne constituait pas encore une profession indépendante, il était étroitement lié au commerce [117]. »

---

116. Marx, *Le Capital*, Livre 3, p. 628.

117. Georg Caro, *Sozial- und Wirtschaftsgeschichte der Juden im Mittelalter und der Neuzeit*, p. 197.

Souvent les rois et les grands seigneurs engageaient chez les Juifs les produits des impôts et des taxes. Et c'est ainsi que nous voyons apparaître des Juifs dans le rôle de fermiers d'impôts, de percepteurs de taxes [118]. Les ministres des Finances des rois du haut moyen âge [à partir du onzième siècle] étaient souvent juifs. En Espagne jusqu'à la fin du quatorzième siècle, les grands banquiers juifs étaient en même temps les fermiers d'impôts.

En Pologne, les « rois confiaient aux Juifs les fonctions importantes de l'administration financière de leurs domaines. [...] Sous Casimir le Grand [régna de 1333 à 1370] et Ladislas Jagellon [régna de 1386 à 1434], on n'affermait pas seulement aux Juifs les impôts publics, mais aussi des sources de revenus aussi importants que la monnaie et les salines royales. Ainsi par exemple, on sait que le « Rothschild » de Cracovie, Levko, le banquier de trois rois polonais, a affermé dans la deuxième moitié du quatorzième siècle les fameuses salines de Wieliczka et de Bochia et qu'il administrait aussi l'hôtel des monnaies de Cracovie [119]. »

Aussi longtemps que dominait l'économie naturelle, les Juifs lui étaient indispensables. C'est son déclin qui donnera le signal des persécutions contre les Juifs et compromettra pour longtemps leur situation.

---

118. « Les banquiers se chargeaient aussi d'opérer la recette des grandes propriétés seigneuriales. Ils faisaient en quelque sorte fonction de régisseurs et d'intendants. » Georges d'Avenel, *Histoire économique de la propriété, des salaires, des denrées et de tous les prix en général depuis l'an 1200 jusqu'en l'an 1800*, Paris, 1894, tome I, p. 109.

119. Ignaz Schipper, *Yidishe Geschikhte*, vol. 4, p. 224.

En Pologne au moyen âge, les rois confiaient aux Juifs fortunés d'importantes fonctions de gestion financière, y compris la perception des impôts. Les communautés juives jouissaient également d'une large autonomie sociale, juridique et religieuse.

CASIMIR LE GRAND ET LES JUIFS, DE WOJCIECH GERSON / MUSÉE NATIONAL DE VARSOVIE

« L'attitude des monarques envers les Juifs venait du fait que ceux-ci leur étaient économiquement indispensables, explique Abram Léon. Ainsi, en Pologne, la royauté fut toujours leur protectrice la plus ferme. »

Ci-dessus : Juifs accueillis par Casimir le Grand (en haut à gauche), roi de Pologne de 1333 à 1370. Oeuvre d'un artiste polonais du dix-neuvième siècle.

TROIS

La période de l'usurier juif

Jusqu'au onzième siècle, le régime économique qui dominait en Europe occidentale se caractérisait par l'absence d'une production destinée à l'échange. Les quelques villes qui subsistaient de l'époque romaine remplissaient principalement des fonctions administratives et militaires. Toute la production était uniquement destinée à la consommation locale et les domaines seigneuriaux, se suffisant à eux-mêmes, entraient seulement en contact avec le vaste monde par les marchands juifs qui s'aventuraient dans ces parages [1].

Le rôle joué par les Européens dans le commerce ne pouvait être que passif. Mais avec le temps, l'importation

1. « Le domaine doit avoir en soi tout ce qui est nécessaire à la vie. Il doit autant que possible ne rien acheter en dehors et ne pas appeler d'échanges. Il est à lui seul un petit monde et doit se suffire à lui-même. » Numa-Denys Fustel de Coulanges, *Histoire des institutions politiques de l'ancienne France*, Paris, 1888-1892, tome 4, p. 45.

des marchandises orientales augmentant toujours, on a intérêt à produire directement pour l'échange. Le développement commercial stimule ainsi la production indigène. La production des valeurs d'usage cède progressivement la place à la production des valeurs d'échange.

Tous les produits indigènes ne sont pas recherchés en Orient. La production des valeurs d'échange se développe d'abord là où diverses conditions sont réunies pour la fabrication ou l'extraction de certaines marchandises particulièrement prisées à l'étranger, des *produits des monopoles*. Ainsi les laines d'Angleterre, les draps de Flandre, le sel de Venise, les cuivres dinantais [en Belgique], etc. Là, dans ces endroits privilégiés, se développent rapidement « ces industries spécialisées dont les produits ont tout de suite débordé, grâce au commerce, au-delà des lieux d'origine [2] ».

De passif, le commerce devient actif. Les draps de Flandre, les tissus de Florence partent à la conquête du vaste monde. Étant particulièrement recherchés, ces produits sont ainsi source d'énormes bénéfices. Cette rapide accumulation de richesses rend possible un développement accéléré de la classe marchande indigène. Ainsi, le sel fut entre les mains des Vénitiens un puissant moyen de s'enrichir et de tenir les peuples dans la sujétion. Dès l'origine, ces insulaires avaient fait dans leurs lagunes un sel qui fut recherché par tous les peuples situés dans l'Adriatique et qui valut à Venise des privilèges de commerce, des faveurs et des traités [3].

2. Henri Pirenne, *Les anciennes démocraties des Pays-Bas*, p. 114. « Les cuivres dinantais ou les draps flamands semblent avoir dû à une réputation méritée, d'avoir franchi l'étroite enceinte du marché urbain. » Maurice Ansiaux, *Traité d'économie politique*, Paris, 1920-1926, vol. 1, p. 267.

3. Georg Bernhard Depping, *Histoire du commerce entre le Levant et l'Europe*, vol. 1, p. 182.

Aussi longtemps que l'Europe vécut sous le régime de l'économie naturelle, l'initiative du trafic commercial appartint aux marchands venus de l'Orient, principalement aux Juifs. Seuls quelques colporteurs, quelques humbles fournisseurs des châteaux de nobles et du clergé parviennent à se détacher de la masse humble des serfs rivés à la glèbe [terre féodale cultivée]. Mais le développement de la production indigène rend possible la formation rapide d'une classe puissante de marchands indigènes. Issus des artisans, ils se les subordonnent en mettant la main sur la distribution des matières premières [4]. Contrairement au commerce mené par les Juifs, nettement séparé de la production, le commerce indigène est essentiellement basé sur l'industrie.

Partout le développement industriel va de pair avec l'extension commerciale. « Venise eut l'avantage d'être à la fois une des villes les plus commerçantes et les plus industrielles du monde. Ses fabriques servaient merveilleusement ses négociants dans leurs relations avec l'Orient. Venise et les villes voisines furent remplies de fabriques de toute espèce [5]. » « En Italie comme en Flandre, le commerce de terre par lequel il se prolonge a pour conséquence l'activité des ports : Venise, Pise et Gênes ici ; Bruges là-bas. Puis, derrière eux se développent les villes industrielles : les communes lombardes et Florence, d'une part ; de l'autre, Gand, Ypres, Lille, Douai et, plus loin, Valenciennes, Bruxelles [6]. »

---

4. « Chez les drapiers, qui travaillent parfois pour des marchés lointains, on voit des marchands se différencier de la masse des artisans : ce sont les marchands drapiers. » Henri Sée, *Esquisse d'une histoire économique et sociale de la France*, p. 102.

5. Georg Bernhard Depping, *Histoire du commerce entre le Levant et l'Europe*, vol. 1, p. 184-185.

6. Henri Pirenne, *Histoire de l'Europe*, p. 166.

L'industrie lainière devint la base de la grandeur et de la prospérité des villes médiévales. Les draps et les tissus constituaient les marchandises les plus importantes sur les foires du moyen âge [7]. Par là apparaît aussi la différence profonde entre le capitalisme médiéval et le capitalisme moderne : celui-ci reposant sur une formidable révolution des moyens de production, celui-là uniquement basé sur le développement de la production des valeurs d'échange.

L'évolution échangiste de l'économie médiévale s'avéra fatale pour les positions des Juifs dans le commerce. Le marchand juif, important des épices en Europe et exportant des esclaves, est remplacé par de respectables commerçants chrétiens auxquels l'industrie urbaine fournit le principal aliment de leur négoce. Cette classe commerçante indigène se heurte violemment aux Juifs, détenteurs d'une position économique surannée, héritée d'une période antérieure de l'évolution historique.

La contradiction croissante entre le commerce « chrétien » et juif se ramène donc à l'opposition de deux régimes : celui de l'économie échangiste et celui de l'économie naturelle. C'est donc le développement économique de l'Occident qui détruisit la fonction commerciale des Juifs, basée sur l'état arriéré de la production [8].

Le monopole commercial des Juifs déclinait à mesure que se développaient les peuples dont l'exploitation l'alimentait. « Des siècles durant, les Juifs furent les tuteurs commerciaux des peuples nouveaux. Rôle dont ces derniers ne méconnaissaient pas l'utilité. Mais toute tutelle devient incommode lorsqu'elle se prolonge. Des peuples

7. Max Weber, *General Economic History*, p. 155.

8. Wilhelm Roscher dit : « Plus s'élevait la culture économique générale et plus la situation des Juifs empirait. » *Die Juden im Mittelalter*, p. 1.

Quand le capital « chrétien » a commencé à dominer le commerce, il a peu à peu supprimé l'espace économique occupé par les Juifs. Si « Juif » avait été jusqu'alors synonyme de marchand, il est devenu synonyme de prêteur d'argent.

Ich bitt euch jud leicht mir zů hand/ Bar gelt auff bürgen oder pfand/ Was euch gebürt gebt mir verstand/

Ci-dessus : Gravure sur bois, Allemagne, 1531. Au-dessus, une inscription rimée dit :

« Je te demande, Juif, de me prêter
En espèces contre une obligation ou une garantie.
Ce que je devrai, dis-le-moi. »

entiers s'émancipent, tout comme les hommes et non sans lutte, de la tutelle d'autres peuples [9]. »

Avec le développement de l'économie échangiste en Europe, la croissance des villes et de l'industrie corporative, les Juifs sont évincés progressivement des positions économiques qu'ils occupaient [10]. Cette éviction est accompagnée d'une lutte farouche de la classe commerçante indigène contre les Juifs. Les croisades, qui furent aussi l'expression de la volonté des villes marchandes de se frayer un chemin vers l'Orient, leur fournissent l'occasion de violentes persécutions et sanglants massacres contre les Juifs. À partir de cette époque, la situation des Juifs dans les villes de l'Europe occidentale est définitivement compromise.

Au début, la transformation économique n'atteint que certains centres urbains importants. Les domaines seigneuriaux sont très peu affectés par ce changement et le système féodal continue à y fleurir. Partant, la carrière de la richesse juive n'est pas encore terminée. Les domaines seigneuriaux offrent encore un champ d'action important aux Juifs. Mais maintenant le capital juif, principalement

9. Wilhelm Roscher, *Die Juden im Mittelalter*, p. 20. « La loi selon laquelle le développement autonome du capital marchand est en raison inverse du degré de développement de la production capitaliste apparaît le mieux dans l'histoire du commerce de commission (carrying trade). » Karl Marx, *Le Capital*, Livre 3, p. 345.

10. Aloys Schulte prétend que les Juifs n'ont pas essayé de se lier avec les artisans comme le faisaient les entrepreneurs chrétiens et, perdant par là leurs positions commerciales, ont dû s'occuper exclusivement du crédit. Cette remarque est fort intéressante. Elle montre l'essentiel du problème : la liaison du commerce chrétien avec l'industrie et le manque de ce lien de la part du commerce juif. Dans *Geschichte des mittelalterlichen Handels und Verkehrs zwischen Westdeutschland und Italien* [Histoire du commerce du moyen âge et des échanges commerciaux entre l'ouest de l'Allemagne et l'Italie], Leipzig, 1900, p. 152.

Les croisades ont aidé les marchands urbains à se frayer un passage vers l'Orient, délogeant de plus en plus les commerçants juifs. Les expéditions ont été ponctuées de massacres de Juifs.

BIBLIOTHÈQUE NATIONALE DE FRANCE

En haut : Gravure d'une bataille des croisades. La hiérarchie de l'Église catholique et les monarques européens ont lancé de multiples campagnes de la fin du onzième siècle jusqu'au treizième siècle.

En bas : En 1096, avant d'arriver à Jérusalem, alors sous contrôle musulman, les croisés massacrèrent des Juifs, identifiés ici par leur chapeau, dans toute l'Europe. La classe commerciale « chrétienne » a déclenché des luttes acharnées pour déloger les commerçants et les prêteurs juifs, en s'attaquant à toute la population juive.

commercial à l'époque précédente, devient presque exclusivement usuraire. Ce n'est plus le Juif qui fournit au seigneur les marchandises orientales, mais pendant un certain temps, c'est encore lui qui avance de l'argent pour ses dépenses. Si dans la période précédente, « Juif » était synonyme de « marchand », il commence de plus en plus à s'identifier avec « usurier [11] ».

Il va sans dire que prétendre, comme le font la plupart des historiens, que les Juifs ont commencé à s'occuper du crédit seulement après leur éviction du commerce, est une grossière erreur. Le capital usuraire est frère du capital commercial. Dans les pays d'Europe orientale, où il n'y eut pas d'élimination des Juifs du commerce, on rencontre, comme nous le verrons plus tard, un nombre respectable d'usuriers juifs [12]. En réalité, l'éviction des Juifs du com-

---

11. Dans une étude consacrée aux Juifs d'une ville allemande, Halberstadt, Max Köhler dit qu'« à partir du treizième siècle, la profession la plus importante des Juifs de Halberstadt semble être l'usure ». Max Köhler, *Beiträge zur neueren jüdischen Wirtschaftsgeschichte Die Juden in Halberstadt und Umgebung bis zur Emanzipation* [Contributions à l'histoire économique moderne : les Juifs à Halberstadt et sa région jusqu'à l'émancipation], Berlin, 1927, p 2.

Heinrich Cunow dit dans son *Allgemeine Wirtschaftsgeschichte*, vol. 3, p. 45 : « Malgré le fait que les conditions économiques de la noblesse allaient toujours en s'aggravant, ses jeux militaires, ses orgies, ses fêtes, ses magnifiques tournois ne cessaient de prendre de l'extension au quatorzième siècle. Les chevaliers pauvres considéraient aussi qu'il était de leur devoir d'y prendre part. Comme les moyens pécuniaires nécessaires à cet effet leur faisaient défaut, ils s'endettaient chez les Juifs dont la principale occupation était le prêt à intérêt. »

12. L'exemple de la Pologne prouve encore la puérilité du schéma habituel des historiens juifs qui prétendent expliquer la fonction commerciale ou usuraire des Juifs par les persécutions. Qui avait donc interdit aux Juifs de Pologne de devenir agriculteurs ou artisans ? Bien avant les premières tentatives des villes polonaises de lutter contre les Juifs, tout le commerce et toute la banque de ce pays reposaient déjà entre leurs mains.

merce a eu pour conséquence de les cantonner dans une des professions qu'ils avaient déjà pratiquées auparavant.

Le fait que les Juifs aient possédé, à différentes époques, des propriétés terriennes ne peut servir d'argument sérieux en faveur de la thèse traditionnelle des historiens juifs. Loin de constituer une preuve de la multiplicité des occupations des Juifs, la propriété juive doit être considérée comme fruit de leurs opérations usuraires et commerciales [13].

Dans les livres commerciaux du Juif français Heliot de Franche-Comté, qui vécut au début du quatorzième siècle, nous trouvons des vignobles mentionnés parmi ses propriétés. Mais il ressort clairement de ses livres que ces vignobles ne constituaient pas pour Heliot la base d'une profession agricole : ils étaient le produit de ses opérations mercantiles.

Lorsqu'en 1360 le roi de France eut invité à nouveau les Juifs sur son territoire, le représentant des Juifs, un certain Manassé, souleva le problème de la protection royale pour les vignobles et les bêtes qui passeraient aux mains des Juifs comme gages non libérés. En Espagne, lors de

---

13. Cette conception fausse des historiens juifs trouve son pendant dans l'affirmation selon laquelle les Juifs durent abandonner leur « profession agricole » par suite d'interdictions légales. « Il est faux de penser qu'il était interdit aux Juifs de posséder la terre. Là où nous trouvons dans les villes médiévales des Juifs faisant des affaires, ils sont aussi en possession de leurs propres maisons. Ils possèdent également des terrains sur le territoire de la ville. À vrai dire, il ne semble pas qu'ils aient cultivé quelque part ces terrains. Aussitôt qu'une terre passait en leurs mains comme gage, ils s'efforçaient de la vendre. Ce n'est pas parce qu'il leur était interdit de la garder mais simplement parce qu'ils n'en éprouvaient pas le désir. Nous trouvons cependant souvent, dans les registres, des vignobles et des vergers appartenant aux Juifs. Les produits de ces terres pouvaient être facilement vendus. » Heinrich Cunow, *Allgemeine Wirtschaftsgeschichte*, vol. 3, p. 112.

grandes disputes théologiques entre Juifs et chrétiens, ces derniers reprochent aux Juifs de s'être enrichis grâce à leurs opérations « d'usure. Ils se sont emparés des champs et des bêtes. [...] Ils possèdent les trois quarts des champs et des terrains d'Espagne [14] ».

Les propriétés nobles passant aux mains des Juifs sont un fait courant à cette époque. Tel le village de Strizov en Bohême, ayant appartenu à deux nobles et attribué en paiement de dettes aux Juifs Fater et Merklin (1382). Le village Zlamany Ujezd en Moravie, alloué au Juif Aron de Hradic ; le village Neverovo en Lituanie, attribué au Juif Levon Salomic, etc.

Aussi longtemps que la propriété foncière des Juifs ne constituait pour eux qu'un objet des spéculations, elle ne pouvait avoir qu'un caractère extrêmement précaire parce que la classe féodale parvint très tôt à imposer l'interdiction d'engager des propriétés immobilières chez les Juifs.

Il en fut autrement là où il se produisait une véritable mutation économique et sociale, là où les Juifs abandonnaient leurs affaires pour devenir de véritables propriétaires terriens. Il fallait que, tôt ou tard, ils changeassent également de religion.

Au début du quinzième siècle, un Juif du nom de Woltschko étant devenu propriétaire de plusieurs villages, le roi de Pologne s'efforçait absolument de l'amener à « reconnaître son aveuglement et à se joindre à la sainte religion chrétienne ». Ce fait est significatif, car les rois de Pologne protégeaient avec sollicitude la religion juive. Jamais l'idée ne leur serait venue de convertir au chris-

---

14. Ignaz Schipper, *Yidishe Geschikhte*, vol. 1, p. 127. « Les Juifs formaient une classe sociale très puissante par les richesses acquises dans l'industrie, le commerce et spécialement les opérations bancaires. » Rafael Ballester y Castell, *Histoire de l'Espagne*, Paris, 1928, p. 154.

tianisme des marchands ou des banquiers juifs. Mais un propriétaire terrien juif au moyen âge ne pouvait constituer qu'une anomalie.

Ceci est généralement vrai en ce qui concerne l'usurier chrétien. Ce problème n'a naturellement rien de commun avec les niaiseries raciales. Il est clair qu'il est complètement inepte de prétendre, avec Sombart, que l'usure constitue une qualité spécifique de la « race juive ». L'usure, qui joue, comme nous l'avons vu, un rôle important dans les sociétés précapitalistes, est presque aussi vieille que l'humanité et a été pratiquée par toutes les races et nations. Il suffit de rappeler le rôle prédominant joué par l'usure dans les sociétés grecque et romaine [15].

Prétendre que les Juifs ont pratiqué l'usure en raison de leurs dispositions raciales, c'est renverser les données du problème. Ce n'est pas par les capacités « innées » ou l'idéologie d'un groupe social qu'il faut expliquer sa position économique. C'est, au contraire, sa position économique qui explique ses capacités et son idéologie. La société médiévale n'a pas été divisée en seigneurs et en serfs parce que chacun de ces groupes possédait à l'origine des dispositions spécifiques pour le rôle économique qu'il devait jouer. L'idéologie et les capacités de chaque classe se sont formées lentement en fonction de leurs positions économiques.

Il en est de même des Juifs. Ce n'est pas leur disposition « innée » au commerce qui explique leur position économique, c'est leur position économique qui explique leurs dispositions au commerce. Les Juifs constituent d'ailleurs un conglomérat racial très hétérogène. Ils ont absorbé au cours de leur histoire une multitude d'éléments ethniques

15. « Nous voyons dans les lettres de Cicéron que le vertueux Brutus prêtait son argent en Chypre à 48 pour cent. » Adam Smith, *The Wealth of Nations*, New York, Modern Library, 1937, p. 94.

non sémitiques. En Angleterre, le « monopole de l'usure leur apportait de telles richesses qu'on indique des chrétiens qui sont passés au judaïsme pour participer au monopole de prêt juif [16]. »

Le judaïsme constitue donc bien le résultat d'une sélection sociale et non pas une « race ayant des dispositions innées pour le commerce ». Mais la primauté du facteur économique et social n'exclut pas, loin s'en faut, l'influence du facteur psychologique.

Tout comme il est enfantin de voir dans la position économique du judaïsme le résultat des « dispositions des Juifs », il est puéril de la considérer comme le fruit des persécutions et d'interdictions légales d'exercer d'autres professions que le commerce ou l'usure.

« Dans de nombreux écrits sur la vie économique des Juifs au moyen âge, il est dit qu'ils furent exclus dès le début de l'artisanat, du trafic des marchandises et qu'il leur était interdit de posséder des propriétés foncières. Ce n'est là qu'une fable. En fait, au douzième siècle et au treizième siècle, habitant dans presque toutes les grandes villes de l'Allemagne de l'Ouest, ils demeuraient parmi les chrétiens et ils jouissaient des mêmes droits civiques que ces derniers. [...] À Cologne pendant toute une période, les Juifs avaient même possédé le droit d'obliger un chrétien qui avait une réclamation à adresser à un Juif de comparaître devant des juges juifs pour être jugé selon le droit hébraïque. [...]

« Il est tout aussi faux de prétendre que les Juifs ne pouvaient point être admis dans les corporations artisanales. Certes, plusieurs corporations n'admettaient pas ce qu'on appelait « les enfants juifs » (*Juden Kinder*) comme apprentis, mais ce n'était pas le cas pour toutes les corpora-

---

16. Lujo Brentano, *Eine Geschichte der wirtschaftlichen Entwicklung Englands*, vol. 1, p. 366.

tions. L'existence d'orfèvres juifs, même à l'époque où les règlements corporatifs devinrent beaucoup plus sévères, le prouve à suffisance. Il y avait certainement peu de forgerons et de charpentiers juifs parmi les artisans au moyen âge : les parents juifs qui donnaient leurs enfants en apprentissage dans ces métiers étaient très rares.

« Même les corporations qui excluaient les Juifs ne le faisaient pas par animosité religieuse ou par haine de race, mais parce que les métiers d'usuriers et de colporteurs étaient réputés « malhonnêtes ». [...] Les corporations excluaient les enfants d'hommes d'affaires, d'usuriers et de colporteurs juifs, tout comme elles n'acceptaient pas en leur sein des fils de simples manoeuvres, de bateliers et de tisserands de lin [17]. »

La société féodale était essentiellement une société de castes. Elle voulait que chacun « restât à sa place [18] ». Elle combattait l'usure des chrétiens comme elle rendait impossible aux bourgeois l'accession à la noblesse, comme elle regardait avec mépris le noble qui s'abaissait à pratiquer un métier ou à faire du commerce.

En 1462, on chasse de la ville de Nordlingen le docteur Han Winter parce qu'il pratiquait l'usure par l'intermé-

---

17. Heinrich Cunow, *Allgemeine Wirtschaftsgeschichte*, vol. 3, p. 110.

18. S'il est puéril de croire que la société féodale, dont le principe était que « chacun restât à sa place, » ait transformé les « agriculteurs juifs » en commerçants, il est évident par ailleurs que les interdictions légales, elles-mêmes fruit des conditions économiques, ont joué un certain rôle dans le cantonnement des Juifs dans le trafic, surtout dans les périodes où, par suite des changements économiques, la situation traditionnelle des Juifs se trouvait compromise. Ainsi par exemple, Frédéric le Grand [roi de Prusse] n'était pas favorable à ce que les Juifs exerçassent des professions manuelles. Il voulait « que chacun restât dans sa profession, qu'on aidât les Juifs dans l'exercice du commerce mais qu'on laissât les autres professions aux chrétiens. »

diaire d'un Juif. Trente ans plus tard dans la même ville, un bourgeois du nom de Kinkel a été exposé au pilori et chassé de la ville pour avoir pratiqué la « profession juive ». Le synode de Bamberg en 1491 menace de chasser de la communauté chrétienne tout chrétien pratiquant l'usure, seul ou par l'intermédiaire des Juifs. En 1487 en Silésie, on décrète que tout chrétien qui aura pratiqué l'usure sera mis à la disposition du tribunal royal et puni d'une façon exemplaire.

Aussi longtemps que l'édifice féodal demeure solide, l'attitude de la société chrétienne à l'égard du prêt à intérêt ne change pas. Mais les profondes mutations économiques que nous avons examinées plus haut renversent les données du problème. Le développement industriel et commercial hisse la banque à un rôle indispensable dans l'économie. Le banquier avançant des fonds au commerçant ou à l'artisan devient un élément essentiel du développement économique.

Le trésor de l'usurier remplit, à l'époque féodale, le rôle d'une réserve nécessaire, mais absolument *improductive*. « Dans les époques qui précèdent le système de production capitaliste, le capital usuraire existe sous deux formes caractéristiques. [...] Ces mêmes formes se répètent sur la base de la production capitaliste, mais alors en tant que formes purement secondaires. Elles ne déterminent plus alors le caractère du capital productif d'intérêt. Ces deux formes sont : *primo*, l'usure par prêt d'argent à des seigneurs prodigues, essentiellement à des propriétaires fonciers ; *secundo*, usure par prêt d'argent aux petits producteurs, possédant leurs moyens de travail. Cette catégorie comprend l'artisan, mais surtout, d'une manière spécifique, le paysan, puisque dans l'ère précapitaliste, dans la mesure où il peut exister des petits producteurs autonomes, c'est la classe paysanne qui doit en fournir la majeure partie [19]. »

---

19. Karl Marx, *Le Capital*, Livre 3, p. 629.

L'usurier prête aux féodaux et aux rois pour leur luxe et leurs dépenses de guerre. Il prête aux paysans et aux artisans pour leur permettre de payer les taxes, les redevances, etc. L'argent prêté par l'usurier ne crée pas de plus-value ; il lui permet seulement de s'emparer d'une partie du surproduit déjà existant.

La fonction du banquier est toute différente. Il contribue directement à la production de la plus-value. Il est productif. Le banquier finance les grandes entreprises commerciales et industrielles. Tandis que le crédit est essentiellement un crédit de *consommation* à l'époque féodale, il devient un crédit de *production* et de *circulation* à l'époque du développement commercial et industriel.

Il y a donc une différence essentielle entre l'usurier et le banquier. Le premier est l'organe du crédit à l'époque féodale, tandis que le second est l'organe du crédit à l'époque de l'économie échangiste. Le fait d'ignorer cette distinction fondamentale induit presque tous les historiens en erreur. Ils ne voient aucune différence entre le banquier de l'Antiquité, le banquier juif d'Angleterre au onzième siècle et Rothschild ou même Fugger. « Newman traduit platement ce fait en disant que le banquier est considéré tandis que l'usurier est haï et méprisé parce que celui-là prête aux riches et celui-ci aux pauvres. [F. W. Newman, *Lectures on Political Economy*, Londres, 1851, p. 44.] Il ne voit pas que ces deux types sont séparés par *la différence qui existe entre deux modes sociaux de production et les structures sociales qui leur correspondent* [20]. »

Bien entendu, cette distinction devient surtout visible à l'époque capitaliste proprement dite. Mais « déjà dans les formes antérieures, le commerçant a avec le prêteur les mêmes rapports que le capitaliste moderne et ce rap-

20. Karl Marx, *Le Capital*, Livre 3, p. 630. [Italiques ajoutés par AL.]

port n'échappe pas à l'attention des universités catholiques. « Les universités d'Alcala, de Salamanque, d'Ingolstadt, de Fribourg-en-Brisgau, de Mayence, de Cologne et de Trèves approuvèrent successivement la légitimité des intérêts *des prêts de commerce* [21] ».

À mesure que le développement économique se poursuit, la banque conquiert des positions de plus en plus solides tandis que l'usurier juif perd de plus en plus de terrain. On ne le trouve plus dans les prospères cités commerciales de Flandre parce que « les Juifs, à la différence des Lombards, *ne pratiquaient que le taux à intérêt et ne jouaient pas le rôle d'intermédiaires dans les opérations de négoce* [22] ».

Après leur élimination du commerce, procès qui s'achève en Europe occidentale au treizième siècle, les Juifs développent encore les affaires d'usure dans les régions non encore atteintes par l'économie échangiste.

En Angleterre, à l'époque du roi Henri II (deuxième moitié du douzième siècle), les Juifs sont déjà enfoncés dans l'usure. Ils sont généralement très riches et leur clientèle est constituée par des grands propriétaires fonciers. Le plus célèbre de ces banquiers juifs était un certain Aaron de Lincoln, très actif à la fin du douzième siècle. Le

---

21. Karl Marx, *Le Capital*, Livre 3, p. 628-629. [Italiques ajoutés par AL.] « À la même époque, le fameux théologien Medina, développant une donnée qui est d'ailleurs dans saint Thomas, reconnaît le jeu de l'offre et de la demande comme un mode naturel de détermination du juste prix. Le *Trinus Contractus*, cette merveille d'analyse juridique qui justifie la perception d'un intérêt dans les prêts d'affaires où l'argent est réellement employé comme capital, est admis alors par les canonistes italiens et espagnols, plus éclairés que ceux de France, ou plutôt *placés dans un milieu social plus avancé.* » Claudio Jannet, *Les grandes époques de l'histoire économique*, p. 284. [Italiques ajoutés par AL.]

22. Henri Pirenne, *Histoire de Belgique*, Bruxelles, 1902-1932, vol. 1, p. 251 [Italiques ajoutés par AL.]

roi Henri II seul lui devait 100 000 livres sterling, somme équivalente au budget annuel du royaume d'Angleterre à cette époque.

Grâce au taux d'intérêt extrêmement élevé — il oscillait entre 43 et 86 pour cent — une masse de terres de la noblesse est passée aux mains des usuriers juifs. Mais ils avaient des associés puissants et... exigeants. Si les rois d'Angleterre soutenaient les affaires des Juifs, c'est parce qu'elles constituaient pour eux une source très importante de revenus.

Tous les prêts contractés chez les Juifs étaient enregistrés dans le *Scaccarium Judaeorum* * [échiquier des Juifs] et étaient frappés d'une taxe de 10 pour cent au profit du trésor royal. Mais cette contribution légale était loin de suffire aux rois. Tous les prétextes leur étaient bons pour déposséder les Juifs et continuellement l'usure exercée par les Juifs contribuait à grossir le trésor royal. Il était surtout mauvais pour les Juifs d'avoir les rois comme débiteurs importants. Les héritiers d'Aaron de Lincoln s'en aperçurent en 1187, lorsque le roi d'Angleterre confisqua les biens de ce riche banquier.

La noblesse dépossédée se vengeait en organisant des massacres de Juifs. En 1189, les Juifs sont massacrés à Londres, à Lincoln et à Stamford. Une année plus tard, la noblesse, conduite par un certain Malebisse, détruit le *Scaccarium Judaeorum* de York. Les traites sont solennellement brûlées. Les Juifs assiégés dans le château se suicident. Mais le roi continue à protéger les Juifs même après leur mort. Il exige le paiement à son profit des sommes dues aux Juifs, étant donné que les Juifs étaient les « esclaves de son trésor ». Des employés spéciaux sont chargés par lui de faire une liste exacte de toutes les dettes.

---

* Voir le glossaire : *Scaccarium Judaeorum.*

Au début du treizième siècle, le roi concède à la noblesse anglaise une *Magna Carta* qui apporte certaines améliorations au régime des prêts. Cependant, en 1262 et en 1264, de nouvelles émeutes éclatent contre les Juifs. En 1290, toute la population juive d'Angleterre, c'est-à-dire près de 3000 personnes, est expulsée et ses biens sont confisqués.

La situation économique des Juifs, beaucoup plus nombreux en France (100000), n'est pas sensiblement différente de celle des Juifs anglais. « À l'avènement de Philippe Auguste (1180) et dans les premières années de son règne, les Hébreux étaient riches et nombreux en France. De savants rabbins avaient été attirés à la synagogue de Paris, laquelle, à l'entrée solennelle du pape Innocent à Saint-Denis en 1131, avait déjà figuré parmi les corporations de la capitale au passage du pontife. Suivant l'historien Rigord, ils avaient acquis presque la moitié de Paris. [...] Dans les villages, les villes et les faubourgs, partout s'étendaient leurs créances. Un grand nombre de chrétiens avaient même été expropriés par les Juifs pour cause de dettes [23]. »

C'est surtout dans la France du Nord que les Juifs s'occupent d'usure. En Provence [dans le sud] au treizième siècle, la participation des Juifs au commerce est encore très importante. Les Juifs de Marseille étaient en relations d'affaires suivies avec l'Espagne, l'Afrique du Nord, la Sicile et la Palestine. Ils possédaient même des bateaux et importaient, comme leurs ancêtres de l'époque carolingienne, des épices, des esclaves.

Mais ce ne sont là que les vestiges d'une époque révolue. L'usure semble constituer au treizième siècle la fonction économique principale des Juifs de France. Dans chaque ville, un notaire était désigné pour les affaires de prêt. Le

23. Georg Bernhard Depping, *Les Juifs dans le Moyen Âge*, p. 132-133.

taux d'intérêt s'élevait à 43 pour cent. Jusqu'au statut de Melun (1230) qui interdit aux Juifs le prêt sur gages immobiliers, les clients principaux des banquiers juifs étaient les princes et les seigneurs. Au début du douzième siècle, le Juif Salomon de Dijon, était créancier des plus grands cloîtres de France. Le comte de Montpellier devait à un Juif du nom de Bendet la somme de 50 000 sous. Le pape Innocent III, dans une lettre au roi de France, exprime son indignation du fait que les Juifs s'approprient des biens de l'Église, qu'ils s'emparent de terres, de vignobles.

Si la position économique des Juifs de France ressemblait à celle des Juifs d'Angleterre, leur situation politique était différente. Le pouvoir, beaucoup plus morcelé, les livrait aux mains d'une multitude de princes et de seigneurs. Les Juifs étaient assujettis à une foule d'impôts et de taxes qui enrichissaient les puissants. Différents moyens étaient mis en oeuvre pour extraire le plus d'argent des Juifs. Les arrestations en masse, les procès rituels, les expulsions, tout cela était prétexte à de formidables extorsions de fonds. Les rois de France expulsèrent et accueillirent à plusieurs reprises des Juifs pour s'emparer de leurs biens.

On ne connaît pas exactement la position sociale et économique des Juifs dans l'Espagne musulmane. Il ne fait cependant pas l'ombre d'un doute qu'ils appartenaient aux classes privilégiées de la population. « Arrivant à Grenade, écrit un certain Abou Ishak d'Elvira [mort vers 1067], j'ai vu que les Juifs occupent ici des postes dirigeants. Ils se sont partagés la capitale et la province. Partout, ces maudits sont à la tête de l'administration. Ils s'occupent de la rentrée des impôts, vivent dans le luxe pendant que vous, musulmans, vous portez des haillons. »

En Espagne chrétienne, en Castille, les Juifs sont banquiers, fermiers d'impôts, fournisseurs du roi. La royauté les protège parce qu'ils lui fournissent un appui économique et politique. Le taux d'intérêt, plus bas que dans d'autres pays, était de 33,3 pour cent au début du douzième siècle. Dans de nombreuses cortès [assemblée consultative de seigneurs féodaux], la noblesse a lutté pour la réduction du taux d'intérêt, mais elle s'est toujours heurtée à la résistance des rois. C'est seulement sous le règne d'Alphonse IX [1188-1230] que la noblesse est parvenue à des résultats dans ce domaine.

Une situation semblable s'est créée en Aragon. Jehuda de Cavallera est un exemple caractéristique d'un grand « capitaliste » juif du treizième siècle. Il affermait les salines, battait monnaie, fournissait l'armée et possédait de grands terrains et une multitude de troupeaux. C'est sa fortune qui permit la construction d'une flotte de guerre pour la guerre contre les Arabes.

Le retard économique de l'Espagne rendit possible aux Juifs la conservation de leurs positions commerciales plus longtemps qu'en Angleterre ou en France. Des documents du douzième siècle mentionnent des Juifs de Barcelone effectuant des voyages jusqu'au Bosphore. En 1105, le comte Bernard III concède un monopole d'importation d'esclaves siciliens à trois Juifs, marchands et propriétaires de bateaux de Barcelone.

Il faudra attendre le quatorzième siècle, lorsque Barcelone, selon Pirenne, sera « transformée en vaste magasin et en vaste atelier », pour que les Juifs soient complètement expulsés de son commerce. Leur situation a tellement empiré qu'ils sont obligés de payer des taxes pour pouvoir passer par cette ville. « Les infortunés Israélites, loin d'être marchands à Barcelone, y entraient comme marchandise [24]. »

---

24. Georg Bernhard Depping, *Les Juifs dans le Moyen Âge*, p. 387.

L'usure juive prend une telle extension en Aragon que des mouvements sérieux contre les Juifs se produisent parmi la noblesse et la bourgeoisie.

En Allemagne, la période principalement commerciale s'étend jusqu'à la moitié du treizième siècle. Les Juifs mettent en rapport l'Allemagne avec la Hongrie, l'Italie, la Grèce et la Bulgarie. Le commerce d'esclaves était florissant jusqu'au douzième siècle. Ainsi, il est rappelé dans les tarifs douaniers de Wallenstadt et de Coblence que les marchands d'esclaves juifs doivent payer pour chaque esclave quatre dinars. Un document de 1213 dit des Juifs de Laubach qu'« ils sont extraordinairement riches et qu'ils mènent un grand commerce avec les Vénitiens, les Hongrois et les Croates ».

À partir du treizième siècle, l'importance des villes allemandes s'accroît. Comme partout ailleurs, et pour les mêmes causes, les Juifs sont éliminés du commerce et se tournent vers les affaires bancaires. Le centre de gravité de l'usure juive se concentre sur la noblesse. Les actes de Nuremberg prouvent que la dette moyenne contractée chez les Juifs se montait à 282 guldens pour les gens de la ville et à 1 672 pour les nobles. Il en est pareillement des 87 traites de l'Ulmen qui appartenaient à des maisons de banque juives. Sur les 17 302 guldens qu'elles représentent, 90 pour cent sont dus par des nobles. En 1344, le banquier juif Fivelin prête au comte de Zweibrücken 1 090 livres. Le même Fivelin en collaboration avec un certain Jacob Daniels prête, en 1339, 61 000 florins au roi d'Angleterre Edouard III [25].

---

25. Karl Bücher dit ce qui suit, dans son livre *Die Bevölkerung von Frankfurt im XIV und XV Jahrhundert* [La population à Francfort aux XIVe et XVe siècles], (cité par Heinrich Cunow, *Allgemeine Wirtschaftsgeschichte*, vol. 3, p. 46) : « Parmi les débiteurs des Juifs francfortois, on trouve représentée la plus grande majorité de la noblesse de Wettereau, du Pfalz, de l'Odenwald, etc. L'archevêque de Mayence devait aussi de l'argent aux

En 1451, l'empereur Frédéric III demande au pape Nicolas V un privilège pour les Juifs, « afin qu'ils puissent habiter l'Autriche et y prêter à intérêt pour la plus grande commodité de la noblesse ». Au treizième siècle, les Juifs Lublin et Nzklo occupent à Vienne les importantes fonctions de « comtes du trésor du duc autrichien » (*comites camarae ducis austriae*).

Mais cet état de choses ne pouvait se maintenir indéfiniment. L'usure détruisait lentement le régime féodal, ruinait toutes les classes de la population sans introduire une économie nouvelle à la place de l'ancienne. Contrairement au capital, l'usure est essentiellement conservatrice. « L'usure, comme le commerce, exploitent un mode de production donné : ils ne le créent pas ; ils y restent extérieurs. L'usure cherche directement à le maintenir, pour pouvoir toujours recommencer à l'exploiter [26]. »

« L'usure centralise des fortunes monétaires, là où les moyens de production sont éparpillés. *Elle ne modifie pas le mode de production* mais s'agrippe à lui en parasite par toutes ses ventouses et rend la production misérable. Elle l'épuise, l'énerve et rend de plus en plus misérables les conditions de la production. [...] Le capital usuraire utilise la forme d'exploitation du capital sans en connaître le mode de production [27]. »

Juifs. C'est la noblesse surtout qui était endettée. Il y avait peu de chevaliers des environs de Francfort dont les traites et les gages ne se trouvaient pas dans le quartier juif. Certains bourgeois de Francfort et des villes voisines ont aussi contracté des « dettes juives » (comme s'exprime à ce sujet le rapport du conseil urbain), mais la plus grande partie des 279 traites dont s'était occupé le conseil urbain concernait les nobles. »

26. Karl Marx, *Le Capital*, Livre 3, p. 645.

27. Karl Marx, *Le Capital*, Livre 3, p. 631-632. [Italiques ajoutés par AL.]

Malgré cet effet destructif, l'usure reste indispensable dans les systèmes économiques arriérés. Mais elle y devient une cause importante de la stagnation économique, comme cela se voit dans plusieurs pays asiatiques.

Si le fardeau de l'usurier devient de plus en plus insupportable en Europe occidentale, c'est qu'il est incompatible avec les nouvelles formes économiques. L'économie échangiste pénètre la vie rurale. Le développement industriel et commercial des villes produit le recul du vieux système féodal dans les campagnes. Un vaste marché s'offre aux produits agricoles, ce qui entraîne un recul sensible des anciennes formes de servitude, de redevances basées sur l'économie naturelle.

« Ce n'est guère que dans les régions difficilement accessibles ou fort éloignées des grands courants commerciaux que le servage conserve sa forme primitive. Partout ailleurs, s'il ne disparaît pas, il s'atténue. On peut dire qu'à partir du commencement du treizième siècle, la classe rurale dans l'Europe occidentale et centrale est devenue ou est en passe de devenir une population de paysans libres [28]. »

Partout en Europe occidentale et en partie en Europe centrale, les douzième, treizième et quatorzième siècles sont l'époque du développement de l'usure juive. L'évolution économique entraîne son rapide déclin. L'expulsion définitive des Juifs a lieu à la fin du treizième siècle en Angleterre ; à la fin du quatorzième siècle en France ; à la fin du quinzième siècle en Espagne.

Ces dates reflètent la différence de l'allure du développement économique de ces pays. Le treizième siècle est l'époque d'un épanouissement économique en Angleterre. C'est au quinzième siècle que les « royaumes espagnols

---

28. Henri Pirenne, *Histoire de l'Europe*, p. 171.

Les Juifs ont été expulsés d'Angleterre à la fin du treizième siècle, de France, aux treizième et quatorzième siècles, et d'Espagne, au quinzième siècle.

Ces expulsions ont eu lieu à différents moments, selon le rythme auquel le féodalisme cédait la place aux relations capitalistes, explique Abram Léon.

En haut à gauche : Image tirée d'un manuscrit du treizième siècle montrant deux Juifs (au centre) battus avant d'être expulsés d'Angleterre. **En haut à droite :** Chronique française du treizième siècle qui montre le roi Philippe II (deuxième à partir de la gauche) chassant les Juifs de France.

En bas : Illustration du quinzième siècle montrant des Juifs expulsés d'Espagne et emportant avec eux tout ce qu'ils possédaient.

s'enrichissent et développent leur commerce. Les campagnes commencent à se couvrir de moutons et la laine espagnole devient, dans le commerce du nord, une rivale de la laine anglaise. L'exportation de laine augmente considérablement vers la Hollande et l'élevage des moutons commencera à donner son aspect caractéristique à la Castille dont il enrichit la noblesse. Le fer de Bilbao, l'huile d'olive, les oranges, les grenades font aussi l'objet d'un transit grandissant vers le nord [29] ».

Le féodalisme cède progressivement la place au régime échangiste. Par voie de conséquence, le champ d'activité de l'usure juive se rétrécit constamment. *Elle devient de plus en plus insupportable parce que de moins en moins nécessaire.* Plus l'argent devient abondant par suite de la circulation plus intense des marchandises et plus la lutte devient impitoyable contre une fonction économique qui n'a pu guère trouver de justification économique qu'au temps de l'immobilité économique, quand le trésor de l'usurier constituait la réserve indispensable de la société.

Maintenant, le paysan commence à vendre ses produits et à payer son seigneur en argent. La noblesse, pour satisfaire ses besoins de luxe croissants, a intérêt à affranchir la paysannerie, à remplacer partout en rente en argent la rente stable en produits. « La transformation de la rente-produit en rente-argent se fait d'abord sporadiquement, mais s'étend par la suite à l'échelle nationale ; elle suppose un développement déjà important du commerce, de l'industrie urbaine, de la production marchande en général, partant de la circulation monétaire [30]. »

---

29. Henri Pirenne, *Histoire de l'Europe*, p. 384.

30. Karl Marx, *Le Capital*, Livre 3, p. 832-833. « Cette transformation des coutumes en redevances pécuniaires correspond à l'accroissement de la richesse mobilière. L'argent devient le signe le plus commode de

Expulsion des Juifs (1100-1700)

Avec la montée du capital commercial et des banquiers, les commerçants et les prêteurs juifs sont devenus une source moins importante de revenus royaux. L'expulsion des Juifs et la confiscation de leurs biens étaient une opération rentable pour les monarques féodaux.

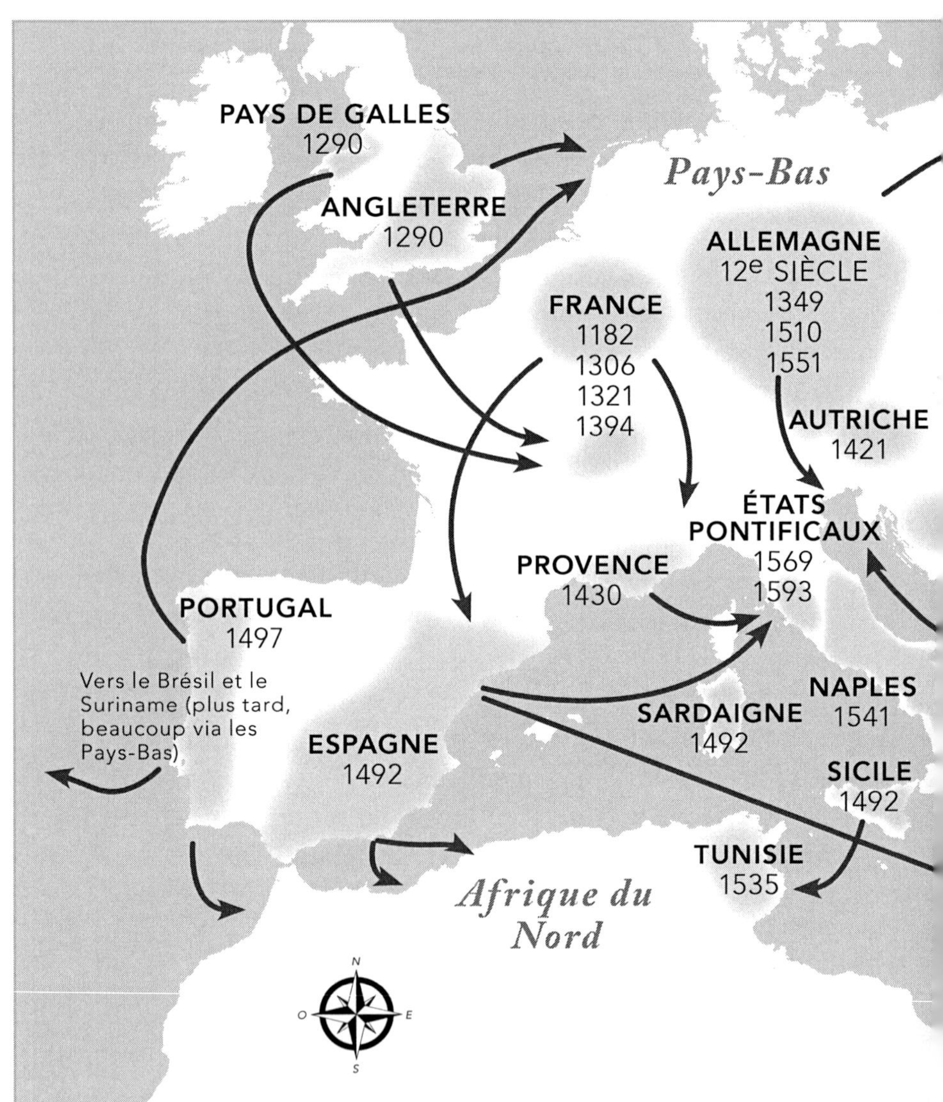

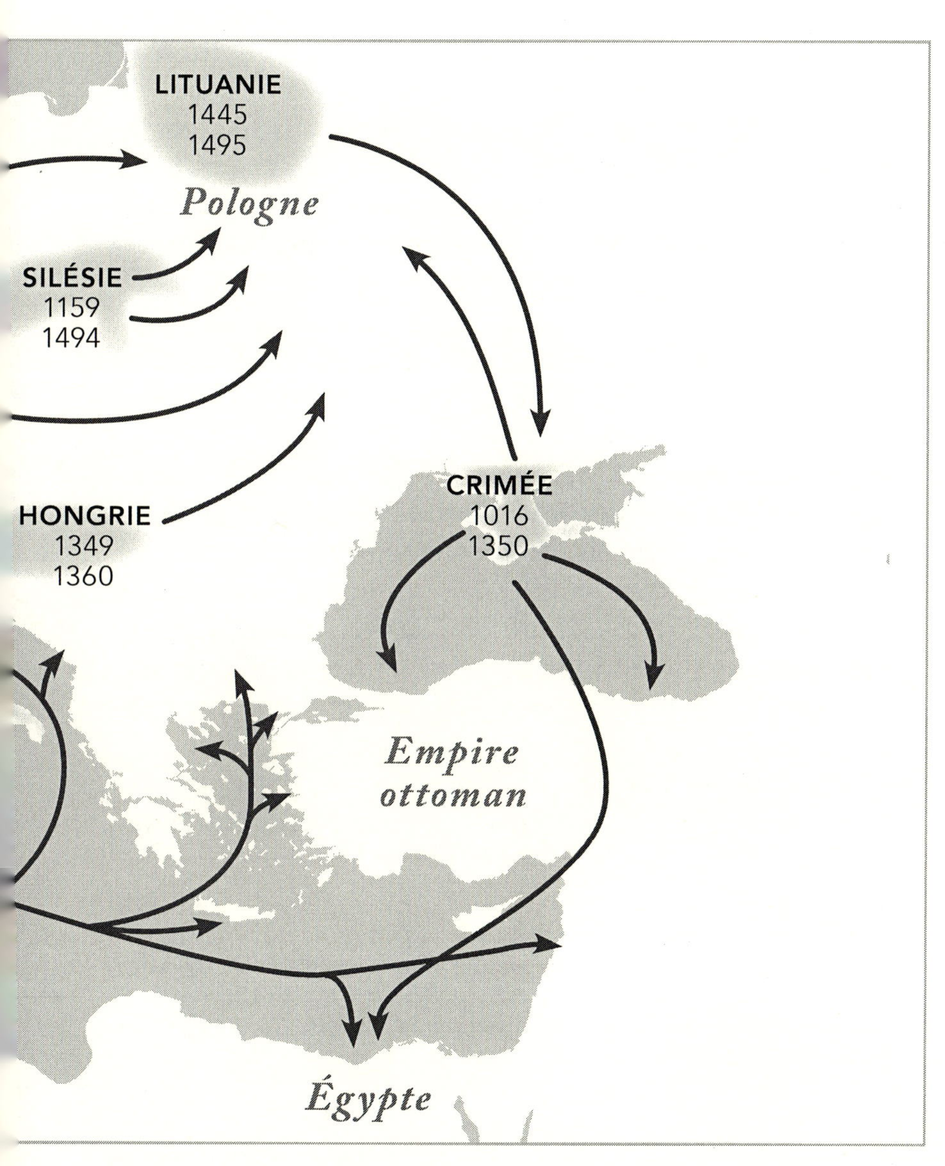
LITUANIE
1445
1495
Pologne
SILÉSIE
1159
1494
CRIMÉE
1016
1350
HONGRIE
1349
1360
Empire
ottoman
Égypte

La transformation de toutes les classes de la société en producteurs de valeurs d'échange, en possesseurs d'argent, les dresse unanimement contre l'usure juive dont le caractère archaïque accentue l'apparence spoliatrice. La lutte contre les Juifs prend des formes de plus en plus violentes. Il fallait que la royauté, traditionnelle protectrice des Juifs, cédât aux revendications répétées des congrès de la noblesse et de la bourgeoisie. D'ailleurs, les monarques eux-mêmes devaient puiser toujours plus souvent dans les caisses de la bourgeoisie, classe qui monopolise bientôt la partie la plus importante des biens immobiliers. Les Juifs, en tant que source de revenus, perdent de plus en plus d'intérêt aux yeux des rois (sans compter que l'expulsion des Juifs était toujours une opération extrêmement profitable).

C'est ainsi que les Juifs sont expulsés progressivement de tous les pays occidentaux. C'est un exode des pays plus développés vers les pays arriérés de l'Europe orientale. La Pologne, plongée en plein dans le chaos féodal, devient le refuge principal des Juifs chassés de partout ailleurs. Dans d'autres pays, en Allemagne, en Italie, les Juifs se maintiennent encore dans les régions les moins évoluées. Lors du voyage de Benjamin de Tudèle [1166-1171], il n'y avait presque pas de Juifs dans les centres commerciaux tels que Pise, Amalfi, Gênes. Par contre, ils étaient très nombreux dans les parties les plus arriérées de l'Italie. Même dans les États de l'Église, les conditions pour le commerce et la banque juifs étaient beaucoup plus fa-

---

la richesse et pour évaluer les revenus de la propriété foncière, on commence à le préférer aux produits naturels. On saisit une évolution semblable en d'autres pays, notamment en Angleterre où elle est encore plus marquée. » Henri Sée, *Esquisse d'une histoire économique et sociale de la France*, p. 61-62.

vorables que dans les riches républiques marchandes de Venise, de Gênes, de Florence.

L'économie marchande expulse donc les Juifs de leurs derniers retranchements. Le Juif, « banquier de la noblesse », est déjà tout à fait inconnu en Europe occidentale vers la fin du moyen âge. Ici et là, de petites communautés juives parviennent à se maintenir dans certaines fonctions économiques subordonnées. Les « banques juives » ne sont plus maintenant que des monts-de-piété où c'est la misère qui emprunte.

C'est la chute totale. Le Juif devient le petit usurier qui prête contre des gages de peu de valeur aux pauvres des villes et des campagnes. Et que peut-il faire avec les gages non retirés ? Il faut les vendre. Le Juif devient petit colporteur, fripier. C'en est complètement fini de l'ancienne splendeur.

C'est alors que commence l'époque des ghettos et des pires persécutions et humiliations [31]. L'image de ces malheureux portant rouelle [insigne que les Juifs devaient coudre sur leur habit] et costumes les ridiculisant, payant comme des bêtes des taxes pour le passage des villes et des ponts, honnis et abaissés, s'est incrustée

---

31. Contrairement à une conception assez répandue, le ghetto est une institution plutôt récente. C'est seulement en 1462 que les Juifs de Francfort sont enfermés dans un ghetto. « Il n'était nullement question d'une telle mesure au moyen âge. Au contraire, les Juifs pouvaient choisir leur demeure d'après leurs désirs et pouvaient se trouver en tout temps dans la ville entière. » Georg Ludwig Kriegk, *Frankfurter Bürgerswiste und Zustände im Mittelalter* [Litiges en droit civil à Francfort et conditions prévalant au moyen âge], Francfort, 1862, p. 441.

Il ne faut pas confondre quartiers juifs et ghettos. Si les premiers sont connus à diverses époques de l'histoire juive, les derniers constituent une institution née de la période où le Juif devient un « petit usurier ». Ainsi, en Pologne, le ghetto constitue une exception et non une règle. Ce qui n'a pas empêché la barbarie hitlérienne de « renvoyer » les Juifs polonais dans les ghettos.

pour longtemps dans la mémoire des populations de l'Europe occidentale et centrale.

Les rapports des Juifs avec les autres classes de la société

L'évolution de la situation sociale et économique des Juifs fut d'une influence déterminante sur les rapports qui les liaient aux autres classes sociales. À l'époque de leur apogée commerciale, ils sont protégés avec sollicitude par les rois et les nobles. Leurs relations avec les paysans sont sans grande importance. Par contre, les rapports des Juifs avec la classe bourgeoise furent hostiles dès son entrée sur la scène de l'histoire.

Éliminé du commerce, le « capital » juif se cantonne uniquement dans l'usure. Cette nouvelle situation a pour résultat le changement d'attitude de la noblesse et de la royauté à l'égard des Juifs. Les seigneurs, dans l'obligation de défendre leurs propriétés menacées, passent souvent à une lutte impitoyable contre les usuriers qui les ruinent. Les rois continuent à « protéger les Juifs » mais en réalité, ils s'en servent pour pomper à leur profit les ressources du pays. Mais aussi longtemps que l'économie échangiste n'a pas encore pénétré dans le domaine rural, la situation des Juifs demeure encore relativement supportable.

C'est seulement lorsque la campagne commence à se « capitaliser », lorsque seigneurs et paysans commencent à conquérir un champ d'activité de plus en plus étendu, que toutes les classes de la société se trouvent d'accord pour persécuter et expulser les Juifs. La victoire de l'économie basée sur l'argent est aussi la défaite de l'ancien « homme d'argent ».

Éliminés de leur rôle de banquiers de la noblesse, quelques Juifs parviennent encore à se cramponner dans les « trous » de l'économie. Devenus tenanciers des monts-de-piété, marchands de vieux habits, colporteurs et fripiers, ils mènent une vie misérable dans de sombres ghettos, en butte à la haine et au mépris du peuple. C'est de plus en plus avec les pauvres, les artisans et les paysans que les Juifs sont uniquement en rapport. Et souvent la colère du peuple, dépouillé par les rois et les seigneurs et obligé d'engager ses dernières hardes chez les Juifs, se tourne contre les murs du ghetto. Les seigneurs et les riches bourgeois qui se servent des Juifs pour exploiter encore le peuple utilisent souvent ces émeutes populaires pour dépouiller les « esclaves de leur trésor ».

A. La royauté et les Juifs

Lorsque l'ennemi des Juifs, Gonzalo Martínez, offrit au roi de Castille trois millions de pièces d'or à condition qu'il chassât les Juifs, le cardinal Gil de Albornoz lui répondit : « Les Juifs sont un trésor pour le roi, un vrai trésor ! Et toi, tu veux les chasser. [...] Tu n'es donc pas un moindre ennemi du roi que des Juifs. »

Encore en 1307, à la suite d'une résolution des prêtres castillans contre l'usure juive, le roi interdit de susciter des difficultés aux Juifs. « Les Juifs », dit un décret à ce sujet, « appartiennent au roi à qui ils paient des impôts et c'est la raison pour laquelle il est impossible d'admettre une quelconque limitation de leur vie économique étant donné que cela porterait préjudice au trésor royal. »

En Pologne, la protection royale a pris des proportions inaccoutumées à cette époque. Ainsi en 1504, le roi polonais Alexandre déclare qu'« il agit envers les Juifs comme il sied aux rois et aux puissants qui ne doivent pas se distinguer seulement par leur tolérance à l'égard des chrétiens, mais aussi envers les adeptes d'autres religions [32] ».

32. Le principe de tolérance religieuse prôné à la fin du moyen âge dans un des pays les plus arriérés de l'Europe ! N'est-ce pas embarrassant

Un autre roi polonais, le roi Casimir Jagellon, dit de même qu'« il fait ce que lui dicte le principe de tolérance imposé par la loi divine ».

La raison de cette attitude n'est pas difficile à comprendre. Les Juifs constituaient pour les rois une source de revenus des plus appréciables. Par exemple en Espagne, ce sont les financiers juifs, les frères Ravia, qui ont permis aux rois castillans de finir heureusement la guerre contre les Maures. D'autres banquiers juifs ont soutenu les rois espagnols dans leur lutte contre la noblesse. Une organisation fiscale spéciale, constituée pour la perception d'impôts juifs, fonctionnait dans plusieurs pays. En Angleterre, le *Scaccarium Judaeorum* permettait d'enregistrer toutes les affaires des Juifs et c'est par son intermédiaire que s'effectuait le recouvrement de leurs créances. Il était dirigé par un collège de sept membres, dont trois Juifs, deux chrétiens et deux employés du roi. Chaque opération de crédit rapportait 10 pour cent au trésor royal.

Il va de soi que la royauté ne pouvait se contenter d'une aussi maigre part. Aussi, les mesures appropriées, telles que des confiscations extraordinaires, venaient suppléer à la carence des impôts normaux.

Juridiquement, les Juifs étaient des *Kammerknechte* [ou *servi camerae regis*], des esclaves du trésor royal, et dans les pays où le pouvoir politique était extrêmement morcelé, les esclaves du trésor des seigneurs. Remplir les caisses des puissants, telle devint leur raison d'être [33].

---

pour les historiens idéalistes qui voient tout le problème juif à travers le prisme des persécutions religieuses ?

33. « Chez des peuples qui ont peu de commerces et de manufactures, le souverain ne peut guère, dans les cas extraordinaires, tirer de ses sujets aucun secours considérable. [...] Aussi est-ce dans ces pays qu'en général, il tâche d'amasser un trésor comme la seule ressource qu'il y ait pour

Dans les lois anglo-saxonnes, il est dit : « *Ipsi Judaei et omnia sua regis sunt* », c'est-à-dire, « les Juifs et tous leurs biens appartiennent au roi. » La législation de l'Espagne du Nord s'exprime de la même façon : « Les Juifs sont esclaves du roi et appartiennent pour toujours au fisc royal [34]. »

Le système était d'une grande simplicité. Les Juifs dépouillaient les seigneurs et les rois écorchaient les Juifs. Mais pour pouvoir les écorcher, il fallait qu'ils fussent là. C'est pourquoi les rois protégeaient les Juifs et stimulaient leurs entreprises par tous les moyens en leur pouvoir.

Mais si le roi, en tant que représentant de l'État, avait intérêt à protéger les Juifs, il ne faut pas oublier qu'il était en même temps un grand seigneur, par conséquent un de leurs grands débiteurs.

Dans ce rôle, il était évidemment tenté de mettre un terme à leurs entreprises, ce qui constituait toujours une opération fort fructueuse. Mais tandis que la volonté des seigneurs de moindre importance de se libérer de leurs dettes et de satisfaire leur convoitise était précisément mise en échec et contenue par la protection que la royauté accordait aux Juifs, le « grand seigneur-roi » n'avait évidemment pas de telles entraves extérieures à surmonter.

« Deux âmes habitaient donc son corps. » En tant que roi, il combattait les revendications de la noblesse et de la

---

de pareilles circonstances. » Adam Smith, *The Wealth of Nations*, p. 414. C'est aux Juifs *servi camerae* qu'incombe la fonction de remplir ce trésor.

34. Une interprétation allemande de cette situation ne manque pas d'une certaine saveur : « Par gratitude pour Flavius Josèphe qui avait guéri son fils, l'empereur Vespasien s'est résolu à protéger les Juifs et [l'empereur] Titus accueillit après la ruine du deuxième temple beaucoup de Juifs qu'il réduisit en esclavage. Depuis ce temps, les Juifs sont esclaves de l'État et c'est comme tels qu'ils doivent être considérés dans l'État allemand parce que les rois germaniques sont les successeurs des puissants empereurs de la Rome antique. »

bourgeoisie et s'opposait aux massacres et à l'expulsion des Juifs ; en tant que le plus grand propriétaire terrien, il avait lui-même le plus grand intérêt aux persécutions dirigées contre les Juifs.

Les moyens dont disposaient les rois pour « extraire » de l'argent de leurs esclaves juifs étaient très variés. Il y avait d'abord les arrestations en masse. On emprisonnait les Juifs sous le premier prétexte venu et on ne les libérait que lorsqu'ils s'étaient acquittés de sommes considérables. Par ce moyen, en 1180, le roi de France Philippe II Auguste a extorqué aux Juifs 15 000 marks. Le comte Alphonse de Poitiers a « encaissé » dans une occasion semblable 20 000 livres.

On usait encore d'autres moyens. On accusait les Juifs d'empoisonner les puits et d'employer le sang des chrétiens pour leurs cérémonies religieuses (procès rituels). En 1321, les Juifs de France sont condamnés à une amende de 150 000 livres pour avoir empoisonné les puits.

Enfin l'opération la plus réussie du genre consistait à expulser les Juifs, à confisquer leurs biens et à les réadmettre ensuite contre paiement de sommes formidables. En 1182, Philippe Auguste chasse tous les Juifs de son royaume et confisque tous leurs biens immobiliers. Il leur permet de rentrer quinze ans plus tard et se fait offrir pour cette « charité » 150 000 marks. À nouveau en 1268, le roi de France Louis IX décrète que tous les Juifs doivent quitter la France et que leurs trésors seront confisqués. Aussitôt après, des pourparlers sont engagés avec ses *servi camerae* et la mesure est rapportée moyennant des cadeaux considérables.

L'expulsion des Juifs en 1306 rapporte au roi de France Philippe le Bel 228 460 livres, somme énorme pour l'époque. Invités à nouveau à rentrer en 1315, les Juifs versent pour cette nouvelle faveur 22 500 livres. Mais déjà six ans plus tard, ils se trouvent obligés de prendre à nouveau le chemin de l'exil.

L'histoire des Juifs de France et du Languedoc [sud de la France] finit en 1394 par leur expulsion définitive, accompagnée de l'épilogue habituel : la confiscation de tous leurs biens.

Ces procédés ne sont pas limités à la France. En 1379, les princes autrichiens emprisonnent tous les Juifs se trouvant sous leur dépendance, ceux-ci ne parviennent à se libérer qu'en s'acquittant de fortes sommes. Les mêmes princes mettent à profit une agitation antijuive parmi les paysans en 1387 pour faire payer aux Juifs 16 000 marks.

L'attitude des rois et des princes envers les Juifs semble donc assez contradictoire. Mais c'est le développement économique qui la détermine en dernière analyse. Là où les Juifs jouent un rôle indispensable dans la vie économique, là où l'économie échangiste ne se développe que faiblement, l'intérêt étatique pousse les rois à protéger les Juifs, à les défendre contre tous leurs ennemis. Ainsi en Pologne, la royauté apparaît toujours comme leur protectrice la plus ferme.

Dans les pays plus développés où l'usure n'est plus qu'un anachronisme, les rois se font moins de scrupules à piller les Juifs. Bientôt la seule puissance financière importante sera celle de la bourgeoisie s'appuyant sur le développement de l'économie et les Juifs perdront tout intérêt aux yeux des rois. Que sont les « banquiers juifs » à côté de financiers tels que les Fugger, les Médicis ?

Voilà ce que dit Schipper à propos de l'importance de ces « banquiers juifs » : « En ce qui concerne l'importance des capitaux des banquiers juifs d'Italie, nous n'avons trouvé parmi les capitalistes juifs que deux familles réellement riches. Mais qu'étaient-ils en comparaison des magnats tels que les Médicis qui, vers 1440, possédaient un demi-million de florins ou Agostino Chigi qui a laissé, en 1520, 800 000 ducats ! » Les banquiers juifs n'avaient à

Pour justifier la confiscation des richesses et des biens des Juifs, les seigneurs féodaux, les rois et le clergé les ont calomniés, en les accusant d'empoisonner les puits et d'utiliser le sang des chrétiens dans leurs cérémonies religieuses.

MUSÉE D'ARCHÉOLOGIE DE HERNE, EN ALLEMAGNE

MARTYRE DE SIMON DE TRENTE PAR GIUSEPPE ALBERTI (1677)
MUSÉE DIOCÉSAIN DE TRENTE, ITALIE.

En haut : Gravure sur bois du quatorzième siècle en France. On y accuse les Juifs de provoquer la « peste noire » en empoisonnant les puits.

En bas : Détail d'une peinture représentant les « meurtres rituels », une calomnie antisémite selon laquelle les Juifs utilisaient le sang d'enfants chrétiens pour faire le pain azyme de la Pâque juive. Pour le meurtre présumé de Simon de Trente, l'enfant représenté ici, huit Juifs ont été exécutés dans le Nord de l'Italie en 1475.

leur disposition que quelques milliers de florins. Il va de soi que dans ces conditions, les Juifs ne pouvaient plus présenter d'intérêt pour les rois. L'ère des grands magnats juifs qui soutenaient le pouvoir royal contre ses ennemis intérieurs et extérieurs était définitivement close.

« Les dépenses croissantes de la guerre, plus coûteuse à mesure que les mercenaires et la flotte y jouent un plus grand rôle, imposent à l'État et aux princes des nécessités les obligeant à alimenter leur trésor à une source nouvelle. Dès lors, il n'y a qu'une chose à faire : s'adresser au tiers état, c'est-à-dire aux villes, et leur demander d'ouvrir la bourse [35]. »

Le déclin de la position économique des Juifs, produit de la « capitalisation » de l'économie, a eu pour effet la perte de la protection que leur avaient accordée les rois et princes. Les rois s'associent activement aux persécutions et au pillage des Juifs.

B. La noblesse et les Juifs

Dans le haut moyen âge, les Juifs étaient indispensables aux nobles en tant que principaux fournisseurs de produits orientaux. Plus tard, le noble dissipateur, vivant sans calcul, avait besoin des Juifs comme réserve d'argent toujours prête à satisfaire ses caprices. Pour beaucoup de seigneurs puissants le Juif était, comme pour les rois, une source de revenus importants. À l'époque où l'autorité royale ne s'était pas encore imposée incontestablement à la noblesse, des conflits fréquents éclatent entre princes, seigneurs et rois pour la possession des Juifs [36].

---

35. Henri Pirenne, *Histoire de l'Europe.*

36. « C'était une chose si fructueuse et si bonne à exploiter que le Juif, que chaque prince cherchait à en avoir le plus possible. Il y avait les Juifs du roi et ceux des seigneurs. Philippe le Bel, en 1299, acheta à son frère

Au douzième siècle, on parle beaucoup du procès entre la comtesse Blanche et le roi Philippe Auguste au sujet du Juif Kresslin qui s'était enfui du territoire de la comtesse pour se réfugier sur les terres du roi.

« À l'exemple des rois, les barons s'étaient appropriés les Juifs. Quand il énumérait ses revenus, un baron disait « mes Juifs » comme il disait « mes terres ». Cette propriété était, en effet, d'un bon rapport. [...]

« Thibaut, comte de Champagne, était aussi convaincu que le roi Philippe de son droit de propriété sur les Juifs qui demeuraient sur ses domaines. Ils concluent en 1198 une convention par laquelle ils se promettaient réciproquement de ne pas retenir les Juifs de l'autre [37]. »

La pratique de conventions au sujet des Juifs se propage rapidement au treizième siècle. Au lieu d'avoir à mener de longs procès, les rois et les princes s'engagent à se livrer réciproquement les Juifs qui se réfugient sur leur territoire. Un accord semblable conclu en 1250 dit qu'aussi bien le roi que les princes conservent leurs droits envers les Juifs « qui sont comme esclaves » (« *Judaeus tam quam proprius servus* »).

« Plus tard, nous voyons des Juifs mis en quelque sorte aux enchères. Philippe II achète au comte de Valois, son frère, tous les Juifs de son comté après avoir eu un procès avec lui au sujet de 43 Juifs dont il réclamait la propriété. Il lui achète en outre un Juif de Rouen qui rapportait 300 livres par trimestre [38]. »

---

pour 20 000 livres tous les Juifs du comté de Valois. » Georges d'Avenel, *Histoire économique de la propriété*, tome 1, p. 111.

37. Georg Bernhard Depping, *Les Juifs dans le Moyen Âge*, p. 174.

38. Jassuda Bédarride, *Les Juifs en France, en Italie et en Espagne*, p. 219-220.

Que sont les « banquiers juifs » à côté de financiers tels que les Fugger, les Médicis ?

CARL BECKER / MUSÉE BERGGRUEN À BERLIN

À la fin du moyen âge, le Juif disparaissait en tant que banquier de la royauté et de la noblesse. « Les « banques juives » n'étaient plus alors que des monts-de-piété où c'est la misère qui empruntait », dit Abram Léon.

En haut : Jacob Fugger (à gauche), dit Jacob le Riche, brûle les dettes de Charles Quint. Les pots-de-vin financés par la famille Fugger en Allemagne ont valu à Charles la couronne du Saint empereur romain en 1519. **En bas à gauche :** Demeure du seizième siècle de la famille Médicis à Rome, l'une des plus riches d'Europe. **En bas à droite :** Détail de la tombe de Lorenzo de Médicis par Michel-Ange, sculptée en 1520-1534.

« Étant donné que les princes électeurs ont le droit d'exploiter dans leurs domaines toutes les mines d'or, d'argent, d'étain, de fer ainsi que les mines de sel, qu'il leur soit aussi permis d'admettre et de posséder des Juifs. » C'est ainsi que s'exprime une « bulle d'or » de l'empereur germanique de l'an 1356.

Bientôt les villes allemandes de plus en plus prospères disputeront aux rois et aux princes le droit de posséder les Juifs. Tout comme entre la royauté et les princes, un accord interviendra aussi avec les villes qui acquerront ainsi une part importante des bénéfices que rapportait l'exploitation des Juifs.

Il va de soi que tous ceux qui profitaient ainsi de l'usure juive ne pouvaient être qu'hostiles à la conversion des Juifs au christianisme. Il est tellement vrai que la religion est le reflet d'une fonction économique que le passage des Juifs au christianisme amenait automatiquement l'abandon de leur profession par les convertis.

« Les conférences provoquées par les nouveaux convertis amenaient toujours sinon la conviction des rabbins qui soutenaient la discussion, du moins la conversion violente d'un certain nombre de Juifs.

« C'était au point que les seigneurs et les évêques eux-mêmes, à qui on enlevait ainsi leurs Juifs et que l'on privait des revenus qu'ils en retiraient, adressèrent à plusieurs reprises leurs plaintes au roi.

« L'évêque Palencia, à la suite d'une conférence provoquée par un Juif converti, Jehuda Mosca — conférence qui avait amené la conversion d'un grand nombre de Juifs — suppliait le roi de venir à son aide, vu que ses ressources allaient être considérablement réduites [39]. »

Le roi anglais Guillaume II [1087-1100], qui allait jusqu'à affermer aux Juifs les revenus des sièges épiscopaux va-

39. Jassuda Bédarride, *Les Juifs en France, en Italie et en Espagne*, p. 205.

cants, forçait les Juifs convertis à retourner au judaïsme pour ne pas perdre les bénéfices qu'il en tirait. Pour empêcher la conversion des Juifs, un autre roi anglais, Henri II, décréta que les biens des Juifs embrassant le christianisme seraient attribués à la couronne, pour compenser les pertes des profits que les Juifs eussent apportés au roi s'ils ne se fussent pas convertis [40].

On voit par là la naïveté de nos historiens idéalistes qui s'imaginent que tous les efforts de la chrétienté tendaient vers la conversion des Juifs et qui croient que toutes les souffrances des Juifs doivent être expliquées par la résistance qu'ils ont opposée à ces efforts. Aussi longtemps que la fonction économique représentée par le judaïsme était nécessaire, on s'opposait à leur assimilation religieuse. C'est seulement quand le judaïsme est devenu superflu économiquement qu'il dut s'assimiler ou disparaître.

Ce n'était naturellement qu'une partie minime de la noblesse qui tirait profit de l'usure juive. Pour la majorité des seigneurs féodaux, le Juif était une cause directe de leur ruine. Pour que le roi ou le prince pussent dépouiller les Juifs, il fallait que la majorité des nobles gémît sous le poids de ses dettes.

Forcés d'abandonner ainsi aux Juifs une partie de la plus-value qu'ils extorquaient aux paysans, il était évident que les nobles essaieraient de la leur reprendre à la première occasion. L'endettement des nobles chez les usuriers juifs contenait en germe des conflits sanglants.

---

40. Lujo Brentano, *Eine Geschichte der wirtschaftlichen Entwicklung Englands*, vol. 1, p. 369. « Il s'introduisait une coutume de confisquer les biens des Juifs qui embrassaient le christianisme. [...] Cette confiscation était une espèce de droit d'amortissement pour le prince ou pour les seigneurs, des taxes qu'ils élevaient sur les Juifs et dont ils étaient frustrés lorsque ceux-ci embrassaient le christianisme. » Voir également Montesquieu, *De l'esprit des lois*, livre XXI, chap. 20.

En 1189, il y eut des excès antijuifs dans une série de villes anglaises : à Londres, à Lincoln, etc.

Une année plus tard éclata la tragédie de York. Les chevaliers débiteurs des Juifs yorkais, sous la direction d'un certain Malebisse, attaquent les Juifs et le *Scaccarium Judaeorum*. Les traites trouvées dans le *Scaccarium* sont solennellement brûlées et les Juifs réfugiés au château doivent subir un siège. L'affaire finit par un suicide en masse des Juifs assiégés. L'habituel épilogue ne manque pas : le roi fait passer en sa possession les dettes des suicidés, étant donné que les Juifs étaient esclaves de son trésor.

Les massacres antijuifs à Londres en 1264, où il y eut 550 victimes, avaient été organisés aussi par des propriétaires fonciers débiteurs des Juifs. Il en est de même en ce qui concerne les émeutes antijuives dans d'autres villes. Ainsi à Canterbury, on commença par assaillir le *Scaccarium Judaeorum*.

Dans l'Europe entière, des assemblées de la noblesse ne cessent de protester contre l'usure juive. Leurs différentes revendications caractérisent le mieux la position des féodaux vis-à-vis des Juifs.

Dans la deuxième moitié du treizième siècle, les cortès castillanes soumettent trois exigences au roi :

1) La réglementation des opérations de crédit juives et la limitation du taux d'intérêt réclamé par les usuriers.

2) L'interdiction du droit héréditaire de possession de terres aux Juifs.

3) Une réforme de l'administration des finances et l'élimination des fonctionnaires et intendants juifs.

Ce seront là les revendications classiques de la noblesse dans tous les pays européens. Elles visent à limiter la part de la plus-value que la noblesse est forcée d'abandonner aux Juifs, à les empêcher de devenir propriétaires terriens et de s'emparer de l'appareil étatique.

C'est seulement au quatorzième siècle que la noblesse espagnole atteignit les premiers résultats dans ce domaine. En 1328, le roi Alphonse IX réduisit le taux d'intérêt à 25 pour cent et annula un quart de toutes les créances des Juifs. En 1371, il y eut une nouvelle amputation de ces créances. C'est à plusieurs reprises que les cortès aragonaises élevèrent des protestations au sujet du taux élevé d'intérêt payé aux Juifs, notamment en 1235, 1241, 1283, 1292, 1300.

Les cortès du Portugal se plaignent en 1361 de l'usure juive qui devient un joug de plus en plus difficile à supporter par la population.

« Dans les cercles de la noblesse et du riche patriciat espagnols, on haïssait les Juifs à cause de leurs fonctions étatiques où ils se montraient des instruments serviles de la royauté, ainsi qu'à cause des gros fermages d'impôts et de taxes par lesquels les magnats juifs augmentaient sans cesse leur fortune [41]. »

En Pologne aussi, les revendications de la noblesse et du clergé contre l'usure juive se font de plus en plus pressantes. Un congrès ecclésiastique qui se tient en 1420 demande au roi des mesures contre la « grande usure juive ». En 1423, Ladislas Jagellon promulgue le statut de Warta qui interdit aux Juifs le prêt sur hypothèques. En 1454, le statut de Nieszawa limite la validité des créances juives pour trois ans. Les *sejmy* (diètes) des nobles parviennent aussi à interdire aux Juifs l'accès des emplois étatiques.

La noblesse polonaise poursuit les mêmes objectifs que la noblesse espagnole : limitation du taux d'intérêt, sauvegarde de ses propriétés, élimination des Juifs des emplois étatiques.

---

41. Ignaz Schipper, *Yidishe Geshikhte*.

Des raisons politiques s'ajoutent aux causes économiques de l'hostilité que nourrissait à l'égard des Juifs la noblesse. « En 1469, les cortès protestent contre l'admission des Juifs aux fermages et la protection dont les entourent les rois. Des procès rituels et des massacres viennent appuyer la pression exercée par la noblesse sur la royauté [42]. »

Les Juifs étaient en effet de solides soutiens de l'absolutisme royal dirigé avant tout contre la noblesse. La plus-value abandonnée par les nobles aux Juifs contribuait à leur forger des chaînes.

Les petits barons haïssaient les Juifs comme créanciers, les grands voyaient en eux une des principales ressources financières sur lesquelles reposait l'indépendance des rois à leur égard.

L'appui financier fourni par les Juifs aux rois leur était indispensable pour lutter contre la noblesse ainsi que pour s'opposer aux exigences croissantes des villes. Ce sont d'abord eux qui permirent aux rois d'entretenir de coûteuses armées de mercenaires qui commencent à se substituer aux hordes indisciplinées de la noblesse. Ces armées servent d'abord la politique extérieure. Ainsi en Espagne, c'est en grande partie la finance juive qui permet aux rois de vaincre les Arabes. « En 1263, le banquier juif Jehuda de Cavallera prête au roi aragonais une forte somme qui lui permet d'équiper une flotte contre les Arabes. En 1276, Cavallera réunit des fonds pour une armée qui combat les Arabes à Valence [43]. »

---

42. Parfois des Juifs passaient aussi à l'offensive. En 1376, le banquier Jekl emploie des bandes de mercenaires contre des débiteurs nobles ayant refusé le paiement de leurs dettes. Son fils engage des mercenaires en vue de lancer une attaque contre Nuremberg, le conseil de cette ville lui ayant confisqué ses maisons.

43. Ignaz Schipper, *Yidishe Geschikhte*.

Mais ce qui est plus grave aux yeux de la noblesse et augmente la liste de ses griefs, c'est l'appui que fournissent les Juifs à la royauté dans la lutte qu'elle mène contre les féodaux.

Nous avons parlé des frères Ravia qui alimentaient l'armée royale en argent et en armes pendant les guerres intérieures que le roi menait contre les nobles insurgés en Catalogne. La noblesse ne pouvait pas pardonner cela aux Juifs. Les frères Ravia tombèrent victimes des assassins ainsi que beaucoup de leurs successeurs.

En ligne générale, la lutte de la noblesse contre les Juifs est beaucoup moins radicale que celle de la bourgeoisie. Le contenu social différent influence l'intensité et les formes de lutte de chaque classe. Tandis que le propriétaire foncier a encore besoin de l'usurier et vise à limiter seulement le champ de ses entreprises, le bourgeois et même le noble embourgeoisé la ressentiront de plus en plus comme une entrave insupportable.

C. La bourgeoisie et les Juifs

Le monopole commercial des Juifs fut un des plus grands obstacles qu'eut à surmonter la bourgeoisie naissante. La destruction de la prédominance commerciale des Juifs était la condition de son développement.

Il ne s'agissait pas d'une lutte de deux groupements nationaux ou religieux pour la domination commerciale, mais d'un conflit de deux classes représentant chacune un système économique différent. La concurrence soi-disant nationale ne fait que refléter ici la transition de l'économie féodale à l'économie échangiste. Les Juifs dominaient le commerce à l'époque où « les grands propriétaires achetaient des ouvrages raffinés et des objets de luxe de grand prix contre de grandes quantités de produits bruts de leurs terres [44] ». Le développement industriel de l'Europe occidentale mit fin à leur monopole [45].

En luttant contre les Juifs, les commerçants indigènes se dressent contre une fonction économique désuète qui apparaît de plus en plus comme une exploitation intolérable du pays par les étrangers.

Les rapports de la classe marchande avec les Juifs après l'éviction de ceux-ci du commerce subirent une modification profonde. Le crédit juif était essentiellement un crédit de consommation. Ce n'est pas aux banquiers juifs que recourent les commerçants pour leurs affaires. De grandes maisons de banque comme les Médicis, les Chigi, les Fugger se développent dans les grandes villes. Plus tard, lorsque l'économie échangiste aura pénétré dans les domaines ruraux, les usuriers juifs seront refoulés par l'influence envahissante de ces grandes banques chrétiennes. Tout comme le commerce précapitaliste que l'économie

44. « Les habitants des villes commerçantes, en important des pays plus riches des ouvrages raffinés et des objets de luxe d'un grand prix, offrirent un aliment à la vanité des grands propriétaires qui en achetèrent avec empressement, moyennant de grandes quantités du produit brut de leurs terres. Le commerce d'une grande partie de l'Europe à cette époque consistait dans les échanges du produit brut du pays contre le produit manufacturé d'un autre pays plus avancé en industrie. » Adam Smith, The *Wealth of Nations*, p. 380.

45. « Aussi longtemps que les matières premières furent le principal produit d'exportation de l'Angleterre, le commerce extérieur se trouva aux mains des commerçants étrangers et des marchands d'étape. [...] *Cela changea au fur et à mesure que les Anglais se mirent à transformer eux-mêmes leurs matières premières, particulièrement la laine. Ensuite les marchands anglais commencèrent à chercher des débouchés pour écouler leur manufacture*, « les marchands entreprenants. » Lujo Brentano, *Eine Geschichte der Wirtschaftlichen Entwicklung Englands*, vol. 2, p. 139. [Italiques ajoutés par AL.]

échangiste chasse des villes, l'usurier est délogé par la pénétration du capitaliste dans le domaine féodal.

Tout autre sera la position des grands marchands envers les Juifs lorsque ceux-ci, au déclin de leur rôle économique, ne seront plus que de petits usuriers prêtant aux artisans et petits boutiquiers. Le Juif n'apparaît plus à cette époque comme concurrent du riche commerçant ou banquier. Il l'intéresse en tant que source intéressante de profit et en tant que moyen d'affaiblir les classes populaires avec lesquelles il était en lutte ininterrompue. Les grands marchands disputeront maintenant les Juifs aux rois et seigneurs. C'est surtout en Allemagne que les villes passent à une offensive générale pour s'emparer des profits que procuraient aux princes le « régal juif ».

Le « régal juif » s'éparpille de plus en plus à partir de la deuxième moitié du treizième siècle. Les villes allemandes, déjà florissantes à cette époque, se mettent à en revendiquer aussi une part. Leur lutte obstinée contre les seigneurs féodaux leur a permis de conquérir une série de libertés tels les tribunaux autonomes, le droit d'administration. Elles tournent leur attention maintenant vers le « régal juif ». Elles s'efforcent de l'arracher aux mains des seigneurs et de l'empereur.

La ville de Cologne obtient en 1252 de son archevêque le droit sur un tiers d'impôts perçus sur les Juifs de la ville. L'évêque de Worms permet en 1293 au conseil urbain d'admettre et de taxer les Juifs [46]. Le 7 mars 1456, l'évêque Burckard engage les Juifs de Halberstadt pour trois ans au conseil de cette ville [47].

---

46. Ignaz Schipper, *Yidishe Geschikhte*, vol. II, p. 225.

47. Max Köhler, *Beiträge zur neueren jüdischen Wirtschaftsgeschichte*. p 3.

Le « régal juif » est conquis :

par Mayence en 1259 ;
par Ratisbonne à la fin du treizième siècle ;
par Nuremberg en 1315 ;
par Spire en 1315 ;
par Zurich en 1335 ;
par Francfort en 1337 ;
par Strasbourg en 1338, etc.

La lutte de ces trois forces : la noblesse, l'empereur et les villes, finit par un compromis dont les Juifs paient les frais.

Ils paieront :

a) À l'empereur :
   1) l'impôt normal (en 1240 les Juifs en versaient un cinquième) ;
   2) un pfennig or que devait payer chaque Juif ou Juive possédant plus de 20 guldens.

b) À la noblesse :
   1) l'impôt annuel ;
   2) l'impôt extraordinaire.

c) Aux villes :
   l'impôt spécial dont le montant est fixé pour chaque Juif au moment où il recevait « la lettre de citoyenneté » (*Burgerbrief*).

De nombreux impôts et impositions extraordinaires venaient s'ajouter à ceux que nous venons de citer. Des moyens semblables à ceux que nous avons rencontrés dans d'autres pays européens furent employés pour extorquer aux Juifs le plus d'argent possible. Les émeutes populaires et paysannes constituaient également une occasion unique de faire payer grassement aux Juifs la protection qu'on leur accordait.

L'accroissement de la puissance des villes augmentait leur pouvoir sur les Juifs. « En 1352 », d'après une autorisation de l'empereur à la ville de Speyer, « les Juifs qui habitaient chez nous nous appartiendront exclusivement, seront notre propriété corps et biens. »

Un accord de 1352 stipule que la ville de Francfort doit payer à l'empereur la moitié des bénéfices qu'elle percevait des Juifs. À Nuremberg, la part de l'empereur s'élevait à deux tiers.

La lutte des classes, dont l'objet était le partage des bénéfices que rapportait l'exploitation des Juifs, se tournait souvent contre ces derniers. « L'évêque de Cologne », dit une chronique de cette ville, « voulait monopoliser pour toujours les profits du « régal juif ». C'est la raison pour laquelle les Juifs furent chassés de cette ville pour toujours. » Les Juifs « des empereurs » étaient maltraités par les princes, ceux des princes par les bourgeois.

D. Rapports des Juifs avec les artisans et paysans

À mesure que l'usure devenait l'occupation principale des Juifs, ils entraient de plus en plus en rapport avec les masses populaires et ces rapports empiraient sans cesse [48]. Ce n'étaient pas les besoins de luxe qui poussaient le paysan ou l'artisan à emprunter chez l'usurier juif mais la détresse la plus noire. Ils engageaient les instruments de travail qui leur étaient souvent indispensables pour assurer leur subsistance.

On peut comprendre la haine que devait éprouver l'homme du peuple pour le Juif en qui il voyait la cause directe de sa ruine, sans apercevoir l'empereur, le prince ou le riche bourgeois qui s'enrichissaient grâce à l'usure juive. C'est en Allemagne surtout, où l'usure juive a pris sa forme la plus « populaire », principalement aux quatorzième et quinzième siècles, que s'est le plus mani-

---

48. Voir les citations données plus tôt dans ce chapitre : Karl Marx, *Le Capital*, Livre 3, p. 631-632.

festée la haine contre les Juifs, haine qui aboutit aux massacres antijuifs et aux « incendies » des Juifs (*Judenbrand*).

« Beaucoup de persécutions antijuives dans la période du moyen âge et dans lesquelles il s'agissait en premier lieu d'anéantir les traîtres doivent être considérées comme des formes médiévales de ce qu'on appelle aujourd'hui une révolution sociale [49]. »

Les premières émeutes contre les Juifs ayant une grande envergure ont lieu entre 1336 et 1338. Elles furent dirigées par le cabaretier Cimberlin, le « roi des pauvres », et d'Alsace elles se sont étendues en Bavière, en Autriche et en Bohême. Mais c'est surtout pendant les années de la « mort noire * », entre 1348 et 1350, que le fanatisme joint à la haine fit des ravages terribles.

À Strasbourg, ce sont les corporations qui prêchent l'anéantissement des Juifs. Mais le conseil urbain, où siège une majorité patricienne qui tire des grands profits de l'usure, se refuse à donner son accord. Des bourgeois tels que Conrad von Winterbourg, le riche Sturin et le riche artisan Schwarber tiennent des discours en faveur des Juifs. Les corporations n'abandonnent pas pour cela leurs revendications antijuives.

En fin de compte, on remet l'affaire à un congrès qui devra se tenir en 1343 et où prendraient part des représentants de l'Église, de la noblesse et des villes. Les revendications des corporations sont soutenues par l'Église et les chevaliers, désireux de se débarrasser de leurs dettes [50].

---

49. Wilhelm Roscher, *Die Juden im Mittelalter*, p. 24.

* Voir le glossaire : Mort noire.

50. L'attitude de la noblesse s'explique probablement par le fait que la riche bourgeoisie était parvenue à s'emparer du « régal juif » et que, par

À la fin du moyen âge, quand des artisans et des paysans réclamaient qu'on annule leurs dettes, cela aboutissait souvent à des pogroms et des massacres de Juifs.

Les émeutes contre les Juifs ont commencé dans les années 1340 en Alsace, puis en Bavière, en Autriche et en Bohème. Pendant les années de la peste, de 1348 à 1350, dit Abram Léon, « le fanatisme joint à la haine fit des ravages terribles ».

Ci-dessus : Massacre de Juifs à Strasbourg (aujourd'hui en France), en 1349, dans une illustration d'époque.

Suite à cela, les Juifs sont déclarés hors la loi « et des incendies juifs se propagent dans toute l'Alsace ».

À Mayence et à Cologne, le patriciat essaya de protéger les Juifs, mais il fut submergé par la vague populaire. Une chronique urbaine d'Augsbourg relate ce qui suit : « En 1384, les bourgeois de Nedlingen, ayant massacré tous les Juifs de Nedlingen, s'emparèrent de leurs biens. Les débiteurs des Juifs, dont le comte d'Etingen, furent libérés de leurs dettes. On a rendu au comte ses gages et traites. Tout cela fut fait par la foule contre la volonté du conseil urbain. »

Les révoltes des paysans s'accompagnaient de massacres des Juifs. En 1431, les paysans du Palatinat en armes marchèrent contre Worms et exigèrent du conseil urbain qu'il leur livrât les Juifs, « étant donné qu'ils les avaient ruinés et dépouillés de leur dernière chemise ». Le conseil s'opposa à ces demandes, vu que c'était lui qui avait le plus profité de l'usure juive. Les seigneurs entrèrent en pourparlers avec lui pour obtenir la résignation des intérêts accumulés sur la pauvreté des paysans.

Les émeutes antijuives en Catalogne et aux îles Baléares portent le même caractère. Les paysans vivant dans une grande misère et fortement endettés chez les Juifs à cause du poids des impôts se révoltent pour se libérer de leurs dettes. Ils brûlent les archives judiciaires.

---

conséquent, les intérêts des chevaliers concordaient avec ceux des masses populaires des villes contre le patriciat.

QUATRE

Les Juifs en Europe jusqu'au dix-neuvième siècle

A. Les Juifs en Europe occidentale après la Renaissance. La thèse de Sombart.

La découverte du nouveau monde et le formidable courant d'échanges qui s'en était suivi sonnèrent le glas de l'ancien monde féodal corporatif. L'économie marchande atteignit un stade plus élevé, brisant les résidus des époques antérieures et préparant, par le développement des manufactures et de l'industrie rurale, les bases du capitalisme industriel. La place des anciens centres de l'industrie corporative et du commerce médiéval tombés en décadence fut prise par Anvers qui devint pendant un certain temps le centre commercial du monde.

Partout, quoique à des époques et dans des formes différentes, le déclin de l'économie productrice de valeurs d'usage avait été accompagné de la décadence de la fonction économique et sociale des Juifs. Une partie importante des Juifs fut obligée de quitter les pays de l'Europe occidentale pour chercher refuge dans les contrées où le capitalisme n'avait pas encore pénétré, principalement en Europe orientale et en Turquie. D'autres se sont assimilés, se sont fondus dans la population chrétienne. Cette assimilation ne fut pas toujours chose aisée. Les traditions religieuses ont longtemps survécu à la situation sociale qui en avait été le fondement. Durant des siècles, l'Inquisition a lutté avec acharnement et barbarie contre les traditions judaïques qui se maintenaient dans la masse des convertis *.

Les Juifs qui pénétrèrent dans la classe marchande acquirent une certaine notoriété sous le nom de « nouveaux chrétiens », principalement en Amérique et aussi à Bordeaux et à Anvers. Encore dans la première moitié du dix-septième siècle, toutes les grandes plantations de sucre étaient aux mains des Juifs au Brésil. Par le décret du 2 mars 1768, tous les registres concernant les nouveaux chrétiens sont détruits. Par la loi du 24 mars 1773, les « nouveaux chrétiens » sont rendus égaux en droit aux anciens chrétiens.

En 1730, les Juifs possèdent au Suriname 115 plantations sur 344. Mais contrairement aux époques antérieures, l'activité des Juifs en Amérique ne portait plus de caractère économique particulier, ne se distinguait en rien de l'activité des chrétiens. Le marchand « nouveau chrétien » se différenciait peu du marchand « ancien chrétien ». Il en était de même du Juif propriétaire des plantations. Et c'est aussi la raison pour laquelle les distinctions juridiques, religieuses et politiques ont rapidement disparu.

Au dix-neuvième siècle, les Juifs de l'Amérique du Sud n'étaient plus qu'une poignée [1]. L'assimilation des Juifs

---

* Voir le glossaire : Inquisition espagnole.

1. Au dix-neuvième siècle, « il y avait dans les républiques de l'Amérique espagnole des centaines de Juifs, commerçants, propriétaires fonciers et

se poursuivait tout aussi rapidement en France et en Angleterre. Les riches marchands juifs de Bordeaux, dont on disait qu'« ils tenaient des rues entières et faisaient un commerce considérable », se considéraient comme complètement intégrés à la population chrétienne. « Ceux qui connaissent les Juifs portugais de France, de Hollande, d'Angleterre savent que, loin d'avoir, comme le dit M. de Voltaire, une haine invincible pour tous les peuples qui les touchent, ils se croient au contraire tellement identifiés avec ces mêmes peuples qu'ils se considèrent comme en faisant partie. Leur origine portugaise ou espagnole est devenue une pure discipline ecclésiastique [2]. »

Les Juifs assimilés de l'Occident ne se reconnaissent aucune parenté avec les Juifs vivant encore dans les conditions de la vie féodale. « Un Juif de Londres ressemble aussi peu à un Juif de Constantinople que celui-ci à un mandarin de Chine. Un Juif de Bordeaux et un Juif allemand de Metz paraissent deux êtres absolument différents. » « Monsieur de Voltaire ne peut ignorer la délicatesse scrupuleuse des Juifs portugais et espagnols à ne point se mêler par mariage, alliance ou autrement avec les Juifs des autres nations [3]. »

---

aussi soldats, mais qui ne savaient plus rien de la religion de leurs pères. » Martin Philippson, *Neueste Geschichte des judischen Volkes* [L'histoire contemporaine du peuple juif], Leipzig, 1907, p. 226.

2. En Angleterre, « certains de ces Juifs espagnols se convertirent au christianisme. [...] Des familles qui sont devenues célèbres par la suite dans le monde entier — les Disraëli, les Ricardo, les Aguilar — ont ainsi abandonné le judaïsme. D'autres familles séfarades furent lentement assimilées par la société anglaise. » Heinrich Hirsch Graetz, *Histoire des Juifs*, Paris, 1882-1897, vol. 6, p. 344.

3. *Lettres de quelques Juifs portugais, allemands et polonais à Monsieur de Voltaire*, V^e^ édition, 1781. Cité par Sombart, *Les Juifs et la vie économique*, Paris, 1923.

À côté des Juifs espagnols, français, hollandais et anglais dont l'assimilation complète se poursuit lentement et sûrement, on trouve encore en Europe occidentale, principalement en Italie et en Allemagne, des Juifs vivant dans des ghettos, jouant principalement le rôle de petits usuriers et colporteurs. C'est un reste lamentable de l'ancienne classe marchande juive. Ils sont avilis, persécutés, soumis à des restrictions innombrables.

C'est en se basant particulièrement sur le rôle économique assez important joué par la première catégorie des Juifs que Sombart présenta sa thèse fameuse sur « les Juifs et la vie économique [4] ». C'est dans ces termes qu'il l'a résumée lui-même :

« Les Juifs favorisent l'essor économique des pays et des villes dans lesquels ils s'installent, mènent à la décadence économique les pays et les villes qu'ils quittent. »

« Ils sont les fondateurs du capitalisme moderne. »

« Pas de capitalisme moderne, pas de culture moderne sans la dispersion des Juifs dans les pays du Nord. »

« La marche d'Israël est comparable à celle du soleil : là où il arrive, fleurit une vie nouvelle. Tout ce qui s'épanouissait avant pourrit dans les lieux qu'il a quittés. »

C'est ainsi, assez poétiquement du reste comme on le voit, que Sombart présente sa thèse. Et voici les preuves à l'appui :

1) « Le grand événement mondial dont il faut se souvenir avant tout, c'est l'expulsion des Juifs d'Espagne (1492) et du Portugal (1495 et 1497). Il ne faudrait jamais oublier qu'un jour avant le départ de Colomb de Palos, « pour découvrir l'Amérique » comme on dit (3 août 1492), 300 000 Juifs quittèrent l'Espagne. »

---

4. Voir Sombart, *Les Juifs et la vie économique*, chapitre 2.

2) Au quinzième siècle, les Juifs furent expulsés des villes commerciales les plus importantes d'Allemagne :

Cologne (1424-1425)
Augsbourg (1439-1440)
Strasbourg (1438)
Erfurt (1458)
Nuremberg (1448)
Ulm (1499)
Ratisbonne (1519).

Au seizième siècle, le même sort les frappa dans nombre de villes italiennes. Ils furent chassés :

en 1492 de Sicile
en 1540-1541 de Naples
en 1550 de Gênes et de Venise.

Ici également la décadence de ces villes coïncide avec le départ des Juifs.

3) Le développement économique de la Hollande à la fin du seizième siècle se caractérise par l'essor du capitalisme. Les premiers marranes * portugais s'établissent à Amsterdam en 1593.

4) Le bref épanouissement d'Anvers comme centre du commerce mondial et comme bourse mondiale se situe exactement entre l'arrivée et le départ des marranes.

Ces preuves essentielles de la thèse sombartienne se laissent réfuter assez aisément :

1) Il est absurde de voir dans la simultanéité du départ de Christophe Colomb « pour découvrir l'Amérique » et l'expulsion des Juifs d'Espagne une preuve de la décadence

* Voir le glossaire : Marranes

des pays qu'ils ont quittés. « Non seulement l'Espagne et le Portugal ne tombèrent pas en décadence au seizième siècle, sous Charles Quint et Manuel, mais atteignirent au contraire l'apogée de leur histoire. Même au début du règne de Philippe II [1556-1598], l'Espagne est encore la première puissance en Europe et les richesses du Mexique et du Pérou qui y sont acheminées sont incommensurables [5]. »

Cette première preuve sombartiste est basée sur une contrevérité criante.

2) D'ailleurs, les chiffres qu'il fournit sur la répartition des réfugiés juifs venant d'Espagne contribuent à démolir sa thèse. D'après lui, sur 165 000 expulsés, 122 000 ou 72 pour cent ont émigré en Turquie et dans les pays musulmans. C'est donc là que l'« esprit capitaliste » des Juifs aurait dû produire les effets les plus importants. Faut-il ajouter que, même si l'on peut parler d'un certain essor économique de l'empire turc sous Soliman le Magnifique [1520-1566], ce pays est resté jusqu'aux temps les plus récents le moins accessible au capitalisme et que, par conséquent, les rayons du soleil s'y sont montrés... très froids ? Il est vrai qu'un nombre assez important de Juifs (25 000) s'est établi en Hollande, à Hambourg, en Angleterre, mais peut-on admettre que la même cause ait produit des effets diamétralement opposés ?

3) La coïncidence que Sombart aperçoit entre le déclin des villes allemandes s'explique facilement par un renversement de la relation causale. La ruine de ces villes n'a pas été provoquée par les mesures prises contre les Juifs. Ces mesures furent au contraire l'effet du déclin de ces villes. D'autre part, la prospérité d'autres cités ne fut pas le résultat de l'immigration juive, mais cette dernière se

5. Lujo Brentano, *Die Anfänge des modernen Kapitalismus*, p. 163.

dirige tout naturellement vers les villes prospères. « Il est évident que le rapport de cause à effet est contraire à celui de Sombart [6]. »

L'étude du rôle économique des Juifs en Italie et en Allemagne à la fin du quinzième et du seizième siècles confirme pleinement cette façon de voir. Il est clair que les monts-de-piété, les affaires des usuriers juifs, étaient supportables aussi longtemps que la situation économique de ces villes était relativement bonne. Toute aggravation de la situation rendait le fardeau de l'usure intenable et le courroux de la population se dirigeait en premier lieu contre les Juifs.

4) L'exemple de la Hollande n'infirme pas, il est vrai, la thèse de Sombart, mais il ne la confirme pas non plus. Si l'on admettait même que sa prospérité fût favorisée par l'arrivée des marranes, rien ne nous y autoriserait encore d'en voir la cause dans leur arrivée. Et comment expliquer, en se basant sur ce critère, la décadence de la Hollande au dix-huitième siècle ? Il semble d'ailleurs qu'on s'exagère le rôle économique des Juifs en Hollande. À propos de la Compagnie hollandaise des Indes orientales dont l'importance pour la prospérité de la Hollande fut décisive, Sayous dit : « Les Juifs n'ont, en tout cas, aucun rôle dans la formation de la première société anonyme par actions vraiment moderne : la Compagnie hollandaise des Indes orientales. Ils n'ont souscrit qu'à peine un pour cent de son capital social et ils n'y ont pas joué un rôle important dans son activité durant les années suivantes [7]. »

---

6. Lujo Brentano, *Die Anfänge des modernen Kapitalismus*, p. 165.

7. André-Émile Sayous, « Les Juifs », dans *Revue économique internationale*, mars 1932, Bruxelles, p. 526.

Il est inexact de dire que les Juifs ont fondé le capitalisme moderne. Leur rôle économique spécifique a cessé précisément quand celui-ci a commencé.

HERITAGE AUCTIONS

QUATRE VUES DE LA FRÉGATE PIERRE ET PAUL PAR ABRAHAM STORCK (1699) / MUSÉE D'AMSTERDAM

Les Juifs n'ont joué aucun rôle dans la formation de la première société par actions anonyme moderne, la Compagnie hollandaise des Indes orientales, dit Abram Léon. Le développement capitaliste de l'Angleterre a eu lieu après l'expulsion des Juifs.

Ci-dessus : Le navire *Pierre et Paul* de la Compagnie hollandaise des Indes orientales dans le port d'Amsterdam avant son premier voyage. **En haut :** Les deux faces d'un ducat d'or portant le logotype de la Compagnie hollandaise des Indes orientales. Cette pièce a été utilisée pour le commerce pendant deux siècles.

Faut-il continuer ? Faut-il montrer le développement économique important de l'Angleterre précisément à l'époque postérieure à l'expulsion des Juifs ? « Si la relation causale établie par Sombart était vraie, comment expliquer qu'en Russie et en Pologne, où le peuple méridional du « désert » était le plus nombreux, son influence sur les peuples nordiques n'ait nullement produit d'épanouissement économique [8] ? »

La théorie de Sombart est donc complètement fausse [9]. Sombart prétend traiter du rôle économique des Juifs, mais il le fait d'une façon complètement fantaisiste, en arrangeant l'histoire à sa façon. Sombart présente une thèse sur les Juifs et la vie économique *en général*, mais il ne s'occupe que d'une période très restreinte de leur histoire. Sombart bâtit une théorie sur les Juifs *en général* et la vie économique, mais il ne s'occupe que d'une minorité de Juifs occidentaux, de Juifs en voie de complète assimilation.

En réalité, même si le rôle des Juifs occidentaux eût été tel que Sombart le présente, encore eût-il fallu en faire abstraction pour la compréhension de la question juive à l'époque actuelle. Sans l'afflux des Juifs orientaux en Europe occidentale au dix-neuvième siècle, les Juifs

---

8. Lujo Brentano, *Die Anfänge des modernen Kapitalismus*, p. 165-166.

9. « Le livre de M. Sombart sur les Juifs comporte une interminable série d'erreurs graves. On dirait le développement rigoureux d'un paradoxe par un homme ayant le génie des exposés très larges. Comme tout paradoxe, il ne contient pas que des idées fausses. Sa partie relative à l'époque actuelle mérite d'être lue, bien qu'elle déforme assez souvent les caractéristiques du peuple sémite. Sa partie historique, en tout cas, est presque ridicule. [...] Le capitalisme moderne est né et s'est développé d'abord au moment où les Juifs, repoussés partout ou presque, n'étaient pas en état de devenir précurseurs. » André-Émile Sayous, « Les Juifs », dans *Revue économique internationale*, p. 533.

occidentaux se seraient depuis longtemps complètement fondus dans le milieu ambiant [10].

Encore une remarque au sujet de la théorie de Sombart : si les Juifs constituaient un tel bienfait économique, si leur départ provoquait l'effondrement économique des villes et des contrées qu'ils quittaient, comment expliquer leur persécution continuelle dans le bas moyen âge ? Expliquer ces persécutions par la religion ? Mais alors, pourquoi la position des Juifs avait-elle été si solide en Europe occidentale dans le haut moyen âge et en Europe orientale jusqu'au dix-neuvième siècle ? Comment expliquer la prospérité des Juifs durant de longs siècles dans les pays les plus arriérés de l'Europe, en Pologne, en Lituanie ? La puissante protection qui leur était accordée par les rois ?

Expliquer la différence de la situation des Juifs par la différence d'intensité du fanatisme religieux ? Mais comment admettre que ce fanatisme religieux soit précisément le plus intense dans les pays les plus développés ? Comment expliquer que ce soit précisément au dix-neuvième siècle que l'antisémitisme se développe le plus fortement en Pologne ?

Il s'agit donc de chercher les causes de la différence existant dans l'intensité du fanatisme religieux. Et on est ainsi ramené à devoir étudier les phénomènes économiques. La religion explique les persécutions antijuives comme la vertu dormitive explique le sommeil. Si les Juifs avaient vraiment joué le rôle que Sombart leur attribue, on aurait du mal à comprendre pourquoi le développement du capitalisme leur fut tellement funeste [11].

---

10. Voir plus loin chapitre 6.

11. Dans l'histoire, « la position des Juifs au moyen âge est comparable sociologiquement à celle d'une caste hindoue, dans un monde sans castes. [...] On ne trouve aucun Juif parmi les créateurs de l'organisation écono-

Il est donc inexact de voir dans les Juifs les fondateurs du capitalisme moderne. Les Juifs ont certainement contribué au développement de l'économie échangiste en Europe, mais leur rôle économique *spécifique* cesse précisément là où commence le capitalisme moderne.

B. Les Juifs en Europe orientale jusqu'au dix-neuvième siècle

À l'aube du développement du capitalisme industriel, le judaïsme occidental était en voie de disparition. La révolution française, en détruisant les dernières entraves juridiques qui s'opposaient à l'assimilation des Juifs, n'a fait que sanctionner un état de choses déjà existant.

Mais ce n'est certes pas l'effet du hasard qu'en même temps que la question juive s'éteignait à l'Occident, elle rebondissait avec une violence redoublée en Europe orientale. À l'époque où l'on massacrait et brûlait les Juifs en Europe occidentale, un grand nombre de Juifs avaient cherché refuge dans les pays où le capitalisme n'avait pas encore pénétré.

Au début du dix-neuvième siècle, l'immense majorité des Juifs habitaient l'Est de l'Europe, principalement l'ancien territoire de la république monarchique de Pologne. Dans ce paradis de la *schliskhta* (petite noblesse) nonchalante, la classe commerciale juive avait trouvé un large champ d'activité. Durant de longs siècles, le Juif y fut marchand, usurier, cabaretier, intendant du noble, intermédiaire en toutes choses. Les petites villes juives, noyées dans une mer de villages paysans, attenant souvent elles-mêmes aux

---

mique moderne, les grands entrepreneurs. [...] Ce genre était chrétien et seulement concevable dans le domaine de la chrétienté. Le fabricant juif, par contre, est un phénomène moderne. » Max Weber, *General Economic History*, p. 358-360.

châteaux des féodaux polonais, représentaient l'économie échangiste au sein d'une société purement féodale. Les Juifs se trouvaient, comme le dit Marx, dans les pores de la société polonaise. Cette situation dura aussi longtemps que demeura immuable l'organisation sociale et politique de la Pologne.

Au dix-huitième siècle, suite au désarroi politique et à la décadence économique, le féodalisme polonais se trouva frappé à mort. En même temps que lui fut ébranlée profondément la position séculaire des Juifs en Europe orientale. Le problème juif, près de disparaître à l'Occident, rebondit avec violence à l'Est de l'Europe. La flamme, près de se consumer ici, reçoit un regain de vitalité par le nouveau foyer d'incendie qui s'est déclaré là-bas. La destruction de la position économique des Juifs en Europe orientale aura pour effet une émigration massive des Juifs dans le monde. Et partout, quoique dans des formes et sous un aspect différent, le flot d'immigrants juifs venant de l'Europe orientale ranima la question juive. C'est par ce côté que l'histoire des Juifs en Europe orientale a certainement été le facteur décisif de la question juive à notre époque.

Les rapports commerciaux des Juifs de l'Europe orientale, de la Bohême, de la Pologne et de la Petite Russie datent de l'époque carolingienne. Le circuit commercial que les Juifs avaient établi dans le haut moyen âge entre l'Asie et l'Europe se prolongeait de cette façon à travers les champs de Pologne et les steppes de l'Ukraine.

Comme leurs coreligionnaires les Radhanites, les Juifs orientaux échangeaient les produits précieux de l'Asie, les épices et les soieries, contre les produits bruts de l'Europe. Ils constituaient le seul élément commercial dans une société purement agricole. À l'époque carolingienne, le régime économique de l'Europe entière étant sensiblement le même, le rôle du judaïsme oriental était semblable à celui du judaïsme occidental. C'est seulement plus tard que leur histoire s'engagera dans des chemins complètement différents.

Les relations de voyage d'Ibrahim ibn Ya'qub (965) témoignent du développement considérable du commerce juif à Prague au dixième siècle. Les Juifs y arrivaient de l'Extrême-Orient et de Byzance, important différentes espèces de marchandises précieuses, des monnaies byzantines et y achetaient du blé, de l'étain et des fourrures.

Dans un document de 1090, on dépeint les Juifs de Prague comme des commerçants et des changeurs de monnaies possédant de grandes sommes d'argent et de l'or. On les présente comme les plus riches marchands de tous les peuples. Des Juifs marchands d'esclaves et d'autres encore venant de l'Extrême-Orient et traversant en caravane la frontière sont aussi mentionnés dans des documents de 1124 et 1226. Le taux d'intérêt chez les banquiers juifs de Prague, dont les affaires étaient fort étendues, oscillait entre 108 et 180 pour cent [12]. Le chroniqueur Gallus dit qu'en 1085, Judith, la femme du prince Ladislas Herman de Pologne, s'efforçait de racheter des esclaves chrétiens chez les marchands juifs.

Des fouilles entreprises au siècle passé ont permis de mettre en lumière toute l'importance économique des Juifs à cette époque en Pologne. On a découvert des monnaies polonaises avec caractères hébraïques datant des douzième et treizième siècles. Ce fait prouve à lui seul que le commerce polonais était aux mains des Juifs. Les invasions tartares au treizième siècle ne sont certainement pas sans avoir laissé d'influence sur les Juifs polonais et russes mais déjà en 1327, le roi polonais Wladyslaw Lokietek octroie un privilège aux marchands juifs de Hongrie venant

---

12. Ignaz Schipper, *Yidishe Geschikhte*, vol. 2, p. 77-81.

à Cracovie. Loin de diminuer, le commerce des Juifs ne fait que prendre de l'extension en Pologne au cours des siècles ultérieurs.

Comme en Europe occidentale, le développement du commerce allait de pair avec l'épanouissement de l'usure. Ici aussi la noblesse, principale cliente des usuriers juifs, s'efforçait d'obtenir la limitation de l'usure juive, contrairement aux rois qui la favorisaient « car les Juifs, en tant qu'esclaves du trésor, doivent toujours avoir de l'argent prêt pour notre service ». Au *Sejm* de 1347, la noblesse, voulant limiter le taux d'intérêt qui atteignait 108 pour cent, s'est heurtée à la résistance résolue de la royauté.

En 1456, le roi Casimir Jagellon proclame qu'en protégeant les Juifs, il s'inspire du principe de tolérance qui lui est imposé par les lois divines. En 1504, le roi polonais Alexandre déclare qu'il agit à l'égard des Juifs comme il convient « aux rois et aux puissants qui se distinguent par la tolérance non seulement à l'égard d'adeptes de la religion chrétienne, mais aussi à l'égard d'adhérents d'autres religions ».

Sous de tels auspices, les affaires des Juifs ne pouvaient que prospérer. Aux treizième, quatorzième et quinzième siècles, les usuriers juifs parviennent à s'emparer d'une partie des terres appartenant aux nobles. En 1389, le Juif Sabetai devient propriétaire d'une partie du domaine Cawilowo. En 1390, le Juif de Cracovie, Iosman, reçoit comme gage les biens du prince Diewiez de Pszeslawic. En 1393, le Juif de Posen [Poznań], Moschko, s'empare du domaine Ponicz. En 1397, les terrains du domaine Abiejesz sont engagés chez le Juif de Posen, Abraham.

Ces terres des nobles sont allouées aux Juifs en pleine propriété. Ainsi, dans le dernier exemple cité, le noble ayant attaqué les possessions transmises à Abraham, le tribunal confirme le droit de possession du Juif et punit l'agresseur d'une forte amende. En 1404, le jugement d'un tribunal énonce que trois villages engagés chez le Juif Schmerlin de Cracovie sont transmis en pleine propriété et pour toujours (*cum omnibus juribus utilitatibus dominio* [...] *in perpetuum*).

Les « banquiers » les plus importants habitaient Cracovie, résidence des rois. Leurs principaux débiteurs étaient en effet les rois, les princes, les voïvodes (gouverneurs), les archevêques. Ainsi Casimir le Grand a emprunté aux banquiers juifs la somme énorme de 15 000 marks. Le roi Louis de Hongrie devait à l'usurier Levko de Cracovie une fois 30 000 guldens et une autre fois 3 000 guldens. Le roi Ladislas Jagellon et la reine Hedwige lui devaient également des sommes importantes.

Levko n'était pas seulement un grand banquier, c'était aussi un gros fermier du royaume. Il a affermé l'hôtel des Monnaies et la frappe, les salines de Wieliczka et de Bochinia. Il possédait à Cracovie des maisons ainsi qu'une brasserie. Tout comme les grands patriciens, il était honoré du titre de *vir discretus* [homme de marque].

L'usure des grands banquiers juifs, tels que Miesko, Jordan de Posen, Aron, qui parvenaient à amasser des biens immenses, qui s'emparaient des villages et des terres, soulevait une tempête de protestations dans la noblesse. Le statut de Warta (1423) a fortement limité l'usure juive. Ainsi en 1432, le Juif Alexandre, chez qui furent engagés en 1427 les villages Dombrowka et Sokolov avec une partie de leur inventaire vivant, est obligé, par décision du tribunal, de rendre ces biens à son débiteur, le statut de Warta ayant interdit le prêt sur gages immobiliers.

Les Juifs et les rois ne se résignèrent pas facilement à cette situation. Une lutte acharnée leur permit d'abolir le statut de Warta. Les banquiers peuvent continuer à étendre leur sphère d'opérations. Ainsi en 1444, le roi engage chez le banquier Schina son palais de Lemberg [Lviv, aujourd'hui en Ukraine]. Cet usurier avait également parmi ses clients le prince Szwidrigiella, le voïvode Chriczka qui avait engagé chez lui le village Winiki, etc.

Mais la noblesse non plus ne se tint pas pour battue. Elle revint continuellement à la charge et réussit à obliger le roi à promulguer le statut de Nieszawa en 1454, qui aggrave encore les dispositions du statut de Warta. Cependant, et ce fait suffit à montrer la différence fondamentale qui existait dans ce domaine entre la Pologne et l'Europe occidentale, les dispositions les plus draconiennes ne furent pas en mesure de mettre fin à l'usure juive.

À partir de 1455, on assiste même à une renaissance du commerce bancaire due surtout à l'immigration des Juifs de Moravie et de Silésie ainsi que d'autres pays. À partir de 1460, les actes de Cracovie témoignent d'une reprise si étendue des transactions usuraires que ce temps rappelle l'époque de Levko et de Schmerlin. Le banquier le plus riche était un certain Fischel qui a épousé la banquière Raschka de Prague et qui fournissait des fonds au roi polonais Casimir Jagellon ainsi qu'à ses fils, les futurs rois Albrecht et Alexandre.

Tandis que la noblesse de l'Europe occidentale, grâce à la pénétration de l'économie échangiste et à l'abondance monétaire, est parvenue à se débarrasser partout de l'usure juive, la persistance de l'économie féodale en Europe la rendait impuissante sur ce terrain. La banque juive a survécu à toutes les interdictions.

L'état arriéré du pays a aussi entravé l'évolution que nous avions observée dans les pays de l'Europe occidentale : l'éviction des Juifs du commerce et leur confinement dans l'usure. La classe bourgeoise et les villes ne commençaient qu'à se développer. La lutte de la bourgeoisie contre les Juifs demeurait à l'état embryonnaire et n'aboutit pas à des résultats décisifs. Aux commerçants se joignent les artisans souffrant de l'usure juive.

Ici aussi, plus tôt une province se développait, plus tôt y naissaient les conflits avec les Juifs. En 1403, à Cracovie, et en 1445, à Boehnie, les artisans provoquent des massacres de Juifs. Mais ces luttes n'étaient qu'épisodiques et n'aboutirent nulle part à l'élimination de l'élément juif. Au contraire, aux seizième et dix-septième siècles, leur situation ne fait que se renforcer et le commerce juif continue à fleurir.

Dans la deuxième moitié du quatorzième siècle, il est question d'un « consortium » de trois Juifs de Lemberg, Schlomo, Czewja et Jacob, formé en vue de fournitures de marchandises italiennes au conseil urbain de Lemberg. Au début du quinzième siècle, les Juifs sont les fournisseurs de la cour royale. En 1456, le *starosta* [administrateur royal] de Kaminiec Podolsky confisque des marchandises orientales d'une valeur de 600 marks chez les marchands juifs se rendant en Pologne des centres commerciaux de la mer Noire. Les Juifs byzantins et italiens de Caffa [en Crimée] effectuaient de nombreux voyages en Pologne. Le Juif Caleph Judaeus de Caffa faisait passer par l'octroi de Lemberg de grandes quantités de marchandises orientales.

Même après la destruction des colonies italiennes de la mer Noire (1475), les Juifs ont continué à entretenir des relations avec l'Orient. À partir de 1467, le Juif David de Constantinople approvisionne régulièrement Lemberg en marchandises orientales. On mentionne même une renaissance du commerce d'esclaves dans la Petite Russie en 1440-1450. En 1449, les livres de justice russes relatent un fait intéressant : une esclave appartenant au Juif Mordecai de Galicie s'étant enfuie, son propriétaire réclamait son retour par voie judiciaire.

Les marchands juifs de Caffa et de Constantinople fréquentaient seulement les grandes foires de Lemberg et de Lublin. C'est là aussi que venaient les Juifs dispersés dans les villes et bourgades russes et polonaises pour acheter les marchandises orientales et les écouler dans les contrées dont ils étaient originaires. Sur les routes conduisant de Lemberg et de Lublin en Petite et Grande Pologne jusqu'à la frontière silésienne, cheminaient les marchands juifs.

Les Juifs franchissaient aussi cette frontière et menaient un commerce très vif avec la Bohême et l'Allemagne. Des lettres de 1588 nous apprennent qu'on transporte du cuir et de la fourrure de Cracovie à Prague et qu'on prête de l'argent à intérêt et contre des gages.

La foire de Lublin servait de lieu de rencontre commercial entre les marchands juifs de Pologne et de Lituanie. Les marchands juifs exportent de la Lituanie des peaux, des fourrures, du bois, du miel et achètent sur la foire de Lublin des épices arrivées de Turquie et des produits manufacturés provenant de l'Europe occidentale. Les livres de la ville de Dantzig mentionnent des marchands juifs de Lituanie qui exportaient, entre 1423 et 1436, du bois, de la cire, des fourrures, des peaux, etc.

La position du judaïsme lituanien était encore plus favorable que celle des Juifs polonais. Jusqu'à l'Union de Lublin (union de la Pologne et de la Lituanie, 1569), les Juifs y jouissaient des mêmes droits que toute la population libre. En leurs mains reposaient le grand commerce, la banque, les douanes, etc. La ferme des impôts et des douanes leur procurait de grandes richesses. Leurs habits scintillaient d'or et ils portaient des épées comme les gentilshommes.

Les actes de la chancellerie lituanienne indiquent que dans la période de 1463-1494, les Juifs avaient affermé presque tous les bureaux de douane du duché lituanien. Bielek, Briansk, Brchiczin, Orodno, Kiev, Minsk,

Novgorod, Jitomir. Des documents des années 1488 et 1489 mentionnent quelques Juifs de Trock et de Kiev exploitant des salines grand-ducales. À la même époque, on commence à rencontrer des Juifs dans le rôle d'aubergiste, profession qui, dans le village polonais et petit-russien, va de pair avec le commerce de l'usure.

Le renforcement de l'anarchie nobiliaire en Pologne n'a pas été sans effets sur la situation des Juifs. Au seizième siècle, leur position demeure très ferme, mais ils passent de plus en plus du contrôle royal sous celui des grands et des petits féodaux. L'amoindrissement de la puissance royale rend de plus en plus la protection royale inefficace et les Juifs cherchent eux-mêmes des protecteurs moins brillants, mais plus sûrs. Le roi Sigismond se plaignait au *Sejm* (Diète) de 1539 :

« La *schliskhta* (noblesse) de notre royaume veut accaparer tous les profits des Juifs habitant les bourgades, les villages et les domaines ; elle exige le droit de les juger ; à cela nous répondons : Si les Juifs résignent eux-mêmes les privilèges à une juridiction autonome que leur avait octroyée les rois, nos aïeux, et qui ont aussi été confirmés par nous, ils abandonnent en fait notre protection et n'ayant plus de profit d'eux, nous n'avons aucune raison de leur imposer par la force nos bontés. »

Il est évident que si les Juifs résignaient « ces bontés », c'est parce que la royauté n'avait plus beaucoup de pouvoir réel dans ce pays dominé par les nobles.

Au seizième siècle, la situation des Juifs s'est affermie. Ils ont reçu à nouveau tous les droits qu'on avait tenté de leur ravir durant le siècle précédent. Leur position économique s'améliore. La puissance grandissante de la noblesse (la Pologne devient un royaume électif en 1569) les prive de la protection des rois, mais les seigneurs féodaux font tout pour stimuler leur activité économique. Les commerçants, les prêteurs à intérêt, les intendants dirigeant les domaines des nobles, leurs auberges, leurs brasseries sont extrêmement utiles aux féodaux passant leur temps à l'étranger dans le luxe et l'oisiveté. « Les petites villes et les domaines appartenant à la *schliskhta* eurent tous leurs entrepôts et auberges juifs. Dans la mesure où il savait trouver grâce aux yeux du seigneur, le Juif s'y mouvait tout à fait librement [13]. »

La situation économique des Juifs était généralement très bonne, mais leur position subordonnée à l'égard de la noblesse sapa les bases de l'autonomie juive très développée qui avait existé en Pologne. « Les conditions générales politiques et économiques de la Pologne ont amené les Juifs à y vivre comme un État dans l'État [14]. »

Avec leurs institutions religieuses, administratives et juridiques particulières, les Juifs y constituaient une classe *particulière* jouissant d'une autonomie intérieure particulière.

Un décret de Sigismond Auguste (août 1551) établit les bases suivantes d'autonomie pour les Juifs de Grande Pologne : les Juifs ont le droit de choisir, après un accord général entre eux, des rabbins et juges qui doivent les administrer. Le pouvoir coercitif de l'État peut être mis à leur disposition.

Chaque ville ou bourgade juive avait un conseil de la communauté. Dans les grandes agglomérations, le conseil de la communauté comprenait 40 membres, dans les petites il en comprenait 10. Les membres de ce conseil étaient élus par un système de vote double.

L'activité de ce conseil était très étendue. Il devait lever les impôts, administrer les écoles, institutions, régler les

---

13. Heinrich Hirsch Graetz, *Histoire des Juifs*.

14. Heinrich Hirsch Graetz, *Histoire des Juifs*.

questions économiques, s'occuper de la justice. Le pouvoir de chaque conseil appelé *Kahal* s'étendait aux Juifs des villages environnants. Les conseils des grandes villes avaient une autorité sur les petites communautés. De cette façon se sont créés des faisceaux de communauté, les *Galiloth*.

Nous avons déjà parlé du *Vaad Arba Aratzoth*, le Conseil des quatre pays. C'était l'assemblée générale des conseils des Juifs de Pologne (la Grande Pologne, la Petite Pologne, la Podolie [le sud-ouest de l'Ukraine] et la Volhynie [le nord-ouest de l'Ukraine]) qui se réunissait à intervalles réguliers et constituait un véritable parlement.

Au dix-septième siècle, les bases de l'autonomie juive commencèrent à chanceler. Ce fut en rapport avec l'aggravation de la situation du judaïsme polonais qui commençait à ressentir les effets désagréables du chaos que traversait la société féodale polonaise. La modification partielle de la situation des Juifs par suite de la diminution de l'autorité royale avait eu comme résultat de mettre les Juifs plus en contact qu'auparavant avec la grande masse de la population servile.

Le Juif, devenu intendant du noble ou cabaretier, était haï à l'égal ou plus même que les seigneurs par les paysans, parce que c'était lui qui était devenu l'instrument principal de leur exploitation. Cette situation amena bientôt de formidables explosions sociales, surtout en Ukraine où l'autorité de la noblesse polonaise était moins ferme qu'en Pologne. L'existence de steppes immenses permit la formation de colonies militaires cosaques où les paysans fugitifs purent préparer l'heure de la vengeance.

L'intendant juif s'efforçait de tirer le plus possible des domaines et d'exploiter le plus possible le paysan. Le paysan petit-russien portait une haine profonde au propriétaire foncier polonais et cela, à double titre de seigneur et d'étranger. Mais il « haïssait encore plus peut-être l'intendant juif, avec qui il avait des relations très étroites, que ses ennemis nobles et leurs commis [15]. » Dans l'intendant juif, avec qui il avait l'occasion de se trouver continuellement en contact, il voyait en même temps un détestable commis du seigneur et un « non-chrétien » qui lui était étranger par sa religion et son genre de vie.

La formidable révolte cosaque de Chmielnicki de 1648 a pour effet d'anéantir 700 communautés juives *. Cette révolte montre en même temps l'extrême fragilité du royaume anarchique de la Pologne et prépare son démembrement. À partir de 1648, la Pologne ne cesse d'être en proie aux invasions et aux troubles intérieurs.

Avec la fin de l'ancien état de choses féodal en Pologne finit aussi la situation privilégiée du judaïsme. Les massacres le déciment. L'anarchie qui règne dans le pays rend impossible toute activité économique normale.

L'aggravation de la situation des Juifs fait chanceler les anciennes bases idéologiques du judaïsme. La misère et les persécutions créent un terrain propice pour le développement du mysticisme. L'étude de la *Kabbale* ** commence à remplacer celle du Talmud. Des mouvements messianiques comme celui de Sabbatai Tsevi *** prennent une certaine extension.

Il est aussi intéressant de rappeler la conversion au christianisme de [Jacob] Frank [1726-1791] et de ses adhérents. « Les frankistes demandaient qu'on leur donnât un territoire spécial parce qu'ils ne voulaient pas exploiter les

---

15. Heinrich Hirsch Graetz, *Histoire des Juifs*.

* Voir le glossaire : Pogrom de Chmielnicki.

** Voir le glossaire : *Kabbale*

*** Voir le glossaire : Tsevi, Sabbatai

paysans et vivre de l'usure et de l'exploitation des cabarets. Ils veulent plutôt travailler la terre [16]. »

Ces mouvements ne prirent pas une grande extension parce que la situation du judaïsme n'était pas encore compromise définitivement. C'est seulement à la fin du dix-huitième siècle que la société féodale polonaise commença à s'effondrer réellement sous les coups conjugués de l'anarchie intérieure, de la décadence économique et de l'intervention étrangère. C'est alors que commencèrent à se poser pour le judaïsme les problèmes de l'émigration et du passage à d'autres professions (« productivisation »).

16. Heinrich Hirsch Graetz, *Histoire des Juifs*.

CINQ

L'évolution de la question juive au dix-neuvième siècle

Dans leur immense majorité, les Juifs se trouvaient concentrés au début du dix-neuvième siècle dans les pays arriérés de l'Europe orientale. En Pologne, il y avait plus d'un million de Juifs au moment du partage de ce pays [1772, 1793, 1795]. D'après le recensement russe de 1818, la composition sociale du judaïsme oriental était la suivante :

	COMMERÇANTS	ARTISANS	AGRICULTEURS
Ukraine	86,5 %	12,1 %	1,4 %
Lituanie et Russie blanche	86,6 %	10,8 %	2,6 %
Ensemble	86,5 %	11,6 %	1,9 %

Le pourcentage d'artisans et d'agriculteurs dénote le commencement de la différenciation sociale du judaïsme. Mais en ligne générale, la structure du judaïsme oriental n'a pas encore subi de changements importants ; elle reste ce qu'elle avait été des siècles durant.

Certaines relations de voyage des soldats ayant participé à la campagne de Napoléon en Russie constituent des témoignages précieux concernant la vie des Juifs au début du dix-neuvième siècle. « Beaucoup d'entre eux, dit von Furtenbach, afferment et dirigent des domaines seigneuriaux et exploitent des auberges. Tout se trouve entre leurs mains. Ils prêtent de l'argent aux seigneurs et aux paysans et ils vont acheter des marchandises à Leipzig [1]. »

Un autre soldat, le Français Puibusque, donne dans ses *Lettres sur la guerre de Russie* des informations intéressantes sur le rôle des Juifs dans la vie économique du pays.

Ils étaient les intermédiaires entre les paysans et les seigneurs. Les seigneurs leur affermaient des auberges en les obligeant d'y vendre seulement des boissons fabriquées sur leurs domaines. À l'occasion des fêtes, lors des baptêmes, des enterrements, des mariages, les paysans étaient obligés d'acheter au moins un seau d'eau-de-vie. Les Juifs leur vendaient à crédit, mais en exigeant de gros intérêts. Ils intervenaient dans toutes les opérations commerciales de la contrée. Ils étaient aussi banquiers [2].

L'auteur raconte que de constantes relations d'affaires lient les Juifs polonais à leurs frères d'Allemagne. Ils se servent de leur propre poste et sont informés des cours boursiers de toute l'Europe [3].

L'auteur du *Voyage de l'officier moscovite V. Bronevsky de Trieste à Constantinople en 1810* dit : « On devrait appeler la

---

1. Friedrich von Furtenbach, *Krieg gegen Russland und russiche Gefangenschaft* [La guerre contre la Russie et l'emprisonnement russe], Nuremberg et Leipzig, 1912, p. 101 et 204.

2. Louis-Guillaume de Puibusque, *Lettres sur la guerre de Russie en 1812*, Paris, 1816, p. 179-181.

3. *Yivo Studies in History* [Études d'histoire de l'institut Yivo], Vilnius, 1937, vol. 2, p. 521.

En Europe orientale précapitaliste, les taverniers juifs prêtaient aux seigneurs et aux paysans. Quand l'industrie et le commerce urbains ont supplanté ceux des petites villes, les Juifs et leurs familles en ont beaucoup souffert.

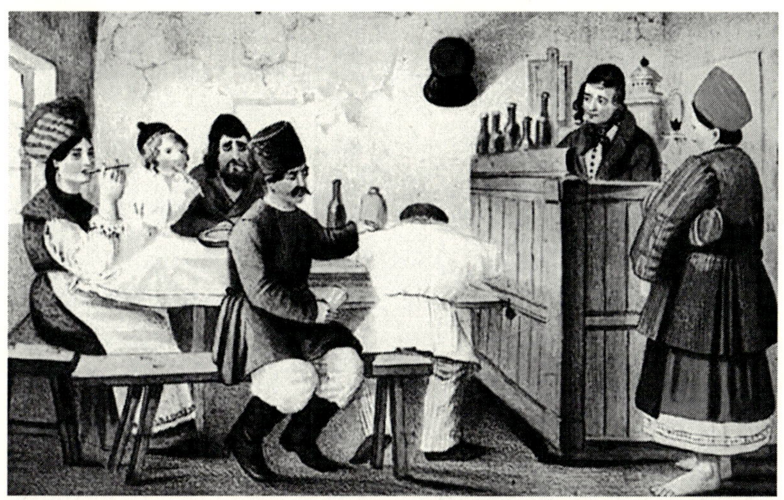

GUSTAW PILLATI

En haut : Tavernier juif en Russie, milieu du dix-neuvième siècle.

En bas : Clients chrétiens de la taverne juive de Wilanów, en Pologne.

Les seigneurs féodaux louaient aux Juifs des tavernes et des auberges à condition qu'on n'y vende que des boissons produites par le manoir seigneurial. Les taverniers, qui faisaient crédit à des taux très élevés, agissaient également comme de petits banquiers.

Pologne en toute justice un royaume juif. [...] Les villes et les petites villes sont habitées principalement par eux. On trouve rarement un village sans Juif. Les auberges juives jalonnent les grandes routes. [...] À part quelques rares domaines qui sont administrés par les seigneurs mêmes, tous les autres sont affermés ou engagés chez les Juifs. Ils possèdent des capitaux formidables et personne ne peut se passer de leur aide. Seuls quelques très riches seigneurs ne sont pas enfoncés jusqu'au cou dans les dettes chez les Juifs [4]. »

« Les Juifs dans les villages », écrit Kamanine dans les *Archives de la Russie méridionale et occidentale*, « se bornent à affermer les moulins, les débits de boisson et les auberges. Il n'y a presque pas de village sans son « fermier » [collecteur d'impôts] juif. À tel point que les recensements confondent souvent la notion de « fermier » avec celle de Juif et lient la profession à la nationalité ou à la religion. Au lieu d'écrire « il n'y a pas de Juif dans le village, » on écrit : « Il n'y a pas de « fermier » dans le village [5]. »

Mais en pensant décrire le présent, ces divers auteurs ne peignaient plus que le passé. La situation séculaire du judaïsme en Europe orientale était entraînée, très lentement il est vrai, dans le courant de l'économie capitaliste. Avant même de se substituer à l'ancien, le nouveau régime le brisait.

La décadence du féodalisme précédait son remplacement par les nouvelles formes capitalistes. « Tandis que l'accroissement numérique du judaïsme exigeait de

---

4. Cité par Wolf Doubnov dans « Zu der ökonomischer Geschichte von der Juden in Russland » [Sur l'histoire économique des Juifs en Russie], dans Jacob Lestschinsky, *Schriftn far Ekonomik un Statistik* (en yiddish), National Yiddish Book Center, Berlin, 1928, vol. 1, p. 92.

5. Cité par Jacob Lestschinsky, *Le développement du peuple juif au cours des cent dernières années*, (en yiddish), Berlin, 1928, p. 55.

nouvelles possibilités d'existence, les anciennes positions économiques vacillaient sur leur base. […] Les Juifs, adaptés depuis des siècles à l'économie naturelle, sentaient le sol se dérober sous leurs pieds. […] Dans cette économie antérieure peu développée, ils étaient des intermédiaires et avaient eu longtemps le monopole de l'échange. […] Le processus de capitalisation en Russie et en Pologne amène maintenant les propriétaires fonciers à s'occuper eux-mêmes de diverses branches de la production et à en refouler les Juifs. Seule une petite partie de Juifs riches put trouver dans cette nouvelle situation un terrain d'activité favorable [6]. »

Mais l'immense majorité des Juifs, composée de petits commerçants, cabaretiers, colporteurs, souffrait beaucoup du nouvel état de choses. Les anciens centres du commerce de l'époque féodale dépérissaient. De nouvelles cités industrielles et commerciales se substituaient aux petites villes et foires. Une bourgeoisie indigène commençait à se développer.

« La situation économique des masses juives était devenue tellement critique, même encore avant le partage de la Pologne, que les questions de la transformation de la structure sociale des Juifs et de leur émigration se sont posées d'elles-mêmes [7]. » L'émigration ne pouvait s'effectuer à cette époque qu'à l'intérieur des frontières des États qui s'étaient partagé la Pologne. Les masses juives s'efforçaient de quitter les régions décadentes et arriérées de l'ancien royaume nobiliaire, aux possibilités d'existence de plus

---

6. S. B. Weinryb, *Neueste Wirtschaftsgeschichte der Juden in Russland und Polen* [Histoire économique contemporaine des Juifs en Russie et en Pologne], Breslau, 1934, p. 5-8.

7. Jacob Lestschinsky, *Le développement du peuple juif au cours des cent dernières années*, p. 25.

La population juive en Europe, 1890

Les expulsions des Juifs d'Europe occidentale à la fin du moyen âge ont provoqué un exode vers l'Europe orientale et la Russie, où les relations féodales prévalaient encore. Ces régions sont devenues un refuge pour les Juifs chassés des territoires où le capitalisme avait commencé à se développer.

SUÈDE
4 000
4 341 000
N
O
E
S
POLOGNE RUSSE
1 000 000
6 026 000
EMPIRE RUSSE
2 552 500
73 114 000
AUSTRICHE-HONGRIE
1 643 700
36 678 000
ROUMANIE
265 000
5 043 000
SERBIE
3 000
1 377 000
mer Noire
ITALIE
40 400
26 801 000
EMPIRE OTTOMAN
115 000
8 500 000
GRÈCE
3 000
1 460 000
mer Méditerranée

en plus réduites, pour trouver de nouvelles occupations dans les parties plus développées des empires héritiers de la Pologne.

Déjà en 1776 et en 1778, quelques communautés juives polonaises demandent au gouvernement russe la permission d'immigrer en Russie. « Au début du dix-neuvième siècle, un large courant d'émigration se dirigeait de l'ancienne Pologne vers la Russie [8]. » Il en était de même dans les régions annexées par la Prusse et l'Autriche. Les Juifs se dirigeaient vers Berlin, vers Vienne, vers tous les centres où battait le pouls d'une nouvelle vie économique, où le commerce et l'industrie leur offraient de vastes débouchés. « L'émigration juive de la Podolie, de la Volhinie, de la Russie blanche et de la Lituanie vers la Russie ; celle des Juifs posnaniens et polonais en Angleterre et même en Amérique : tout cela prouve que les Juifs de l'Europe orientale cherchaient des pays d'immigration déjà dans la première moitié du dix-neuvième siècle [9]. »

Cette volonté de s'expatrier allait de pair avec les tentatives de rendre les Juifs « citoyens utiles », de les adapter à la nouvelle situation en en faisant des artisans et des agriculteurs. Le « Grand *Sejm* » polonais de 1784-1788 avait déjà à l'ordre du jour le problème de la « productivisation » des Juifs [10]. Tous les gouvernements qui avaient reçu en héritage une partie du judaïsme polonais considéraient sa structure sociale comme une anomalie. Des essais ont été

8. Jacob Lestschinsky, *Le développement du peuple juif au cours des cent dernières années*, p. 28.

9. Jacob Lestschinsky, *Le développement du peuple juif au cours des cent dernières années*, p. 29.

10. Jacob Lestschinsky, *Le développement du peuple juif au cours des cent dernières années*, p. 30.

tentés pour transformer les Juifs en ouvriers de fabrique. Des primes ont été allouées aux artisans qui donneraient de l'occupation aux apprentis juifs ainsi qu'aux Juifs qui deviendraient des apprentis [11].

Des milliers de Juifs ont aussi été installés comme colons dans certaines régions de la Russie. Le tsar Alexandre Ier [régna de 1801 à 1825] encouragea cette colonisation. Ces villages, malgré de grandes difficultés au début, sont cependant parvenus à s'acclimater à la longue.

« Deux procès caractérisent le développement du peuple juif au cours du dernier siècle : le procès d'émigration et le procès de différenciation sociale. [...] La décadence du système féodal et de la propriété servile, parallèlement à la croissance du capitalisme, ont créé de nouvelles sources de subsistance, mais ont détruit, dans une mesure bien plus large, les positions d'intermédiaires dont vivait la plus grande partie du peuple juif. Ces procès ont poussé les masses juives à changer leurs lieux de résidence, leur aspect social. Ils les ont forcées à chercher une nouvelle place dans le monde et une nouvelle occupation dans la société [12]. »

Au début du dix-neuvième siècle, le procès de « productivisation » n'est encore qu'à ses commencements. D'une part, la décadence de l'économie féodale se poursuit assez lentement et les Juifs peuvent encore s'accrocher longtemps à leurs anciennes positions. D'autre part, le développement du capitalisme revêt encore des formes assez primitives et un grand nombre de Juifs trouvent un vaste

---

11. Jacob Lestschinsky, *Le développement du peuple juif au cours des cent dernières années*, p. 32-34.

12. Jacob Lestschinsky, *Le développement du peuple juif au cours des cent dernières années*, p. 1.

Deux processus ont marqué le peuple juif au dix-neuvième siècle et au début du vingtième siècle : émigration et prolétarisation.

BBIBLIOTHÈQUE DU CONGRÈS

Le déclin du féodalisme et la croissance rapide du capitalisme ont forcé les Juifs d'Europe orientale à chercher de nouvelles patries et de nouvelles occupations.

Ci-dessus : Émigrants sur un bateau vers les États-Unis, 1890. **En bas :** Grodno, Biélorussie, au tournant du vingtième siècle. Les Juifs quittent leur village d'Europe orientale pour échapper aux pogroms, à la conscription et au chômage.

PHOTO D'ARRIÈRE-PLAN : COLLECTION DE PHOTO YAD VASHEM, JÉRUSALEM

En haut à gauche : New York, 1913. Ouvriers du textile en grève avec des pancartes en yiddish, en italien, en russe et en anglais. **En haut à droite :** *Gauchos* (éleveurs) juifs dans le nord-est de l'Argentine. À partir des années 1890, des dizaines de milliers de Juifs d'Europe orientale ont émigré en Argentine.

En bas : Travailleurs d'un petit atelier de confection, Tarnów, Galicie (Pologne actuelle), 1905.

champ d'occupations dans le commerce et l'artisanat [13]. Ils jouèrent un rôle d'intermédiaires commerciaux très actifs pour la jeune industrie capitaliste et contribuèrent à la capitalisation de l'agriculture.

En général, on peut considérer que jusqu'à la fin du dix-neuvième siècle s'effectue la pénétration des Juifs dans la société capitaliste. C'est aussi à ce moment-là que des masses considérables de Juifs sont obligés de quitter l'Europe orientale.

La moyenne annuelle de l'émigration juive fut :

1830 à 1870	de 4000 à 5000
1871 à 1880	de 8000 à 10000
1881 à 1900	de 50000 à 60000
1901 à 1914	de 150000 à 160000

Durant la première période qui va jusqu'à 1880, on assiste surtout à une émigration intérieure qui se dirige vers les grandes villes. De 1830 à 1880, lorsque l'émigration annuelle ne dépassait pas 7000, le peuple juif est passé de 3281000 à 7763000 âmes. Ce considérable accroissement naturel fut donc absorbé en grande partie à l'intérieur des pays qu'habitaient les Juifs. Quel extraordinaire changement à partir de 1881 et surtout à partir de 1901 où l'émigration juive atteint le chiffre vraiment impressionnant de 150000 à 160000 par an ! Quelles sont les causes de ce changement ?

13. Significative est la lutte entre l'*haskala* (mouvement d'émancipation) et l'orthodoxie. Cette opposition entre ceux qui veulent transformer aussi bien la vie économique du judaïsme que sa vie culturelle et les tenants des anciennes traditions reflète l'antagonisme entre la nouvelle bourgeoisie juive profitant du développement capitaliste et tendant à l'assimilation complète et les anciennes couches féodales attachées à leur ancien mode d'existence. Cette lutte se poursuit au cours de tout le dix-neuvième siècle pour aboutir à la défaite des assimilateurs. Cette défaite est causée moins par la solidité des anciennes formes économiques que par la fragilité des nouvelles.

Les migrations juives d'Europe orientale (1880-1924)

L'essor des villes et de l'industrie capitaliste en Europe orientale a rongé les amarres économiques des Juifs, entraînant une émigration et une prolétarisation massives. Il a également entraîné des pogroms et des persécutions antisémites à travers l'Europe.

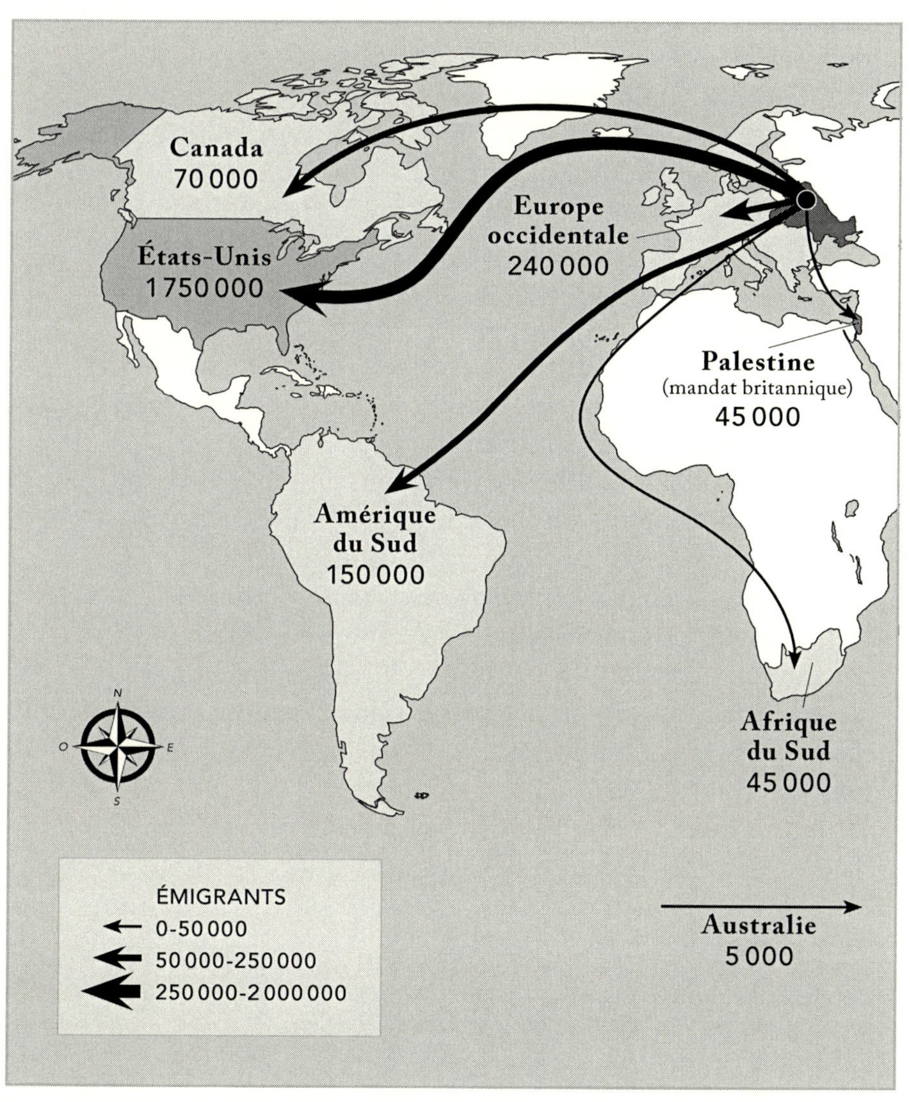

Le processus de capitalisation de l'économie russe fut accéléré par la réforme de 1863. L'agriculture commença à produire de plus en plus pour le marché. Les liens de servitude et de contrainte féodale se relâchèrent. La différenciation sociale progressa rapidement au village. Une partie des paysans se transformèrent en fermiers aisés, une autre partie se prolétarisa. La capitalisation de l'agriculture eut pour effet d'ouvrir un important marché intérieur pour les moyens de production (machines, etc.) et pour les articles de consommation.

La production capitaliste agricole implique en effet :

1) La division du travail à l'intérieur de l'agriculture due à la spécialisation de ses branches.

2) Une demande croissante de produits manufacturés par les paysans enrichis et par la masse prolétarisée qui ne dispose que de ses bras pour vivre et qui doit acheter sa subsistance.

3) La production agricole en vue du marché nécessite un emploi de plus en plus étendu de machines, ce qui développe l'industrie des moyens de production.

4) L'accroissement de la production de moyens de production entraîne un accroissement continuel de la masse prolétarienne dans les villes, ce qui contribue aussi à élargir le marché pour les moyens de consommation.

Ces vastes possibilités du marché intérieur offrirent l'occasion aux masses juives refoulées de leurs anciennes positions économiques de s'intégrer dans l'économie capitaliste. Les ateliers, les petites industries prirent une grande extension.

Tandis que le forgeron ou le paysan non juifs trouvaient l'accès de la fabrique ou de la mine, les masses prolétarisées juives affluaient dans les petites industries produisant des articles de consommation [14].

---

14. Ce processus est analysé plus loin dans ce chapitre.

Mais il y a une différence essentielle entre la transformation du paysan ou du forgeron en ouvrier métallurgiste et la transformation du marchand juif en artisan ou ouvrier tailleur. Le développement capitaliste des branches de l'industrie lourde s'accompagne d'un *changement des conditions matérielles de production.* Non seulement le moyen de production change de destination mais il change aussi de *forme.*

L'outil primitif devient la machine moderne et perfectionnée. Il n'en est pas de même du moyen de consommation. Qu'il soit produit pour l'usage propre, pour le marché local ou pour le marché mondial, le vêtement ne change pas d'aspect et l'outillage ne varie guère. Il n'en est pas de même de l'outil qui se transforme en machine de plus en plus perfectionnée et *nécessite l'investissement de capitaux de plus en plus considérables.*

Pour monter la fabrication des machines, il faut disposer dès le début de grands capitaux. Cela s'explique surtout au commencement par la longueur de la période de travail, « le nombre des journées de travail formant un tout qui sont nécessaires dans une industrie déterminée pour fournir tel produit fini [15] ». « Suivant la durée plus ou moins longue de la période de travail que la nature spécifique du produit ou de l'effet utile à obtenir exige pour leur réalisation, il faut une dépense supplémentaire et continue de capital circulant (salaires, matières premières, matières auxiliaires) [16]. »

C'est la raison pour laquelle, dès le début, la production des moyens de production a lieu sous la forme capitaliste

15. Karl Marx, *Le Capital*, Livre 2, éditions du Progrès, Moscou, 1983, p. 227.

16. Karl Marx, *Le Capital*, Livre 2, p. 228.

de grande entreprise tandis que la production des moyens de consommation peut continuer à s'exécuter dans les mêmes ateliers artisanaux qu'auparavant.

C'est seulement plus tard que la grande fabrique refoule aussi dans ce dernier domaine l'atelier et les méthodes de travail désuètes. Cela a lieu à la suite d'inventions de machines de travail perfectionnées qui s'imposent ainsi dans le secteur des moyens de consommation. Ici, c'est donc l'accroissement du capital fixe qui joue un rôle prépondérant [17]. De cette façon sont nivelées les conditions de production dans les deux secteurs principaux de l'économie. « Le fait que la machine à vapeur cède sa valeur chaque jour et par fractions aux filés, produit d'un procès de travail discontinu, ou qu'elle la cède pendant trois mois à une locomotive, produit d'un acte de production continu, ne change absolument rien à la dépense de capital nécessaire à l'achat de la machine à vapeur. [...] Dans les deux cas, le renouvellement de la machine à vapeur ne se fait peut-être qu'au bout de vingt ans [18]. »

La libération des paysans en Russie avait créé un large marché pour les produits manufacturés. À la place de l'économie encore en grande partie féodale s'installe la production des valeurs d'échange. La Russie commence à devenir le grenier de l'Europe. Les villes, centres du commerce et de l'industrie, se développent rapidement. Les Juifs quittent en masse les petites villes pour s'installer dans les grandes agglomérations urbaines où ils contribuent fortement à développer le commerce et l'industrie artisanale des moyens de consommation. En 1900, sur 21 villes importantes de Pologne, les Juifs avaient la majorité

17. La longue persistance du système du travail à domicile a sa base dans la faiblesse du capital fixe qui y est nécessaire. Voir Max Weber, *General Economic History*, p.160.

18. Karl Marx, *Le Capital*, Livre 2, p. 227-228.

absolue dans 11. L'immigration des Juifs dans les grandes villes s'accompagne d'une différenciation sociale qui fait chanceler les bases traditionnelles du judaïsme.

Mais le développement du secteur des moyens de production entraîne une mécanisation de l'agriculture et de l'industrie légère. Les machines commencent à faire une concurrence acharnée aux petits ateliers d'artisans juifs. Vers la fin du siècle dernier, une grande masse d'ouvriers non juifs immigre vers les grandes villes où le rythme de l'augmentation de la population juive diminue et marque même un arrêt complet [19]. Les industries artisanales juives développées par l'élargissement du marché intérieur succombent en grande partie à cause de la mécanisation et de la modernisation de l'industrie.

Il fut difficile à l'artisan juif de lutter avec les masses paysannes affluant des campagnes, ayant un standard de vie très bas et habituées depuis toujours au dur labeur physique. Bien entendu, à certains endroits les ouvriers juifs, surmontant toutes les difficultés, trouvèrent également place dans les industries mécanisées. Mais en grande partie à la fin du dix-neuvième siècle et au début du vingtième siècle, ils durent prendre le chemin de l'exil. Le processus de la transformation du marchand précapitaliste juif en ouvrier artisanal s'est croisé avec un autre processus, celui de l'élimination de l'ouvrier juif par la machine [20].

---

19. « Au dix-neuvième siècle, l'augmentation de la population juive dans les villes de Pologne était supérieure à celle de la population non juive. Vers la fin du siècle dernier, à l'époque où fut créée la grande industrie et où de grosses masses non juives émigrèrent vers les villes, le rythme de l'augmentation de la population juive se ralentit et par endroits, le mouvement a marqué un arrêt complet. » Congrès juif mondial, *La situation économique des Juifs dans le monde*, Paris, 1938, p. 215-216.

20. Un phénomène semblable se remarque aussi dans le domaine rural. « *L'introduction* du travail salarié et l'introduction des machines vont

Ce dernier processus influence le premier. Les masses juives refoulées des petites villes ne peuvent plus se prolétariser et sont forcées à l'émigration. C'est ainsi que s'explique en grande partie le formidable accroissement de l'émigration juive à la fin du dix-neuvième siècle et au commencement du vingtième siècle. Alors que la dissolution de l'ancienne économie féodale et la création du marché intérieur eurent des effets *semblables* sur les masses juives et non juives, la mécanisation et la concentration industrielles exercèrent des résultats opposés. De là proviennent aussi certaines tendances différentes de l'émigration juive et de l'émigration générale.

L'émigration juive est relativement tardive et va en croissant, alors que c'est souvent le cas inverse pour l'émigration générale. Par exemple, en Allemagne, l'émigration annuelle, qui oscillait entre 100 000 et 200 000 personnes entre 1880 et 1892, ne dépassait plus guère les 20 000 au début du vingtième siècle. Cette forte baisse de l'émigration allemande s'explique par le formidable développement économique de l'Allemagne à cette époque.

Le phénomène de l'élimination des Juifs de l'industrie nous amène tout naturellement à parler du prolétariat juif.

Le confinement de la classe ouvrière juive dans les industries de consommation constitue sans contredit un des phénomènes les plus remarquables de la structure économique et sociale du peuple juif. Le fait qu'un nombre infime d'ouvriers juifs sont occupés dans les premiers stades de la production industrielle, tandis que leur pourcentage

---

donc de pair. Mais dans les contrées où le capitalisme agraire est le plus développé, ce processus en recoupe un autre qui est l'évincement de l'ouvrier salarié par la machine. » Lénine, « Le développement du capitalisme en Russie », *Oeuvres complètes*, éditions du Progrès, Moscou, 1977, vol. 3, p. 242.

dans ses dernières phases est énorme, caractérise d'une façon frappante ce qu'on est convenu d'appeler l'anomalie juive. Cette base économique du prolétariat juif n'est pas seulement faible en soi, elle se rétrécit aussi continuellement par le développement technique. Les ouvriers juifs ne souffrent pas seulement de tous les inconvénients inhérents à l'industrie artisanale, notamment de faiblesse sociale, de l'occupation saisonnière, de l'exploitation accrue et des mauvaises conditions de travail, mais ils sont refoulés de plus en plus de leurs positions économiques.

L'économie capitaliste se caractérise par la croissance ininterrompue du capital constant au détriment du capital variable, autrement dit par l'augmentation de l'importance du capital constitué par les moyens de production et la diminution de l'importance du capital consacré à payer la force de travail. Ce processus économique produit les phénomènes connus de l'élimination de l'ouvrier par la machine, de l'anéantissement de l'atelier artisanal par l'usine et de la diminution du poids spécifique de la partie de la classe produisant les articles de consommation au profit de l'autre partie occupée à la fabrication des moyens de production.

L'économie officielle caractérise ainsi ce processus : « La seule chose bien certaine — et elle est très importante — c'est que l'évolution économique des 100 ou 150 dernières années s'est orientée dans le sens de l'augmentation de l'importance relative du capital fixe et de la diminution de l'importance relative du capital circulant [21]. »

Plus l'homme est primitif et plus compte le travail qui lui permet de satisfaire ses besoins immédiats. Au contraire, plus l'humanité progresse et plus son attention se tourne

21. Maurice Ansiaux, *Traité d'économie politique*, vol. 1, p. 137.

d'abord vers l'outil, puis vers la machine qui multiplie prodigieusement sa puissance productive. D'abord l'outil est l'appendice de l'homme, puis l'homme devient l'appendice de l'outil.

Ce rappel d'une évolution économique suffisamment connue ne tend qu'à souligner l'importance décisive de la situation spécifique de la classe ouvrière juive et nous permet de passer immédiatement à notre sujet. La question qui se pose immédiatement et qui n'a pas attiré l'attention jusqu'ici est de trouver la cause ou les causes historiques de cet état de choses.

Dans l'étude substantielle consacrée à l'économie juive au début du dix-neuvième siècle qu'a entreprise Jacob Lestschinsky dans son livre *Le développement du peuple juif au cours des cent dernières années*, il écrit ce qui suit sur la composition professionnelle des artisans juifs et non juifs de cette époque :

« Le coup d'oeil le plus superficiel sur cette statistique comparée suffit pour remarquer que dans les mains des artisans juifs se trouvaient les métiers qui avaient moins de chance de passer à la production de fabrique, tandis qu'au contraire précisément, les professions les plus adaptées à cette transformation étaient répandues parmi les artisans non juifs.

« Les non-Juifs constituaient, en Galicie, 99,6 pour cent des serruriers, 99,2 pour cent des tisserands, 98,2 pour cent des forgerons, 98,1 pour cent des fileurs (tandis qu'au contraire, 94,2 pour cent des tailleurs et 69,7 pour cent des fourreurs étaient juifs).

« Ces quatre métiers furent le fondement de travail sur lequel se sont construites plus tard les industries textiles et métallurgiques. Sans ces ouvriers qualifiés que la grosse production a reçus en héritage de l'artisanat, la naissance de ces industries eût été impossible. [...]

« C'est dans ce fait historique que gît peut-être la cause essentielle de la faible pénétration des Juifs dans la grande industrie. Il était plus que naturel que les premiers cadres des travailleurs dans les fabriques métallurgiques et textiles se composassent exclusivement de non-Juifs. Et ces masses compactes d'ouvriers non juifs avaient certainement une forme d'attraction naturelle pour les populations non juives qui leur étaient plus proches au point de vue religieux, national, psychologique, tandis qu'elles repoussaient tout au contraire la masse juive qui lui est restée étrangère jusqu'à ce jour à tous les égards [22]. »

L'explication de Lestschinsky contribue à éclaircir le problème qui nous occupe et nous montre la cause première, immédiate de la structure professionnelle spécifique de la classe ouvrière juive. Mais, à son tour, elle nous place devant un problème nouveau, ou plutôt elle reporte l'ancien à une autre échelle.

Si nous voyons maintenant clairement dans l'ouvrier juif actuel un descendant de l'artisan du dix-huitième siècle, encore nous faudra-t-il trouver l'explication de la composition professionnelle différente d'artisans juifs et non juifs à cette époque. Pourquoi ces derniers étaient-ils principalement tailleurs et les artisans non juifs forgerons ? Pourquoi ceux-ci étaient-ils principalement représentés dans les professions liées à la *production* et les premiers confinés dans l'habillement, produisant donc pour la *consommation* ? Poser ainsi la question, c'est presque la résoudre.

L'économie naturelle qui dominait en Europe orientale à cette époque se caractérisait par la production presque

22. Jacob Lestschinsky, *Le développement du peuple juif au cours des cent dernières années*, p. 60.

exclusive des valeurs d'usage et impliquait l'absence quasi complète de la division du travail en métiers.

Chaque famille se suffisait à elle-même ou à peu près et produisait tout ce qui était nécessaire à la satisfaction de ses besoins. Voici comment Vandervelde nous décrit cet état de choses :

« Chaque famille se suffit, ou à peu près, à elle-même. Elle se loge dans sa maisonnette de bois provenant de la futaie la plus proche et se procure sur place le chaume et le torchis. Elle se chauffe exclusivement et principalement avec de la tourbe, des bruyères, des ajoncs, du bois mort, ramassés dans les alentours. Elle file, tisse, transforme en vêtements le lin ou le chanvre de sa récolte. Elle se nourrit avec son blé, ses pommes de terre, ses légumes, la viande de son porc. Elle cuit son pain, fait son vin ou sa bière, sèche elle-même son tabac, échange ses oeufs ou son beurre contre les rares marchandises qu'elle se procure au dehors : chandelles, pétrole, objets en fer, etc. Bref, elle produit à peu près tout ce qu'elle consomme et consomme tout ce qu'elle produit, ne vendant que le strict nécessaire pour faire face à des dépenses en argent très limitées [23]. »

On pourrait dire de même, toutes proportions gardées, du domaine féodal.

On comprendra facilement que si un tel système économique n'exclut pas *absolument* toute spécialisation professionnelle, les quelques métiers qui y trouvent place doivent être les produits de circonstances tout à fait exceptionnelles.

« Nous devons considérer les travaux du forgeron et du potier comme les premiers qui se sont érigés en professions spéciales parce qu'ils exigent, dès le début, plus

---

23. Émile Vandervelde, *L'exode rural et le retour aux champs*, Paris, 1903, p. 70.

d'adresse et d'instruments de travail spéciaux. Même chez les peuples nomades, des artisans spéciaux se consacrent au métier du fer [24]. »

On comprend donc aisément que, même à l'époque de l'économie naturelle, les métiers de forgeron et de tisserand [25] étaient répandus dans les villages et abondaient dans les villes qui, en Europe orientale, étaient presque exclusivement des centres militaires et administratifs.

« En Galicie, en Bukovine, en beaucoup de parties de la Hongrie, de la Roumanie et de la Transylvanie, comme chez les populations yougoslaves, il n'y avait naguère encore d'autres artisans que les forgerons [26]. »

L'artisanat non juif en Europe orientale fut donc le produit des causes particulières qui dans une société à base d'économie naturelle (non échangiste) nécessite cependant l'échange de services.

Tout autre fut le point de départ de l'artisanat juif. *Il est né dans les conditions spécifiques de la petite ville juive et produisait pour elle.*

Or, qui dit petite ville juive au dix-huitième siècle, dit agglomération de petits commerçants, de cabaretiers, de banquiers et d'intermédiaires de toutes sortes [27].

---

24. Abraham Mendes, « L'artisanat chez les Juifs aux temps bibliques et talmudiques », (en yiddish), dans Jacob Lestschinsky, *Schriftn far Ekonomik un Statistik*, Berlin, 1928, vol. 1, p. 65.

25. Le métier de tisserand, comme celui de forgeron, exige une formation professionnelle spéciale et se détache très tôt de l'économie domestique. Le tisserand à l'époque féodale est un être errant qui, pour exercer son métier, va de foyer en foyer, de village en village.

26. Maurice Ansiaux, *Traité d'économie politique*, vol 2, p. 22.

27. Tous les Juifs ne vivaient pas dans les petites villes, loin s'en faut, mais leur rôle social dans les grandes villes ou au village était le même que dans la petite ville. Cette dernière, par son aspect spécifique, caractérisait

L'artisan juif ne travaillait donc pas pour les paysans *producteurs*, mais pour les marchands, les banquiers *intermédiaires*. C'est ici qu'il faut chercher la cause essentielle de la structure professionnelle spécifique du prolétariat juif et de son ancêtre, l'artisan juif. L'artisan non juif ne produit pas pour le paysan des articles de consommation puisque, comme nous l'avons vu, celui-ci se suffit à cet égard à lui-même. C'est au contraire l'occupation principale de l'artisan juif, sa clientèle étant composée d'hommes voués au commerce d'argent et de marchandises, donc non producteurs par définition. À côté du paysan, l'artisan forgeron non juif ; près de l'homme d'argent, le tailleur juif [28].

La différence professionnelle existant entre les artisans juifs et non juifs provient donc en dernière analyse de la différence de leur sphère d'activité.

Il va de soi que cette explication est forcément schématique et, comme tout schéma, permet de comprendre les phénomènes dans leur généralité mais ne peut pas rendre avec exactitude la diversité de la vie réelle. Mais vouloir refléter cette dernière avec exactitude et en détail signifie rendre difficile à son tour la compréhension des procès généraux qui s'y déroulent. Aussi, la sociologie est obligée d'effectuer un circuit complet et continuel : de la réalité au schéma théorique et inversement. Ceux qui reprochent à ce dernier de ne pas pouvoir refléter toute la diversité de la

---

cependant le mieux ce rôle social. D'après un recensement du gouvernement en 1818 en Ukraine et en Biélorussie :

86,2 pour cent des Juifs étaient commerçants ;

11,6 pour cent des Juifs étaient artisans ;

1,9 pour cent des Juifs étaient agriculteurs ;

En Galicie en 1820, 81 pour cent des commerçants étaient juifs.

28. Certains métiers proches du commerce étaient aussi souvent exercés par les Juifs. Ainsi le métier d'orfèvre.

vie n'ont pas précisément compris cette interdépendance dialectique.

On peut remarquer aussi que la lutte qui éclate à certaines époques entre artisans juifs et non juifs semble avoir été provoquée par *l'empiétement* d'une partie des artisans sur la sphère d'activité de l'autre et ne doit pas être attribuée à une prétendue concurrence nationale tout simplement inconcevable à l'époque féodale parce qu'elle est antérieure à la formation des nations. « Le sentiment national est inconnu à la société morcelée du moyen âge [29]. »

À titre d'illustration, on pourrait citer ce passage d'une ancienne chronique de Prague, la *Ramschackie Chronik* de 1491 : « Il était interdit aux Juifs d'effectuer des travaux pour des chrétiens mais ils avaient tout loisir de travailler pour les clients juifs. »

Le conseil urbain de Prague se plaint aussi à la même époque « que les Juifs ne tiennent nul compte des anciens privilèges et ordonnances suivant lesquels il leur était interdit de travailler pour les chrétiens ». « À Posen, dit Graetz, il était permis aux Juifs de s'occuper de quelques métiers, comme celui de tailleur, mais seulement pour satisfaire leurs propres besoins et non pas pour les chrétiens. »

Il me semble que nous avons remonté ainsi toute la chaîne causale menant de la structure économique actuelle du prolétariat juif à ses origines. Elle est complète, en ce sens qu'elle nous ramène à un problème social d'un ordre plus général et qui a déjà été examiné : celui de la fonction sociale et économique des Juifs à l'époque précapitaliste.

---

29. Henri Pirenne, *Les anciennes démocraties des Pays-Bas*, p. 179.

SIX

Les tendances contradictoires du problème juif à l'époque de la montée capitaliste

La révolution française permit de parfaire les résultats de l'évolution économique et sociale du judaïsme de l'Europe occidentale. Le développement du capitalisme industriel accélérera la pénétration des Juifs dans les rangs de la bourgeoisie et son assimilation culturelle.

Partout, la marche triomphante des armées napoléoniennes fut le signal de l'émancipation juive. La politique napoléonienne reflète la volonté de la société bourgeoise de s'assimiler complètement les Juifs. Mais dans les régions dominées encore par le système féodal, des difficultés importantes ont surgi sur la voie de l'émancipation. Ainsi, contrairement aux Juifs de Bordeaux, complètement fondus dans la classe bourgeoise, les Juifs alsaciens se différenciaient peu de leurs ancêtres du moyen âge. Les émeutes paysannes contre l'usure juive obligèrent Napoléon à promulguer des lois d'exception contre le judaïsme alsacien. Les normes juridiques bourgeoises s'avérèrent inapplicables à un état féodal de la société.

Il en fut de même en Pologne où l'égalité formelle de tous les citoyens devant la loi, introduite par Napoléon, ne fut pas applicable aux Juifs « pour une période de dix ans », disait-on pour sauver les apparences. Il est nécessaire d'ajouter que la grande masse des Juifs polonais, menée par des rabbins fanatiques, s'opposait résolument à l'émancipation. Sauf une petite couche de riches bourgeois, les Juifs polonais ne sentaient nullement la nécessité de l'égalité civique.

Mais en général, dès le début du dix-neuvième siècle, le judaïsme occidental entre dans la voie d'une assimilation complète. Déjà à la fin du dix-huitième siècle, en l'espace de trente ans, la moitié des Juifs berlinois se convertirent au christianisme. Ceux qui sont restés fidèles à la religion juive se défendaient vigoureusement de former une nation distincte. « Sans pays, sans État, sans langue, il n'y a pas de nation et c'est pour cela que le judaïsme a cessé depuis longtemps de constituer une nation », disait [Gabriel] Riesser, un des représentants des Juifs allemands de la première moitié du dix-neuvième siècle [1]. « Nous sommes allemands, seulement allemands, en ce qui concerne la nationalité », écrivait un peu plus tard en 1879 un professeur juif de Berlin.

Tandis qu'en Europe occidentale il favorisait leur assimilation, le capitalisme déracinait les Juifs de leurs positions économiques séculaires en Europe orientale. En provoquant ainsi l'afflux des Juifs vers l'Occident, de la main gauche il détruisait l'oeuvre de sa main droite.

1. Simon Doubnov, *Die neueste Geschichte des jüdischen Volkes* [L'histoire contemporaine du peuple juif], Berlin, 1920-1924, vol. 2, p. 42.

La révolution française a donné partout le signal de l'émancipation des Juifs.

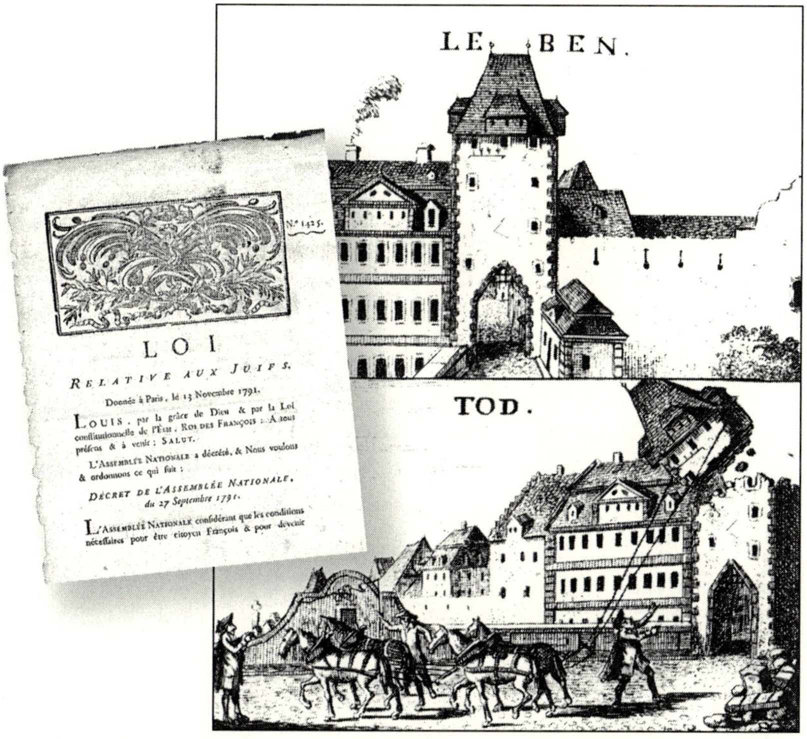
N.° 1425.

LOI

RELATIVE AUX JUIFS.

Donnée à Paris, le 13 Novembre 1791.

LOUIS, par la grâce de Dieu & par la Loi constitutionnelle de l'État, ROI DES FRANÇOIS : À tous présens & à venir ; SALUT.

L'ASSEMBLÉE NATIONALE a décrété, & Nous voulons & ordonnons ce qui suit :

DÉCRET DE L'ASSEMBLÉE NATIONALE, du 27 Septembre 1791.

L'ASSEMBLÉE NATIONALE considérant que les conditions nécessaires pour être citoyen François & pour devenir

MUSÉE D'HISTOIRE DE FRANCFORT, EN ALLEMAGNE

À gauche : Décret de l'Assemblée nationale française accordant la citoyenneté aux Juifs, 1791. À mesure que les armées françaises avançaient à travers l'Europe féodale, les Juifs des Pays-Bas, d'Italie et d'Allemagne ont également commencé à obtenir leurs droits.

À droite : Impact de la révolution française en Allemagne. Les gravures, intitulées « Vie » et « Mort », montrent la démolition de la tourelle au-dessus de la porte de Francfort, en 1802. La tour, construite par les pères de la ville, avait montré pendant des siècles des caricatures de Juifs, ainsi qu'une diffamation antisémite selon laquelle les Juifs accomplissaient des rites sanglants comprenant le sacrifice d'enfants chrétiens.

Continuellement, des vagues de Juifs orientaux se déversaient vers les pays occidentaux, insufflant une vie nouvelle au corps moribond du judaïsme [2].

« Nos grandes masses populaires de l'Est, qui vivent encore dans une atmosphère de traditions juives, forment une entrave à la disparition du judaïsme occidental. [...] *Le judaïsme de l'Occident n'existe plus que comme le reflet du judaïsme oriental* [3]. »

Il suffit de se rappeler qu'à Vienne au début du dix-neuvième siècle, il n'y avait eu que quelques centaines de Juifs et qu'au vingtième siècle, leur nombre atteignait 176 000 pour comprendre toute l'importance de l'immigration des Juifs de l'Europe orientale.

L'émigration massive des Juifs en Europe occidentale et surtout en Amérique allait de pair avec une transformation totale de la structure territoriale du judaïsme. On sait que le développement du capitalisme fut accompagné d'une extension formidable des agglomérations urbaines. Dès le milieu du dix-neuvième siècle, les grands centres de la vie commerciale et industrielle devinrent un puissant pôle d'attraction pour les Juifs.

La concentration des masses juives dans les grandes villes fut aussi sensible dans les pays d'immigration que dans les régions dont les Juifs étaient originaires. Les Juifs

---

2. « L'afflux des Juifs orientaux en Europe occidentale a arrêté et probablement sauvé les Juifs occidentaux d'une complète disparition qui était inévitable. » Jacob Lestschinsky, *Le développement du peuple juif au cours des cent dernières années*, p. 9.

« Sans l'immigration d'Europe orientale, les petites communautés juives d'Angleterre, de France, de Belgique auraient probablement perdu graduellement leur caractère israélite. De même, en Allemagne. » Arthur Ruppin, *Les Juifs dans le monde moderne*, p. 68.

3. Jakob Klatzkin, *Probleme des Modernen Judentums* [Problèmes du judaïsme moderne], Berlin, 1918, p. 46.

quittaient en masse les petites villes qui avaient été les centres de leur vie économique durant des siècles et affluaient, soit dans les cités commerciales et industrielles de Pologne et de Russie, soit vers les grandes villes du monde occidental, vers Vienne, Londres, Berlin, Paris et New York.

« Jusqu'au milieu du dix-neuvième siècle, la majorité des Juifs était concentrée en Europe orientale et là, par suite du manque de moyens de communications, les petites villes continuaient à offrir de grands avantages aux trafiquants [commerçants] [et] durant cette période, les Juifs ont surtout habité les petites villes (ainsi que les villages). [...]

« D'après une étude statistique faite dans la seconde moitié du dix-huitième siècle, pour les provinces polonaises de Kiev, de Volhynie et de Podolie, il y avait en moyenne dans chaque village sept habitants juifs, c'est-à-dire une famille. Il y avait d'innombrables villages et fort peu de villes. Dans la Galicie orientale, 27 pour cent de la population juive vivait dans les villages et, en Galicie occidentale, jusqu'à 43 pour cent. [...] Des conditions analogues avaient prévalu dans quelques États allemands, en Hesse et Bade, par exemple [4]. »

Cet état de choses subit une modification décisive au dix-neuvième siècle. Des masses considérables de Juifs se concentrent dans les centres urbains de l'univers.

En Russie entre 1847 et 1926, la population juive dans les communautés comprenant plus de 10 000 âmes a crû huit fois. En 1847, il n'existait que trois communautés juives comprenant plus de 10 000 personnes dans tout l'empire russe. Il y en avait déjà 28 en 1897 et 38 en 1926 (sur l'ancien territoire de la sainte Russie).

---

4. Arthur Ruppin, *Les Juifs dans le monde moderne*, p. 40.

Le pourcentage des Juifs russes vivant dans ces grandes communautés était de :

1847	5,0 %
1897	28,2 %
1926	50,2 %

Voici les chiffres correspondants pour l'Allemagne :

1850	6,0 %
1880	32,0 %
1900	61,3 %

Plus des trois quarts des Juifs américains vivent actuellement dans les communautés de plus de 10 000 personnes. Les formidables agglomérations juives de New York (deux millions), Varsovie (300 000 à 500 000), Paris, Londres, etc., témoignent du fait que les Juifs sont devenus le peuple « le plus grand-urbain du monde ». La concentration des masses juives dans les grandes villes constitue sans contredit un des phénomènes les plus importants de la vie juive à l'époque capitaliste moderne.

Nous avons déjà examiné la différence que présentaient l'émigration juive jusqu'à 1880 et l'exode postérieur à cette date. Jusqu'à 1880, les États habités par les Juifs offraient encore de vastes possibilités de pénétration dans l'économie capitaliste. L'émigration fut surtout intérieure. Après cette période, les événements se précipitent. L'économie féodale est détruite à grands coups de massue et avec elle sont ruinées les branches artisanales du capitalisme où les Juifs sont très largement représentés. Les Juifs commencent à quitter en grandes masses leurs pays d'origine.

« Entre 1800 et 1880, le nombre des Juifs aux États-Unis — principale destination des Juifs émigrants — passa de quelques milliers à 230 000, ce qui indique une moyenne d'immigration annuelle de 2 000 environ. Entre 1881 et 1899, la moyenne annuelle atteignit 30 000 et entre 1900 et 1914, 100 000.

« Si l'on ajoute à cela l'émigration vers les pays d'outre-mer (Canada, Angleterre, Afrique du Sud, Palestine, etc.) et l'émigration vers l'Europe occidentale, l'émigration totale juive venant de l'Europe orientale, de 1800 à 1880, peut être évaluée à environ 250 000 personnes, soit une moyenne annuelle de 3 000 ; à un million pour la période 1881-1899, soit une moyenne annuelle de 50 000 ; et à deux millions pour la période 1900-1914, soit 135 000 par an.

« Ces chiffres mettent les Juifs de l'Est européen au premier rang parmi les peuples émigrants. Vers le milieu de la période 1881-1914, leur nombre en Russie, Galicie et Roumanie était de 6 millions et demi. Comparé à ce chiffre, celui des émigrants est égal à environ 50 pour cent.

« Les chiffres correspondants pour les Italiens, qui fournissent l'émigration la plus nombreuse en Europe, ne donnent que 15 pour cent après déduction des émigrés rentrés. Ceux-ci furent nombreux parmi les Italiens mais rares parmi les Juifs [5]. »

Cette grande émigration fut favorisée par la natalité élevée des Juifs. Leur nombre dans le monde s'élevait à :

En 1825	3 281 000	En 1900	10 602 500
En 1850	4 764 500	En 1925	14 800 500
En 1880	7 663 000		

Entre 1825 et 1925, le nombre des Juifs a quintuplé. Il augmente une fois et demie plus vite que la population d'Europe.

5. Arthur Ruppin, *Les Juifs dans le monde moderne*, p. 52.

« Le nombre des Juifs doit dépasser certainement 18 millions à l'heure actuelle. Il est important de remarquer que, malgré les importants chiffres d'émigration, non seulement le nombre des Juifs en Europe orientale n'a pas décru, mais il a même fortement augmenté. [...]

« Le judaïsme de l'Europe orientale a envoyé à l'étranger au cours des derniers 30 ans près de quatre millions de personnes et, cependant, non seulement le nombre des Juifs en Europe orientale n'a pas diminué mais il s'en est même accru dans une large mesure. Il a passé de six à huit millions [6]. »

L'émigration a contribué à la différenciation sociale du judaïsme, procès qui a fait de rapides progrès au cours du dix-neuvième siècle.

Au moins 90 pour cent des Juifs étaient intermédiaires et marchands au début de l'ère capitaliste. Au vingtième siècle, nous pouvons considérer qu'en Amérique nous possédons à peu près deux millions et demi de prolétaires juifs, qui sont près de 40 pour cent de tous les Juifs économiquement actifs [7].

Le tableau sur la prochaine page montre la répartition professionnelle de l'ensemble des Juifs en 1932.

Le nombre d'ouvriers juifs, relativement peu élevé dans les pays arriérés comme la Pologne où il s'élève à près de 25 pour cent de toutes les personnes économiquement actives, atteint 46 pour cent en Amérique. La structure professionnelle de la classe ouvrière juive diffère encore

6. *Économie yiddish* (yiddish), Vilnius, janvier-février 1938, p. 11.

7. Le pourcentage des employés et ouvriers était :

en Angleterre	77 %	(1923)	en France	48 %	(1906)
aux É.-U.	75 %	(1920)	en Pologne	25 %	(1921)
en Belgique	73 %	(1910)	en Russie	15 %	(1925)
en Allemagne	62 %	(1907)			

beaucoup des prolétariats d'autres peuples. Ainsi les employés forment 30 à 36 pour cent de tous les salariés juifs, soit une proportion de trois à quatre fois plus élevée que chez les autres nations. Les ouvriers agricoles, qui font presque défaut chez les Juifs, forment 15 à 25 pour cent des ouvriers non juifs.

Commerce (y compris transports, divertissements et banque)	6 100 000	38,6 %
Industrie (y compris mines et artisanat)	5 750 000	36,4 %
Professions libérales et administration	1 000 000	6,3 %
Agriculture	625 000	4,0 %
Travailleurs intermittents et service domestique	325 000	2,0 %
Sans profession (rentiers, pensionnés ou assistés)	2 000 000	12,7 %
Total	15 800 000	

Soixante à soixante-dix pour cent des Juifs employés dans l'industrie sont en réalité des ouvriers artisanaux (en Europe orientale 80 pour cent des prolétaires travaillent dans des ateliers et non dans des fabriques) tandis que parmi les ouvriers d'autres nationalités, 75 à 80 pour cent sont des ouvriers de fabriques. Enfin, les ouvriers juifs sont employés surtout dans les branches de moyens de consommation. Les ouvriers non juifs de mêmes branches ne forment qu'un petit pourcentage du prolétariat.

Des statistiques comparées de la répartition professionnelle d'ouvriers juifs et « aryens » permettront mieux de se rendre compte de ce phénomène.

DANS QUELQUES PAYS EUROPÉENS	JUIFS	NON JUIFS
Vêtements	43,7	8,5
Alimentation	11,0	9,5
Cuir	10,5	1,7
Métallurgie	8,6	19,9
Bois	7,9	6,9
Textile	6,8	12,0
Bâtiment	4,2	15,2
Imprimerie - Papier	3,2	3,2
Autres	3,8	22,1
EN POLOGNE (1937)[8]		
Artisanat	58,7	33,2
Commerce et transport	18,7	12,5
Travail à domicile	9,2	1,9
Petite industrie	8,9	9,6
Moyenne et grande industrie	3,8	23,0
Mines	0,4	8,4
Électricité, eau, chemin de fer	0,3	8,9
Fonderie		2,5

Ces statistiques montrent clairement que, contrairement aux travailleurs non juifs concentrés surtout dans l'industrie lourde, les ouvriers juifs sont employés surtout dans l'artisanat. Les Juifs sont relativement cinq fois plus nombreux que les ouvriers non juifs dans l'industrie d'habillement tandis que dans la métallurgie, l'industrie textile et le bâtiment, les ouvriers non juifs sont deux ou trois fois plus nombreux que les ouvriers juifs.

8. *Économie yiddish* (yiddish), Vilnius, juillet-août 1938, p. 317.

Mais si la structure professionnelle des classes ouvrières juive et non juive diffère encore beaucoup, la misère pousse de plus en plus les travailleurs juifs à pénétrer, malgré toutes les entraves, dans les professions qui leur étaient inaccessibles jusqu'à présent.

Il y a 20 ou 30 ans, à la question d'un journaliste concernant le boycottage des ouvriers juifs dans ses fabriques, un grand industriel de Lodz [en Pologne] répondit : « Je ne veux pas avoir deux mille associés à mon entreprise. » Mais avant cette guerre [la deuxième guerre mondiale], 15 pour cent des ouvriers juifs se trouvaient devant les machines.

Le judaïsme a donc subi une transformation très importante à l'époque capitaliste. Le peuple-classe s'est différencié socialement. Mais ce procès d'une portée considérable s'accompagne d'une multitude de tendances contradictoires qui n'ont pas encore permis la cristallisation d'une forme stable du judaïsme à notre époque. Il est beaucoup plus aisé de dire ce que fut le judaïsme que de définir ce qu'il est.

En effet, c'est dans des voies diamétralement opposées que fut poussée l'évolution de la question juive par le développement capitaliste. D'une part, le capitalisme favorisa l'assimilation économique et par conséquent l'assimilation culturelle. D'autre part, en déracinant les masses juives, en les concentrant dans les villes, en provoquant l'essor de l'antisémitisme, il stimule le développement du nationalisme juif.

La « renaissance de la nation juive », la formation de la culture juive moderne, l'élaboration de la langue yiddish, le sionisme accompagnent le processus d'émigration et de concentration des masses juives dans les villes et vont de pair avec le développement de l'antisémitisme moderne. Dans toutes les parties du monde, sur tous les chemins de l'exil, les masses juives se concentrant dans des quartiers spéciaux créaient leurs centres de culture spéciaux propres, leurs journaux, leurs écoles yiddish. C'est naturellement dans les pays de la plus grande concentration juive, en Russie, en Pologne, aux États-Unis, que le mouvement national a pris le plus d'ampleur.

Mais le développement de l'histoire est dialectique. En même temps que s'élaboraient les bases d'une nouvelle nationalité juive se créaient aussi toutes les conditions de sa disparition. Tandis que les premières générations juives dans les pays d'immigration demeurent encore fermement attachées au judaïsme, les générations nouvelles perdent très rapidement leurs coutumes et leur langue particulières.

« Parmi les immigrants venus d'Europe orientale en Europe occidentale, Amérique et d'autres pays non européens, le yiddish est encore parlé, tout au moins pendant la première génération, quoique beaucoup de mots anglais y aient été introduits, de sorte qu'il est en train de devenir fort différent du yiddish polonais ou lituanien. La seconde génération parle à la fois le yiddish et la langue indigène ; la troisième ne connaît plus le yiddish [9].

« La presse yiddish s'est beaucoup développée aux États-Unis pendant les cinquante dernières années [1880-1930] par suite de l'arrivée de deux millions de Juifs d'Europe orientale qui ne savaient pas l'anglais. [...] Mais depuis quelques années [les années 1920], le succès de la presse yiddish a diminué, l'immigration s'étant arrêtée et la jeune génération s'américanisant rapidement [10]. »

En 1920 d'après les statistiques officielles, le yiddish était la langue maternelle de 32,1 pour cent des Juifs américains ;

---

9. Arthur Ruppin, *Les Juifs dans le monde moderne*, p. 280.

10. Arthur Ruppin, *Les Juifs dans le monde moderne*, p. 338.

en 1930, de 27,8 pour cent. En Hongrie, le yiddish disparut presque complètement. Au recensement de 1920, 95,2 pour cent déclarèrent le magyar comme langue maternelle, 4 pour cent l'allemand et 0,8 pour cent d'autres langues.

Dans le monde entier : en 1900, 60,6 pour cent des Juifs parlaient le yiddish, tandis qu'en 1930 il y en avait 42,7 pour cent.

En même temps que se perd l'emploi du yiddish, on assiste à un accroissement considérable de mariages mixtes. Plus un pays est développé et plus y sont fréquents les mariages mixtes.

En Bohême, 44,7 pour cent des mariages où une partie au moins était juive étaient mixtes. Par contre, le nombre des mariages mixtes en Russie subcarpatique et en Slovaquie était insignifiant [11].

Pourcentage des mariages mixtes entre Juifs et non-Juifs par rapport aux mariages purement juifs : [12]

Berlin	1901 à 1904	35,4 %
	1905	44,4 %
Hambourg	1903 à 1905	49,5 %
Trieste	1900 à 1903	61,5 %
Copenhague	1880 à 1889	55,8 %
	1890 à 1899	68,7 %
	1900 à 1905	82,9 %

On enregistre aussi une augmentation d'apostasies. Ainsi à Vienne, la moyenne d'apostats juifs est passée de

11. *Économie yiddish* (yiddish), avril-juin 1939, p. 176.

12. Basé sur Arthur Ruppin, *Les Juifs dans le monde moderne*, p. 310-311. [Les chiffres donnés par Arthur Ruppin diffèrent de ceux qui suivent ici. Mais ils confirment néanmoins la thèse d'Abram Léon. — Note de l'éditeur]

Le capitalisme a favorisé l'assimilation économique et culturelle. Mais en déracinant les Juifs et en les poussant vers les villes, il a également entraîné une renaissance de la « nation juive » et d'une culture juive moderne.

TODROS GELLER

EL LISSITZKY / BIBLIOTHÈQUE BEINECKE DE L'UNIVERSITÉ YALE

En haut à gauche : Illustration de l'artiste ukrainien Todros Geller, du livre *Motl le fils de Cantor*, de Cholem Aleikhem, souvent considéré comme « le Mark Twain juif ».

En bas à gauche : *Le garçon malicieux* de l'artiste russe El Lissitzky pour un livre de poésie pour enfants en yiddish, vers 1918.

À droite : Librairie yiddish à Paris, 1920.

0,4 pour cent en 1870 à 4,4 pour cent en 1916-1920. Cependant, l'affaiblissement général de la religion ôte à cet indice beaucoup de son importance.

On voit donc combien précaires sont les bases de la « renaissance nationale » du judaïsme. L'émigration, d'abord obstacle puissant à l'assimilation et facteur de « nationalisation » des Juifs, se change rapidement en instrument de fusion des Juifs avec les autres peuples. La concentration des masses juives dans les grandes villes, devenue ainsi une sorte de « base territoriale » pour la nationalité juive, ne peut pas entraver longtemps le processus d'assimilation. L'atmosphère des grands centres urbains constitue un creuset ardent où s'estompent rapidement toutes les différences nationales.

Si le capitalisme créa d'abord les conditions d'une certaine « renaissance nationale » juive en déracinant des millions de Juifs, en les arrachant à leurs conditions de vie traditionnelles et en les concentrant dans les grandes villes, il contribue bientôt à accélérer le processus d'assimilation. Le développement du yiddish, par exemple, est suivi de son déclin rapide. Le développement capitaliste, quoique parfois par des voies assez inattendues, aboutit à la fusion des Juifs parmi les autres peuples. Mais au début du vingtième siècle se montrent les signes évidents de la dégénérescence capitaliste. La question juive, qui semble évoluer normalement au dix-neuvième siècle, rebondit avec une acuité inouïe par suite de la décadence du capitalisme. La solution de la question juive semble être plus lointaine que jamais.

SEPT

La décadence du capitalisme et la tragédie juive au vingtième siècle

Le mérite essentiel du régime capitaliste fut d'avoir donné une extension formidable aux forces productives, d'avoir créé l'économie mondiale, d'avoir permis un essor inconnu jusqu'alors de la technique et de la science. À la stagnation du monde féodal, le capitalisme opposa un dynamisme sans pareil. Des centaines de millions d'hommes jusqu'alors immobilisés dans une vie routinière et sans horizon se virent soudainement entraînés dans le courant d'une existence fébrile et intense.

Les Juifs vivaient dans les pores de la société féodale. Lorsque l'édifice féodal se mit à crouler, il commença par expulser ces éléments qui lui étaient à la fois étrangers et indispensables. Avant même que le paysan eût quitté le village pour le centre industriel, le Juif avait abandonné la petite ville médiévale pour émigrer dans les grandes cités de l'univers. La destruction de la fonction séculaire du judaïsme dans la société féodale s'accompagne de sa pénétration passive dans la société capitaliste.

Mais si le capitalisme a donné à l'humanité des conquêtes prodigieuses, seule sa disparition pouvait permettre à l'humanité d'en jouir. Seul le socialisme était à même d'élever l'humanité à la hauteur des bases matérielles de la civilisation. Or le capitalisme se survit et toutes les immenses acquisitions se tournent de plus en plus contre les intérêts les plus élémentaires de l'humanité.

Les progrès de la technique et de la science deviennent des progrès de la science et de la technique de la mort. Le développement des moyens de production n'est plus qu'accroissement des moyens de destruction. Le monde, devenu trop petit pour l'appareil de production bâti par le capitalisme, se réduit encore par les efforts désespérés de chaque impérialisme d'étendre sa sphère d'influence. Alors que l'exportation à outrance constitue un phénomène inséparable du mode de production capitaliste, le capitalisme décadent essaie de s'en passer, c'est-à-dire d'ajouter à ses maux les maux de sa suppression.

Des barrières puissantes entravent la libre circulation des marchandises et des hommes. Des obstacles infranchissables se dressent devant les masses privées de travail et de pain à la suite de l'écroulement du monde féodal traditionnel. La putréfaction du capitalisme a non seulement accéléré la décomposition de la société féodale, mais a centuplé les souffrances qui en résultaient. Les « civilisateurs » dans l'impasse barrent la route à ceux qui veulent se civiliser. Sans pouvoir se civiliser, ceux-ci peuvent encore moins demeurer dans le stade de barbarie. Aux peuples dont il détruit les bases traditionnelles d'existence, le capitalisme barre la route de l'avenir après avoir fermé le chemin du passé.

C'est à ces phénomènes généraux que se rattache la tragédie juive du vingtième siècle. La situation extrêmement tragique du judaïsme à notre époque s'explique par l'extrême précarité de sa position sociale et économique. Éliminés les premiers par le féodalisme décadent, les Juifs furent aussi les premiers rejetés par les convulsions du capitalisme agonisant. Les masses juives se trouvèrent coincées entre l'enclume du féodalisme décadent et le marteau du capitalisme pourrissant.

A. Les Juifs en Europe orientale

Toute la situation du judaïsme de l'Europe orientale s'explique par la combinaison du déclin des anciennes formes féodales et de la dégénérescence du capitalisme. La différenciation sociale qui s'opère dans les villages à la suite de la pénétration capitaliste fait affluer dans les villes les paysans enrichis et les paysans prolétarisés. Les premiers veulent faire valoir leurs capitaux, les derniers offrent leurs bras. Mais il y a aussi peu de possibilités de placement de capitaux que de possibilités de travail.

À peine né, le système capitaliste montre déjà tous les symptômes de la sénilité. La décadence générale du capitalisme se manifeste par la crise et le chômage à l'intérieur des pays de l'Europe orientale, par la fermeture de tous les débouchés pour l'émigration à l'extérieur de leurs frontières. Sept à huit millions de paysans restèrent sans terre et presque sans travail dans la Pologne « indépendante ». Placés entre deux feux, les Juifs sont en butte à l'hostilité de la petite bourgeoisie et des paysans qui cherchent à se créer une position à leurs dépens.

« Les positions juives sont particulièrement menacées par la bourgeoisie polonaise urbaine et par les paysans riches qui cherchent la solution de leurs difficultés dans un féroce nationalisme économique, alors que la classe ouvrière polonaise, souffrant d'un chômage permanent, cherche le remède à sa misère dans la libération sociale et tient à la solidarité économique et politique plutôt qu'à une concurrence stérile et meurtrière [1]. »

C'est précisément dans les régions les plus développées par le capitalisme que se forme rapidement une classe commerciale non juive. C'est là que la lutte antisémite est la plus acharnée. « La diminution des boutiques juives a été la plus forte dans les voïvodies centrales, c'est-à-dire dans une région où la population est purement polonaise, où les paysans ont atteint un niveau de vie plus élevé, où l'industrie est plus développée, ce qui est très important pour la situation matérielle et intellectuelle du village [2]. »

Tandis qu'en 1914, 72 pour cent des magasins dans les villages étaient juifs, ce pourcentage baissa à 34 pour cent en 1935, c'est-à-dire de plus de la moitié. La situation est meilleure pour les Juifs dans les territoires peu développés économiquement. « La participation des Juifs au commerce est plus importante dans les voïvodies les plus arriérées, écrit Lipovski. Les territoires orientaux appartenant aux Blancs-Russiens sont, sous les rapports économique, intellectuel et politique, la partie la plus arriérée de la Pologne. Dans ces régions, la majorité absolue des commerçants juifs s'est accrue d'un tiers [3]. » En 1938, 82,6 pour cent des magasins dans les régions arriérées de la Pologne se trouvaient aux mains des Juifs [4].

---

1. Congrès juif mondial, *La situation économique des Juifs dans le monde*, p. 246-247.

2. Congrès juif mondial, *La situation économique des Juifs dans le monde*, p. 249.

3. Congrès juif mondial, *La situation économique des Juifs dans le monde*, p. 249.

4. *Économie yiddish (en yiddish)*, septembre-octobre 1936, p. 437.

Les masses juives furent coincées entre l'enclume du féodalisme en déclin et le marteau du capitalisme en décomposition.

Ci-dessus : Les troupes tsaristes (à gauche) se tiennent à l'écart lors d'une attaque contre les Juifs à Kiev, en Ukraine, en avril 1881. Ce pogrom, l'un des nombreux qui ont eu lieu dans l'empire russe au cours des années 1880, a conduit à des lois érigeant des obstacles à l'emploi, à l'éducation et à d'autres aspects de la vie pour les Juifs.

« Les gouvernements des hobereaux et des grands capitalistes en Pologne et en Russie ont organisé des courants antijuifs pour détourner les masses de leur véritable ennemi, dit Abram Léon. Ces méthodes allaient du boycottage des magasins juifs aux pogroms et aux incendies. Les universités étaient le terrain de prédilection de la lutte contre les Juifs. »

Tous ces faits prouvent encore une fois qu'à la base de la question juive en Europe orientale se trouve la destruction du féodalisme. Plus une région est arriérée et plus facilement les Juifs parviennent à y conserver leurs positions séculaires.

Mais c'est la décadence générale du capitalisme qui rend impossible la solution de la question juive. La crise et le chômage chroniques rendent impossible aux Juifs le passage dans d'autres professions, produisant un encombrement féroce dans les professions qu'ils exercent et accroissant sans cesse la violence de l'antisémitisme. Les gouvernements des hobereaux et des grands capitalistes s'efforcent naturellement d'organiser le courant antijuif et de détourner ainsi les masses de leur véritable ennemi. « Résoudre la question juive » devient pour eux synonyme de la solution de la question sociale.

Afin de faire place aux « forces nationales », l'État organise une lutte systématique pour « déjudaïser » toutes les professions. Les moyens de « poloniser » le commerce en Pologne vont depuis le simple boycottage des magasins juifs par la propagande jusqu'aux pogroms et incendies. Voici à titre d'exemple le « bulletin de victoire » publié en 1936 dans le journal gouvernemental *Ilustrowany Kurier Codzienny* [Courrier quotidien illustré] : « Cent soixante positions de commerce polonais ont été conquises pendant les premiers mois de cette année dans l'arrondissement de Radom. À Przytyk seule [fameuse ville de pogrom], 50 patentes commerciales ont été achetées par des Polonais. En tout, dans les divers arrondissements, 2 500 positions de commerce polonais furent conquises [5]. »

---

5. À Varsovie en 1882, 79,3 pour cent des commerçants étaient juifs et en 1931, 51 pour cent. Jacob Lestschinsky, *Der Wirtschaftliche Zusammenbruch der Juden in Deutschland und Polen* [L'effondrement économique des Juifs en Allemagne et en Pologne], Paris, 1936, p. 48.

L'artisanat juif n'a pas été plus ménagé par les gouvernements polonais. Le boycottage, des impôts exorbitants, des examens en polonais (des milliers d'artisans juifs ne connaissent pas cette langue) contribuent à évincer les artisans juifs. Privé d'indemnité de chômage, le prolétariat artisanal est un des plus déshérités. Les salaires des ouvriers juifs sont très bas et les conditions de vie épouvantables (journée de travail allant jusqu'à 18 heures).

Les universités constituent le terrain de prédilection de la lutte antisémite. La bourgeoisie polonaise a mis tout en oeuvre pour interdire aux Juifs l'accès des professions intellectuelles. Les universités polonaises devinrent des endroits de véritables pogroms, de défenestrations, etc. Bien avant les étoiles de David d'Hitler, la bourgeoisie polonaise introduisit les bancs de ghettos [sur lesquels les étudiants juifs devaient s'asseoir] dans les universités. Des mesures « légales », plus discrètes mais non moins efficaces, rendirent l'accès des universités quasi impossible à la jeunesse juive, dont les conditions de vie ancestrales ont fortement développé les facultés intellectuelles. Le pourcentage d'étudiants juifs a diminué en Pologne de 24,5 pour cent en 1923-1933 à 13,2 pour cent entre 1933-1936 [6].

---

6. À l'époque où les intellectuels petits-bourgeois juifs et non juifs représentent Hitler comme l'unique responsable de l'antisémitisme de notre temps, à l'époque où les Nations unies [les puissances alliées], parmi lesquelles la Pologne, se réclament de la défense des « droits de l'homme », ce rappel n'aura certainement pas été inutile. Certes, Hitler organise d'une façon préméditée la destruction du judaïsme européen et personnifie dans ce domaine, comme dans les autres, la barbarie capitaliste, mais les différents gouvernements plus ou moins « démocratiques » qui se sont succédés en Pologne n'auraient pas eu beaucoup à apprendre de lui. La disparition d'Hitler ne peut rien changer d'essentiel à la situation des Juifs. Une amélioration passagère de leur sort n'en laissera pas moins subsister toutes les racines profondes de l'antisémitisme du vingtième siècle.

La même politique d'éviction des étudiants juifs était à l'ordre du jour en Lettonie et en Hongrie. Le pourcentage d'étudiants juifs est passé en Lettonie de 15,7 pour cent en 1920 à 8,5 pour cent en 1931 ; en Hongrie, de 31,7 pour cent en 1918 à 10,5 pour cent en 1931. En général, la situation des Juifs en Hongrie avait ressemblé, durant de longs siècles, en tous points à celle qu'ils avaient connue en Pologne.

Dans ce pays de grands magnats féodaux, les Juifs jouèrent longtemps le rôle de classe intermédiaire entre seigneurs et paysans.

« Un de nos correspondants nous rappelle qu'à la fin du dix-neuvième siècle encore, un certain comte Palugyay eut grand-peine à échapper à son exclusion du Cercle national de la noblesse hongroise à Budapest, tout simplement parce qu'il avait voulu s'occuper lui-même de la transformation industrielle des produits de ses terres et en particulier de la distillation d'alcool de pommes de terre et d'eau-de-vie. Il s'était même permis d'en assumer la vente !

« Les professions libérales elles-mêmes n'échappaient pas à ce préjugé, répandu aussi bien dans la haute aristocratie que dans la petite noblesse. Peu de temps avant la chute de la double monarchie [en Autriche-Hongrie], un magnat hongrois s'exprima d'une manière méprisante au sujet des nobles qui, « pour de l'argent, examinaient la gorge des individus qu'ils ne connaissaient pas ». Une conséquence naturelle de cette attitude fut que, plus particulièrement dans les villes, les Juifs durent former la classe intermédiaire entre les paysans et la noblesse. [...] Le commerce, et plus particulièrement le petit commerce, était, aux yeux du peuple, chose juive.

« Aujourd'hui encore, au sens des masses de la population magyare, la boutique et, d'une façon générale, tout ce qui concerne l'exploitation de celle-ci, est tenue pour juive, même si cette boutique est devenue l'instrument de la lutte économique contre les Juifs.

« Voici une anecdote qui illustre d'une façon frappante cet état d'esprit : une paysanne envoie son fils aux commissions. Elle désire les voir effectuées à la coopérative mi-étatisée *Hangya* et non dans une boutique juive, aussi lui dit-elle : « Pista, va chez le Juif, pas chez le Juif qui est juif, mais dans la nouvelle boutique [7]. »

Le processus d'élimination des Juifs de leurs positions économiques eut lieu dans toute l'Europe orientale. La situation des masses juives devint sans issue. Une jeunesse déclassée, sans possibilité de s'intégrer dans la vie économique, vivait dans une misère noire. Avant la deuxième guerre, 40 pour cent de la population juive de Pologne avaient recours aux institutions philanthropiques. La tuberculose faisait rage.

« Donnons la parole aux correspondants de la Section économique et statistique de l'Institut scientifique juif résidant dans les régions où le désespoir et toute absence d'un avenir meilleur étouffent la jeunesse juive. Voilà ce qu'on écrit de Miedzyrzace (voïvodie de Volhynie) : « La situation de la jeunesse juive est très difficile et notamment celle des fils et des filles de commerçants qui sont sans travail, car leurs parents n'ont pas besoin d'être aidés. Impossible d'ouvrir de nouvelles entreprises : 75 garçons et 120 jeunes filles âgés de 15 à 28 ans n'ont aucun espoir de s'intégrer dans la vie économique du pays. »

« Pour Sulejow (voïvodie de Lodz), nous disposons d'un tableau plus détaillé, caractéristique des petites villes de Pologne. « Presque 50 pour cent des enfants

---

7. Congrès juif mondial, *La situation économique des Juifs dans le monde*, p. 120-121.

de commerçants juifs travaillent auprès de leurs parents, mais uniquement parce qu'ils ne parviennent pas à trouver une autre occupation. Vingt-cinq pour cent apprennent un métier quelconque et vingt-cinq pour cent restent les bras croisés. Soixante-dix pour cent des enfants d'artisans restent dans les ateliers de leurs parents bien que ceux-ci soient presque sans travail et puissent fort bien se passer d'aides ; 10 pour cent apprennent de nouveaux métiers ; 20 pour cent n'ont rien à faire. Les fils de rabbins et d'employés de communautés juives tentent d'assurer leur subsistance en apprenant un métier.

« Toute la jeunesse souhaite émigrer, 90 pour cent en Palestine, mais en raison du nombre restreint des certificats d'immigration, leurs chances sont minimes. N'importe, ils sont prêts à aller au pôle Nord ou au pôle Sud, à condition de s'arracher à cette stagnation. De plus en plus, la jeunesse se tourne vers l'artisanat et le nombre des jeunes dans le commerce va diminuant [8]. »

B. Les Juifs en Europe occidentale

La situation du judaïsme, devenue sans issue en Europe orientale par la combinaison de la décadence du féodalisme et de la putréfaction du capitalisme, créant une atmosphère d'étouffement et de furieux antagonismes, se répercuta en quelque sorte à l'échelle mondiale. L'Europe occidentale et centrale devint le théâtre d'une effrayante montée de l'antisémitisme. Tandis que la réduction de l'émigration juive, dont la moyenne annuelle passa de 155 000 entre 1901 et 1914 à 43 657 entre 1926 et 1935, aggravait terriblement la situation des Juifs en Europe orientale,

8. Congrès juif mondial, *La situation économique des Juifs dans le monde*, p. 254.

la crise générale du capitalisme rendit insupportable aux pays occidentaux même cette émigration réduite [9].

La question juive atteignit un degré d'acuité inouïe non seulement dans les pays d'émigration, mais aussi dans les pays d'immigration. Déjà avant la première guerre impérialiste, l'arrivée massive d'immigrants juifs créa un fort mouvement antisémite dans les classes moyennes de plusieurs pays d'Europe centrale et occidentale. Il suffit de rappeler les grands succès du parti antisémite social-chrétien à Vienne et de son chef [Karl] Lueger, la montée grandissante de l'antisémitisme en Allemagne ([Heinrich von] Treitschke), l'affaire Dreyfus *.

L'antisémitisme montra le plus clairement ses racines à Vienne, un des grands centres de l'immigration juive avant la première guerre impérialiste. La petite bourgeoisie, ruinée par le développement du capitalisme des monopoles et en voie de prolétarisation, fut exaspérée par l'arrivée massive de l'élément juif, traditionnellement petit-bourgeois artisanal.

Après la première guerre impérialiste, les pays de l'Europe occidentale et centrale, l'Allemagne, l'Autriche, la France et la Belgique virent affluer des dizaines de milliers d'immigrants juifs de l'Europe orientale, déguenillés, privés de toutes ressources. L'apparente prospérité de l'après-guerre permit à ces éléments de pénétrer dans toutes les branches commerciales et artisanales. Même les immigrants juifs qui avaient pénétré dans les usines n'y restèrent pas longtemps.

Le long passé commercial des Juifs pèse sur leurs descendants et les conditions économiques favorables de l'après-guerre amenèrent un sensible processus de déprolétarisation,

---

9. *Économie yiddish* (yiddish), juillet-août 1938, p. 353.

* Voir le glossaire : Dreyfus, Alfred.

C'est la petite bourgeoisie inquiète et ruinée et non le grand capital qui a fait de l'antisémitisme un élément de l'idéologie fasciste.

Quand surgissent des luttes révolutionnaires de la classe ouvrière, des secteurs de la classe capitaliste se tournent vers les brutes fascistes en dernier recours, quand ils ne voient pas d'autre moyen de se maintenir au pouvoir.

En haut : Berlin, avril 1933. Les troupes d'assaut nazies bloquent l'entrée du grand magasin Nathan Israel. Les écriteaux disent : « Allemands ! Défendez-vous ! N'achetez pas chez les Juifs ! ». **En bas** : En 1933, Hitler reçoit d'importants hommes d'affaires allemands.

aussi bien en Europe occidentale qu'aux États-Unis. Les ouvriers juifs gardèrent dans les pays d'immigration leur structure artisanale. À Paris, sur 21 083 ouvriers juifs syndiqués en 1936, il y en avait 9 253 travaillant à domicile.

La catastrophe économique de 1929 rendit la situation des masses petites-bourgeoises sans issue. L'encombrement dans le petit commerce, l'artisanat, les professions intellectuelles prit des proportions inaccoutumées. Le petit-bourgeois considérait avec une hostilité croissante son concurrent juif dont l'habileté professionnelle, résultat des siècles de pratique, lui permettait souvent de traverser avec plus de bonheur les « temps difficiles ». L'antisémitisme trouva même l'oreille des larges couches d'ouvriers artisanaux, depuis toujours sous l'influence de la petite bourgeoisie.

Il est donc faux d'accuser le grand capital d'avoir fait naître l'antisémitisme. Le grand capital ne fit que se servir de l'antisémitisme élémentaire des masses petites-bourgeoises. Il en fit une pièce maîtresse de l'idéologie fasciste. Par le mythe du « capitalisme juif », le grand capital essaya de monopoliser à son profit la haine anticapitaliste des masses. La possibilité réelle d'une agitation contre les capitalistes juifs existait par le fait de l'antagonisme entre le capital monopolisateur et le capital spéculatif-commercial qu'était principalement le capital juif. Les scandales du capital spéculatif-commercial sont relativement mieux connus du public, notamment les scandales boursiers. Cela permit au capital monopolisateur de canaliser la haine des masses petites-bourgeoises et d'une partie des ouvriers eux-mêmes contre le « capitalisme juif ».

C. Le racisme

« L'idéologie est un processus que le soi-disant penseur accomplit bien avec une conscience, mais avec une conscience fausse. Les forces motrices véritables qui le meuvent lui restent inconnues, sinon ce ne serait point un processus idéologique. Aussi s'imagine-t-il des forces motrices fausses ou apparentes [10]. »

Jusqu'ici, nous avons essayé de comprendre les bases réelles de l'antisémitisme à notre époque. Mais il suffit de considérer le rôle qu'a joué dans le développement de l'antisémitisme le misérable document fabriqué par l'Okhrana tsariste [la police politique secrète], *Les protocoles des sages de Sion* *, pour se rendre compte de l'importance des « forces motrices fausses ou apparentes » de l'antisémitisme. Aujourd'hui dans la propagande hitlérienne, le motif réel de l'antisémitisme en Europe occidentale, la concurrence économique de la petite bourgeoisie, ne joue plus aucun rôle. Par contre, les allégations les plus fantastiques des *Protocoles des Sages de Sion*, « les plans de domination universelle du judaïsme international », reviennent dans chaque discours et manifeste d'Hitler. Il s'agit donc d'analyser cet élément mythique, idéologique de l'antisémitisme.

La religion constitue l'exemple le plus caractéristique d'une idéologie. Ses forces motrices véritables doivent être cherchées dans le domaine très prosaïque des intérêts matériels d'une classe, mais c'est dans les sphères les plus éthérées que se trouvent ses forces motrices apparentes. Cependant, le dieu qui lança contre l'aristocratie anglaise et Charles Ier les fanatiques puritains d'[Oliver] Cromwell n'était rien d'autre que le reflet ou le symbole des intérêts des paysans et bourgeois anglais. Toute révolution religieuse est en réalité une révolution sociale.

---

10. Karl Marx et Friedrich Engels, « Lettre d'Engels à Mehring du 14 juillet 1893 », *Correspondance choisie*, éditions du Progrès, Moscou 1981, p. 487.

* Voir le glossaire : *Protocoles des Sages de Sion*.

C'est le développement effréné des forces productives se heurtant aux limites étroites de la consommation qui constitue la force motrice véritable de l'impérialisme, le stade suprême du capitalisme. Mais c'est la « race » qui semble être sa force apparente la plus caractéristique. Le racisme, c'est donc d'abord le déguisement idéologique de l'impérialisme moderne. La « race luttant pour son *lebensraum*, son espace vital » n'est rien d'autre que le reflet de la nécessité permanente d'expansion qui caractérise le capitalisme financier ou le capitalisme des monopoles.

Si la contradiction fondamentale du capitalisme, la contradiction entre la production et la consommation, entraîne pour la grande bourgeoisie la nécessité de lutter pour la conquête des marchés extérieurs, elle oblige la petite bourgeoisie à lutter pour l'élargissement du marché intérieur. Le manque de débouchés extérieurs pour les grands capitalistes va de pair avec le manque de débouchés intérieurs pour les petits capitalistes. Tandis que la grande bourgeoisie lutte avec fureur contre ses concurrents sur le marché extérieur, la petite bourgeoisie combat avec non moins d'acharnement ses concurrents sur le marché intérieur. Le « racisme » extérieur s'accompagne donc d'un « racisme » intérieur. L'aggravation inouïe des contradictions capitalistes au vingtième siècle entraîne une exaspération croissante du « racisme » extérieur comme du « racisme » intérieur.

Le caractère principalement commercial et artisanal du judaïsme, héritage d'un long passé historique, en fait l'ennemi numéro un de la petite bourgeoisie sur le marché intérieur. C'est donc le caractère petit-bourgeois du judaïsme qui le rend si odieux à la petite bourgeoisie. Mais si le passé historique du judaïsme exerce une influence déterminante sur sa composition sociale actuelle, il a des effets non moins importants sur la représentation des Juifs dans la conscience des masses populaires. Pour celles-ci, le Juif demeure le représentant traditionnel des « puissances d'argent ».

Ce fait est d'une grande importance, car la petite bourgeoisie n'est pas seulement une classe « capitaliste », c'est-à-dire une classe dépositaire « en miniature » de toutes les tendances capitalistes ; elle est aussi « anticapitaliste ». Elle a la conscience forte, quoique vague, d'être ruinée et dépouillée par le grand capital. Mais son caractère hybride, sa situation interclasse ne lui permet pas de comprendre la véritable structure de la société ainsi que le caractère réel du grand capital. Elle est incapable de comprendre les véritables tendances de l'évolution sociale, car elle pressent que cette évolution ne peut que lui être fatale.

Elle veut être anticapitaliste sans cesser d'être capitaliste. Elle veut détruire le caractère « mauvais » du capitalisme, c'est-à-dire les tendances qui la ruinent, tout en conservant le caractère « bon » du capitalisme qui lui permet de vivre et de s'enrichir. Mais comme il n'existe pas de capitalisme possédant les « bonnes » tendances sans en posséder les « mauvaises », la petite bourgeoisie est obligée de l'inventer de toutes pièces.

Ce n'est pas par hasard que la petite bourgeoisie a inventé « l'hypercapitalisme », la « mauvaise » déviation du capitalisme, son esprit du mal. Ce n'est pas par hasard que ses théoriciens depuis plus d'un siècle, notamment Proudhon, s'évertuent à lutter contre le « mauvais capitalisme spéculatif » et défendent l'« utile capitalisme productif [11] ». La tentative des théoriciens nazis de distinguer entre le « capital productif national » et le « capital parasitaire juif » est probablement le dernier essai dans ce genre.

---

11. Voir l'utopie proudhonienne du crédit gratuit.

Le « capitalisme juif » peut représenter le mieux le mythe du « mauvais capitalisme ». Le concept de la « richesse juive » est en effet solidement ancré dans la conscience des masses populaires. Il s'agit seulement, par une propagande savamment orchestrée, de réveiller et d'actualiser l'image du « Juif usurier » contre lequel luttèrent longtemps paysans, petits-bourgeois et seigneurs. La petite bourgeoisie et une couche d'ouvriers restés sous son emprise se laissent facilement influencer par une telle propagande et donnent dans le panneau du « capitalisme juif ».

Historiquement, la réussite du racisme signifie que le capitalisme est parvenu à canaliser la conscience anticapitaliste des masses dans la direction d'une forme antérieure du capitalisme n'existant plus qu'à l'état de vestige. Ce vestige est cependant suffisamment considérable encore pour donner une certaine apparence de réalité au mythe.

On voit que le racisme est composé d'éléments assez hétéroclites. Il reflète la volonté expansionniste du grand capital. Il exprime la haine de la petite bourgeoisie contre les éléments « étrangers » sur le marché intérieur ainsi que ses tendances anticapitalistes.

C'est en tant qu'élément capitaliste que la petite bourgeoisie combat le concurrent juif et en tant qu'élément anticapitaliste qu'elle lutte contre le « capital juif ». Le racisme détourne enfin la lutte anticapitaliste des masses vers une forme antérieure du capitalisme, n'existant plus qu'à l'état de vestige.

Mais si l'analyse scientifique permet de déceler ses parties composantes, l'idéologie raciste doit apparaître comme une « doctrine » absolument homogène. Le racisme sert précisément à fondre toutes les classes dans le creuset d'une « communauté raciale » opposée aux autres races. Le mythe raciste s'efforce d'apparaître comme un tout, n'ayant que de vagues rapports avec ses origines

Les fascistes tentent d'abord de diriger l'anticapitalisme croissant contre les Juifs. Ils s'en prennent ensuite à « l'ennemi étranger », soit le bolchevisme et la ploutocratie anglo-saxonne, qu'ils identifient aux Juifs.

À gauche : Affiche électorale nazie de 1928, utilisant la démagogie anticapitaliste : « Détruisez la haute finance internationale. »

À droite : Caricature de 1941, avec Churchill et Staline se serrant la main au-delà des continents dans une « conspiration juive contre l'Europe ».

souvent très différentes. Il tend à fusionner d'une façon parfaite ses différents éléments.

Ainsi par exemple, le racisme « extérieur », déguisement idéologique de l'impérialisme, ne doit pas en soi revêtir forcément un caractère antisémite. Mais par nécessité de syncrétisme, c'est ce caractère qu'il revêt généralement. L'anticapitalisme des masses, canalisé d'abord dans la direction du judaïsme, est reporté ensuite contre « l'ennemi extérieur » qui lui est identifié. La « race germanique » se trouvera en devoir de combattre le « Juif », son ennemi principal, sous tous ses déguisements : celui du bolchevisme et du libéralisme intérieurs, de la ploutocratie anglo-saxonne et du bolchevisme extérieur.

Hitler dit dans *Mein Kampf* [Mon combat] qu'il est indispensable de présenter les différents ennemis sous un aspect commun, sinon il y a danger que les masses réfléchissent trop sur les différences existant entre ces ennemis. C'est pour cela que le racisme est un mythe et non une doctrine. Il exige la foi, mais craint comme feu le raisonnement. L'antisémitisme contribue le mieux à cimenter les différents éléments du racisme.

Tout aussi bien qu'il faut fondre les différentes classes dans *une seule race*, il faut aussi que cette « race » n'ait qu'un seul ennemi : « le Juif international ». Le mythe de la race est nécessairement accompagné de son « négatif » : l'antirace, le Juif. La « communauté » raciale est édifiée sur la haine des Juifs, haine dont le plus solide fondement « racial » gît dans l'histoire, à l'époque où le Juif était effectivement un corps étranger et hostile à toutes les classes.

L'ironie de l'histoire veut que l'idéologie antisémitique la plus radicale de l'histoire triomphe précisément à l'époque où le judaïsme se trouve en voie d'assimilation économique et sociale. Mais, comme toutes les « ironies de l'histoire », cet apparent paradoxe est fort compréhensible.

À l'époque où le Juif était inassimilable, à l'époque où il représentait vraiment « le capital », il était indispensable à la société. Il ne pouvait être question de le détruire. Actuellement, la société capitaliste au bord de l'abîme essaie de se sauver en ressuscitant le Juif et la haine des Juifs.

Mais c'est précisément parce que les Juifs ne jouent pas le rôle qui leur est attribué que la persécution antisémite peut prendre une telle ampleur. Le capitalisme juif est un mythe, c'est pourquoi il est si facile de le vaincre. Mais en vainquant son « négatif », le racisme détruit également les fondements de sa propre existence. À mesure que s'évanouit le fantôme du « capitalisme juif », apparaît dans toute sa laideur la réalité capitaliste. Les contradictions sociales, un instant dissimulées par les fumées de l'ivresse « raciale », apparaissent dans toute leur acuité. À la longue, le mythe se montre impuissant devant la réalité.

Malgré son apparente homogénéité, l'évolution même du racisme laisse clairement apparaître les transformations économiques, sociales et politiques qu'il s'efforce de dissimuler. Au début, pour pouvoir se créer l'armature indispensable à la lutte pour son « espace vital », à la guerre impérialiste, le grand capital doit abattre son ennemi intérieur, le prolétariat. C'est la petite bourgeoisie et les éléments déclassés du prolétariat qui fournissent les troupes de choc, capables de briser les organisations économiques et politiques du prolétariat.

Le racisme, au début, apparaît donc comme une idéologie de la petite bourgeoisie. Son programme reflète les intérêts et les illusions de cette classe. Il promet la lutte contre « l'hypercapitalisme », contre les trusts, la bourse, les grands magasins, etc. Mais aussitôt que le grand capital est parvenu à briser le prolétariat grâce à l'appui de la petite bourgeoisie, cette classe lui devient un fardeau insupportable.

Le programme de préparation à la guerre implique précisément l'élimination sans pitié des petites entreprises, un prodigieux développement des trusts, une prolétarisation intensive. Cette même préparation militaire nécessite l'appui ou tout au moins une sorte de neutralité du prolétariat, facteur de production le plus important. Aussi le grand capital n'hésite-t-il pas un instant à violer le plus cyniquement ses promesses les plus solennelles et à étrangler le plus brutalement la petite bourgeoisie.

Le racisme s'attache maintenant à flatter le prolétariat, à apparaître comme un mouvement radicalement « socialiste ». C'est ici que l'identification judaïsme-capitalisme joue le rôle le plus important. L'expropriation radicale des capitalistes juifs doit jouer le rôle de « garantie », de « caution », de la volonté de lutte anticapitaliste du racisme. Le caractère anonyme du capitalisme des monopoles contrairement au caractère généralement personnel (et souvent commercial spéculatif) des entreprises juives lui facilite cette opération de fraude spirituelle. L'homme du peuple aperçoit plus facilement le capitalisme « réel », le commerçant, le fabricant, le spéculateur que le « respectable directeur d'une société anonyme » qu'on fait passer pour un « facteur de production indispensable ».

C'est ainsi que l'idéologie raciste arrive aux identifications suivantes : judaïsme = capitalisme ; racisme = socialisme ; économie dirigée pour la guerre = économie dirigée socialiste.

Il est indéniable que des couches considérables d'ouvriers, privées de leurs organisations, aveuglées par les succès politiques extérieurs d'Hitler, se sont laissées tromper comme ce fut le cas auparavant pour la petite bourgeoisie par la mythologie raciste. Momentanément, la bourgeoisie semble avoir atteint son but. La furieuse persécution antijuive s'étendant à toute l'Europe sert à montrer la victoire « définitive » du racisme, la défaite irréductible du « judaïsme international ».

D. Sur la race juive

La « théorie » raciale [et les lois raciales nazies de Nuremberg] dominante actuellement n'est rien d'autre qu'un essai d'asseoir « scientifiquement » le racisme *. Elle est dénuée de toute valeur scientifique. Il suffit d'observer les pitoyables acrobaties auxquelles se livrent les théoriciens racistes pour démontrer la parenté des « Germains » et des « Nippons » ou l'antagonisme irréductible entre « l'héroïque esprit germanique » et « l'esprit mercantile anglo-saxon », pour en être complètement convaincu.

Les divagations d'un [George] Montandon sur la « déprostitution » de « l'ethnie » juive par... l'obligation de porter des étoiles de David ne valent certainement pas mieux **. La prostitution véritable de certains « savants » au racisme montre un spectacle rare de déchéance de la dignité humaine. Ce n'est là d'ailleurs que l'aboutissement de la déchéance complète de la science bourgeoise qui déjà, sous la démocratie, n'était rien moins qu'objective.

Les niaiseries racistes ne doivent pas nous empêcher cependant d'examiner dans quelle mesure il est nécessaire de parler d'une race juive. Or l'examen le plus superficiel de la question nous amène à la conclusion que les Juifs constituent en réalité un mélange de races des plus hétéroclites. C'est évidemment le caractère diasporique du judaïsme qui est la cause essentielle de ce fait.

---

* Voir le glossaire : Nuremberg, lois raciales de.

** Voir le glossaire : Montandon, George.

Mais même en Palestine, les Juifs furent loin de constituer une « race pure ». Sans parler du fait que, d'après la Bible, les Israélites ont emmené à leur sortie d'Égypte une masse d'Égyptiens et que Strabon les considérait comme descendants d'Égyptiens. Il suffit de rappeler les nombreuses races qui s'étaient établies en Palestine : Hittites, Cananéens, Philistins (« aryens »), Égyptiens, Phéniciens, Grecs, Arabes. La Judée était habitée, d'après Strabon, par des Phéniciens, des Égyptiens et des Arabes.

Le développement du prosélytisme juif durant l'époque grecque et romaine a fortement accentué le caractère mêlé du judaïsme. Déjà en 139 avant J.-C., les Juifs sont chassés de Rome pour y avoir fait des prosélytes. La communauté d'Antioche était composée en grande partie de prosélytes. Le prosélytisme n'a jamais cessé, même durant les périodes postérieures. La conversion forcée d'esclaves au judaïsme, la conversion des Khazars ainsi que d'autres races et peuplades au cours de la longue diaspora ont constitué autant de facteurs qui ont fait du judaïsme un conglomérat caractéristique de races.

Actuellement, il n'y a absolument aucune homogénéité raciale entre les Juifs yéménites par exemple et les Juifs du Daghestan [dans le Caucase]. Les premiers sont du type oriental tandis que les derniers appartiennent à la race mongole. Il y a des Juifs noirs aux Indes, des Juifs éthiopiens (Falachas), des Juifs « troglodytes » [vivant dans des cavernes] en Afrique. Cependant cette différence fondamentale existant par exemple entre les Juifs du Daghestan et les Juifs yéménites n'épuise pas la question. En effet, les neuf dixièmes des Juifs actuels sont des Juifs habitant l'Europe orientale ou des descendants de Juifs de cette contrée.

Y a-t-il une race juive européenne-orientale ? Voilà comment y répond le théoricien antisémite Hans Günther : « Le judaïsme oriental qui forme près des neuf dixièmes des Juifs, composé aujourd'hui des Juifs de Russie, de Pologne, de Galicie, de Hongrie, d'Autriche et d'Allemagne, ainsi que de la plus grande partie des Juifs de l'Amérique du Nord et d'une grande partie des Juifs d'Europe occidentale, constitue un mélange des races asiatique-antérieure (*vorderasiatisch*), orientale, balte, asiatique-intérieure (*innerasiatisch*), nordique, hamitique, nègre [12]. »

D'après les recherches auxquelles on s'est livré à New York, sur 4 235 Juifs, il y avait :

	JUIFS (POUR CENT)	JUIVES (POUR CENT)
Types bruns	52,62	56,94
Types blonds	10,42	10,27
Types mêlés	36,96	32,79

14,25 pour cent des Juifs et 12,70 pour cent des Juives possédaient ce qu'on appelle le nez juif, qui n'est rien d'autre que le nez commun aux peuples de l'Asie mineure, particulièrement répandu parmi les Arméniens. Ce nez est aussi fortement répandu parmi les peuples méditerranéens ainsi que parmi les Bavarois (race dinarique.) Ces quelques remarques nous permettent de conclure à l'inanité du concept de la « race juive ». La race juive est un mythe. Par contre, il est juste de dire que les Juifs constituent un mélange racial différent des mélanges raciaux de la plupart des peuples européens, principalement des slaves et des germains.

Cependant, ce ne sont pas tellement les caractéristiques anthropologiques des Juifs qui les distinguent des autres peuples que leurs caractéristiques physiologiques, pathologiques et surtout psychiques.

---

12. Hans Günther, *Rassenkunde des Jüdisches Volkes* [Anthropologie raciale du peuple juif], Munich, 1930, p. 191.

C'est surtout la fonction économique et sociale du judaïsme à travers l'histoire qui explique ce phénomène. Durant des siècles, les Juifs furent des habitants des villes, livrés au commerce. Le « type juif » est beaucoup plus un résultat de cette fonction séculaire qu'une caractéristique raciale. Les Juifs ont absorbé une masse d'éléments raciaux hétérogènes, mais tous ces éléments ont été soumis à l'influence des conditions spécifiques dans lesquelles vivaient les Juifs, ce qui à la longue aboutit à la création de ce qu'on appelle le « type juif ». C'est le résultat d'une longue sélection non pas raciale, mais économique et sociale. La faiblesse corporelle, la fréquence de certaines maladies telles que le diabète, la nervosité, une attitude corporelle spécifique, etc., ne sont pas des caractéristiques raciales, mais résultent d'une position sociale spécifique.

Il n'y a rien de plus ridicule que d'expliquer par exemple le penchant au commerce ou la tendance vers l'abstraction des Juifs par leur race. Partout où les Juifs s'assimilent économiquement, partout où ils cessent de former une classe, ils perdent rapidement toutes ces caractéristiques. Il se fait ainsi que là où les théoriciens racistes pensaient se trouver en face d'une « véritable race », ils ne sont en réalité que devant une communauté humaine dont les caractéristiques spécifiques sont avant tout le résultat des conditions sociales dans lesquelles ils ont vécu durant de longs siècles. Un changement de ces conditions sociales doit naturellement entraîner la disparition des « caractéristiques raciales » du judaïsme.

E. Le sionisme

Le sionisme est né à la lueur des incendies provoqués par les pogroms russes de 1882 et dans le tumulte de l'affaire Dreyfus, deux événements qui reflétèrent l'acuité que commence à prendre le problème juif à la fin du dix-neuvième siècle.

La capitalisation rapide de l'économie russe après la réforme de 1863 rend intenable la situation des masses juives des petites villes. En Occident, les classes moyennes, broyées par la concentration capitaliste, commencent à se tourner contre l'élément juif dont la concurrence aggrave leur situation. En Russie se fonde l'Association des « Amants de Sion ». Léon Pinsker écrit l'*Auto-émancipation*, livre dans lequel il préconise le retour en Palestine, unique solution possible de la question juive. À Paris, le baron Rothschild qui, comme tous les magnats juifs, considère avec très peu de faveur l'arrivée massive dans les pays occidentaux des immigrants juifs, commence à s'intéresser à l'oeuvre de la colonisation juive en Palestine. Aider « leurs frères infortunés » à retourner dans le pays des « ancêtres », c'est-à-dire à aller le plus loin possible, n'a rien pour déplaire à la bourgeoisie juive de l'Occident, craignant avec raison la montée de l'antisémitisme.

Un peu après la parution du livre de Léon Pinsker, un journaliste juif de Budapest, Théodore Herzl, assiste à Paris aux manifestations antisémites provoquées par l'affaire Dreyfus. Il écrira *L'État juif* qui demeure jusqu'à aujourd'hui l'évangile du mouvement sioniste. Dès le début, le sionisme apparaît comme une réaction de la petite bourgeoisie juive (qui forme d'ailleurs encore le noyau du judaïsme) durement frappée par la vague montante de l'antisémitisme, ballottée d'un pays à l'autre et qui essaie d'atteindre la Terre promise où elle pourra se soustraire aux tempêtes déferlant sur le monde moderne.

Le sionisme est donc un mouvement très jeune. C'est le plus jeune des mouvements nationaux européens. Cela ne l'empêche pas de prétendre, bien plus que tous les autres nationalismes, qu'il tire sa substance d'un passé extrêmement lointain. Tandis que le sionisme est en fait le produit de la dernière phase du capitalisme, du capitalisme

Le sionisme est né au milieu des flammes des pogroms russes des années 1880 et du tumulte entourant l'affaire Dreyfus en France.

Le Petit Journal

Le Petit Journal

Le Supplément illustré

SUPPLÉMENT ILLUSTRÉ

Huit pages : CINQ centimes

ABONNEMENTS

Sixième année

DIMANCHE 13 JANVIER 1895

Numero 217

LE TRAITRE

Dégradation d'Alfred Dreyfus

Ci-dessus : Un quotidien français montre « le traître » Alfred Dreyfus en train d'être dégradé. En 1894, ce capitaine juif de l'armée française a été reconnu coupable de trahison et envoyé à vie dans une colonie pénitentiaire sur l'île du Diable. La campagne pour le défendre a montré une montée de l'antisémitisme en Europe occidentale. Il a été gracié en 1899 quand des documents se sont révélés falsifiés. Dreyfus n'a été disculpé et réintégré qu'en 1906.

commençant à pourrir, il prétend tirer son origine d'un passé plus que bimillénaire. Alors que le sionisme est essentiellement une réaction contre la situation créée au judaïsme par la combinaison de la destruction du féodalisme et de la décadence du capitalisme, il affirme qu'il constitue une réaction contre l'état de choses existant depuis la chute de Jérusalem en l'an 70 de l'ère chrétienne. Sa naissance récente est naturellement la meilleure réplique à ces prétentions. En effet, comment croire que le remède à un mal existant depuis deux mille ans ait seulement pu être trouvé à la fin du dix-neuvième siècle ?

Mais comme tous les nationalismes, et bien plus intensément encore, le sionisme considère le passé historique à la lumière du présent. C'est ainsi d'ailleurs qu'il déforme l'image du présent. Tout comme on présente aux enfants français la France comme existant depuis la Gaule de Vercingétorix, tout comme on présente aux enfants de Provence [dans le sud de la France] les victoires que les rois d'Île-de-France ont remportées contre leurs ancêtres comme leurs propres succès, ainsi le sionisme essaie de créer le mythe d'un judaïsme éternel, éternellement en butte aux mêmes persécutions. Le sionisme voit dans la chute de Jérusalem la cause de la dispersion et par conséquent l'origine de tous les malheurs juifs dans le passé, le présent et le futur.

« La source de tous les malheurs du peuple juif est la perte de sa patrie historique et sa dispersion dans tous les pays », déclare la délégation marxiste du « Poale-Zion * » au Comité hollando-scandinave. Après la dispersion violente des Juifs par les Romains, la lamentable histoire continue. Chassés de leur patrie, les Juifs n'ont pas voulu (ô beautés du libre arbitre !) s'assimiler. Pénétrés de leur « cohésion nationale », « d'un sentiment éthique supérieur » et « d'une croyance

* Voir le glossaire : Borochov, Ber.

indestructible dans un Dieu unique », (voir l'article de Ben Adir sur « Antisémitisme » dans l'*Encyclopédie générale*), ils ont résisté à toutes les tentatives d'assimilation. Leur seul espoir, pendant ces jours sombres qui ont duré deux mille ans, fut la vision d'un retour dans leur antique patrie.

Le sionisme ne s'est jamais sérieusement posé cette question : pourquoi pendant ces deux mille ans les Juifs n'ont-ils jamais tenté réellement de retourner dans cette patrie ? Pourquoi a-t-il fallu attendre la fin du dix-neuvième siècle pour que Herzl parvienne à les convaincre de cette nécessité ? Pourquoi tous les prédécesseurs de Herzl, comme le fameux Sabbatai Tsevi, * s'étaient-ils vus traiter de faux messies ? Pourquoi les adhérents de Sabbatai Tsevi furent-ils férocement persécutés par le judaïsme orthodoxe ?

Naturellement, pour répondre à ces questions intéressantes, on se réfugie derrière la religion. « Aussi longtemps que les masses croyaient qu'elles devaient demeurer dans la diaspora jusqu'à la venue du messie, il fallait souffrir en silence », dit [Chaim] Zhitlovsky [13] dont le sionisme est d'ailleurs assez conditionnel. Mais cependant cette explication ne nous explique rien. Il s'agit précisément de savoir pourquoi les masses juives croyaient qu'il fallait attendre le messie pour pouvoir « retourner dans leur patrie ». La religion étant un reflet idéologique des intérêts sociaux, elle doit forcément leur correspondre. Aujourd'hui la religion ne constitue nullement un obstacle au sionisme [14].

---

* Voir le glossaire : Tsevi, Sabbatai.

13. Chaim Zhitlovsky, « Der ökonomische Materialismus und die nationale Frage » [Le matérialisme économique et la question nationale], dans *Gezamelte Schriften*, New York, 1912-1919, vol. 6.

14. Il y a un parti bourgeois religieux-sioniste, *Mizrahi*, et un parti ouvrier religieux-sioniste, *Poale-Mizrahi*.

En réalité, aussi longtemps que le judaïsme était incorporé dans le système féodal, le « rêve de Sion » n'était précisément rien d'autre qu'un rêve et ne correspondait à aucun intérêt réel du judaïsme. Le cabaretier ou le « fermier » juif de Pologne du seizième siècle pensait aussi peu à « retourner » en Palestine qu'aujourd'hui le millionnaire juif d'Amérique. Le messianisme religieux juif ne se distinguait en rien des messianismes propres aux autres religions. Les pèlerins juifs qui se rendaient en Palestine y trouvaient des pèlerins catholiques, orthodoxes, musulmans. Ce n'était d'ailleurs pas tant le « retour en Palestine » qui constituait le fond de ce messianisme que la croyance dans la reconstruction du temple de Jérusalem.

Toutes ces conceptions idéalistes du sionisme sont naturellement inséparables du dogme de l'antisémitisme éternel. « Aussi longtemps que les Juifs habiteront la diaspora, ils seront haïs par les « autochtones. » Ce point de vue essentiel au sionisme, son ossature, peut-on dire, est naturellement nuancé par ses divers courants.

Le sionisme transpose l'antisémitisme moderne à toute l'histoire, il s'épargne la peine d'étudier les diverses formes de l'antisémitisme, son évolution. Cependant, nous avons vu qu'à diverses époques historiques, le judaïsme faisait partie des classes possédantes et était traité comme elles. Pour résumer [cette conception idéaliste], les sources du sionisme devraient être cherchées dans l'impossibilité de s'assimiler à cause de l'antisémitisme « éternel » et de la volonté de sauvegarder les « trésors du judaïsme [15] ».

En réalité, l'idéologie sioniste, comme toute idéologie, n'est que le reflet défiguré des intérêts d'une classe. C'est l'idéologie de la petite bourgeoisie juive, étouffant entre

---

15. Adolf Böhm, *Die Zionistische Bewegung* [Le mouvement sioniste], Berlin, 1935-1937, vol. 1, chapitre 3.

le féodalisme en ruine et le capitalisme en décadence. La réfutation des fantaisies idéologistes du sionisme ne réfute naturellement pas les besoins réels qui l'ont fait naître. C'est l'antisémitisme moderne, et non pas le mythique antisémitisme « éternel », qui est le meilleur agitateur en faveur du sionisme. De même, la question essentielle qui se pose est de savoir dans quelle mesure le sionisme est capable de résoudre, non pas l'« éternel » problème juif, mais la question juive à l'époque de la décadence capitaliste.

Les théoriciens sionistes aiment à comparer le sionisme à tous les autres mouvements nationaux. Mais en réalité, les fondements des mouvements nationaux et du sionisme sont tout à fait différents. Le mouvement national de la bourgeoisie européenne est la conséquence du développement capitaliste. Il reflète la volonté de la bourgeoisie de créer les bases nationales de la production, d'abolir les survivances féodales. Le mouvement national de la bourgeoisie européenne est étroitement lié à la phase ascendante du capitalisme. Mais au dix-neuvième siècle, à l'époque de l'efflorescence des nationalismes, loin d'être « sioniste », la bourgeoisie juive était profondément assimilatrice. Le processus économique d'où sont issues les nations modernes posait les bases de l'intégration de la bourgeoisie juive dans la nation bourgeoise.

C'est seulement quand le procès de la formation des nations touche à sa fin, quand les forces productives se trouvent depuis longtemps à l'étroit dans les frontières nationales, que commence à se manifester le procès de l'expulsion des Juifs de la société capitaliste, que commence à se développer l'antisémitisme moderne. L'élimination du judaïsme accompagne la décadence du capitalisme. Loin d'être un produit du développement des forces productives, le sionisme est précisément la conséquence de l'arrêt total de ce développement, le résultat de la pétrification du capitalisme. Tandis que le mouvement national est le produit de la période ascendante du capitalisme, le sionisme est le produit de l'ère impérialiste. La tragédie juive du vingtième siècle est une conséquence directe de la décadence du capitalisme.

C'est là que gît l'obstacle principal à la réalisation du sionisme. *La décadence capitaliste, base de la croissance du sionisme, est aussi cause de l'impossibilité de sa réalisation.* La bourgeoisie juive est obligée de créer de toutes pièces un État national, de s'assurer les cadres objectifs du développement de ses forces productives, précisément à l'époque où les conditions d'un tel développement ont depuis longtemps disparu. Les conditions de la décadence du capitalisme, qui ont posé d'une façon si aiguë la question juive, rendent aussi impossible sa solution par la voie sioniste. Et il n'y a rien d'étonnant à cela. On ne peut supprimer un mal sans en détruire les causes. Or le sionisme veut résoudre la question juive sans détruire le capitalisme qui est la source principale des souffrances des Juifs.

À la fin du dix-neuvième siècle, à l'époque où le problème juif commençait seulement à se poser dans toute son acuité, 150 000 Juifs quittaient annuellement leur pays d'origine. Entre 1881 et 1925, près de quatre millions de Juifs se sont expatriés. Malgré ces chiffres énormes, le judaïsme de l'Europe orientale est passé de 6 à 8 millions.

Ainsi, même quand le capitalisme se développait encore, même quand les pays d'outre-mer accueillaient encore les émigrants, la question juive ne pouvait recevoir même un commencement de solution (dans le sens sioniste). Loin de diminuer, la population juive montrait un mauvais penchant à vouloir croître encore.

Pour commencer à résoudre la question juive, c'est-à-dire pour commencer à transplanter réellement les masses juives, il faudrait que les pays d'immigration absorbassent au moins un peu plus que l'accroissement naturel des Juifs dans la diaspora, soit au moins 300 000 Juifs par an. Et si avant la première guerre impérialiste, lorsque toutes les conditions étaient encore favorables à l'émigration, lorsque tous les pays développés tels les États-Unis laissaient entrer les immigrants en masse, un tel chiffre n'a jamais pu être atteint, comment croire qu'une telle réalisation soit possible à la période de la crise persistante du capitalisme, à l'époque des guerres presque incessantes ?

Naturellement, il y a suffisamment de navires dans le monde pour transporter des centaines de milliers, voire même des millions de Juifs. Mais si tous les pays ont fermé leurs portes aux émigrants, c'est parce qu'il y a une surproduction de forces de travail, comme il y a une surproduction de marchandises. Contrairement à la thèse de Malthus selon laquelle il y aurait trop d'hommes sur la planète parce qu'il y aurait trop peu de produits, c'est précisément l'abondance des produits qui est cause de la « pléthore » des humains *.

Par quel miracle, à l'époque où les marchés mondiaux sont saturés de produits, à l'époque où le chômage s'installe partout en permanence, par quel miracle un pays aussi grand et aussi riche qu'il fût (nous laissons donc de côté les données spécifiques à la pauvre et petite Palestine) pourrait-il développer ses forces productives au point de pouvoir accueillir chaque année 300 000 émigrants ?

En réalité, les possibilités d'émigration juive diminuent en même temps qu'augmente sa nécessité. Les causes qui poussent à l'émigration sont les mêmes que celles qui empêchent sa réalisation : elles proviennent toutes de la décadence du capitalisme.

C'est de cette contradiction essentielle entre la *nécessité* et la *possibilité* d'émigrer que découlent aussi les difficultés

* Voir le glossaire : Malthus, Thomas.

Dans les années 1930, la crise capitaliste et l'antisémitisme ont incité des Juifs d'Europe à émigrer. Les dirigeants américains et britanniques ont répondu en leur fermant les portes.

Liste de cadeaux de Noël de Roosevelt

Caricatures en 1938 dans le *Northwest Organizer*, journal du syndicat des Teamsters à Minneapolis.

Le premier dessin dénonce les larmes de crocodile de Roosevelt pour les Juifs. De 1933 à 1945, les États-Unis n'ont accordé aux Juifs que 17 000 visas par an en moyenne. Au cours de ces 12 années, le Royaume-Uni en a donné 6 000 au total et le Canada, 5 000.

ARCHIVES DU JDE

En haut : Le *Socialist Appeal* (ancien nom du *Militant*) en novembre 1938. **En bas :** Des réfugiés juifs à bord du paquebot *St-Louis* arrivent à La Havane le 27 mai 1939. Ils se voient refuser l'entrée à Cuba, puis à Miami par l'administration Roosevelt, puis au Canada par le gouvernement de Mackenzie King. Sur les 900 passagers renvoyés de force en Europe, 250 ont péri plus tard dans des camps nazis.

politiques du sionisme. L'époque du développement des nations européennes fut aussi la période d'une intense colonisation dans les pays d'outre-mer. C'est au début et au milieu du dix-neuvième siècle, dans l'âge d'or du nationalisme européen, que fut colonisée l'Amérique du Nord. C'est aussi dans cette période que l'Amérique du Sud et l'Australie commencèrent à se développer. De vastes étendues de la terre étaient presque entièrement sans maître et se prêtaient merveilleusement à l'établissement des millions d'émigrants européens. À cette époque, pour les raisons que nous avons étudiées, les Juifs ne songèrent pas ou peu à émigrer.

Aujourd'hui, le monde entier est colonisé, industrialisé et divisé entre les divers impérialismes. Partout, les émigrants juifs se heurtent à la fois au nationalisme des « indigènes » et à l'impérialisme dominant. En Palestine, le nationalisme juif se heurte à un nationalisme arabe de plus en plus agressif. L'enrichissement de la Palestine par l'immigration juive accroît même l'intensité de ce nationalisme arabe. Le développement économique du pays a pour résultat l'accroissement de la population arabe, sa différenciation sociale, la croissance d'un capitalisme national.

Pour vaincre la résistance arabe, les Juifs ont besoin de l'impérialisme anglais. Mais son « appui » est aussi nuisible que la résistance arabe. L'impérialisme anglais voit d'un oeil favorable une faible immigration juive constituant un contrepoids au facteur arabe, mais il est résolument hostile à l'établissement d'une nombreuse population juive en Palestine, au développement industriel, à l'accroissement du prolétariat. Il se sert simplement des Juifs pour contrebalancer la menace arabe, mais il fait tout pour susciter des difficultés à l'immigration juive. Ainsi, aux difficultés croissantes provenant de la résistance arabe, s'ajoute le jeu perfide de l'impérialisme britannique.

Enfin, il faut tirer une dernière conclusion des prémisses fondamentales qui ont été établies. À cause de son caractère nécessairement artificiel, à cause du peu de perspectives d'un développement rapide et normal à l'économie palestinienne à notre époque, l'oeuvre de colonisation sioniste demande des capitaux considérables.

Le sionisme demande aux races juives du monde des sacrifices sans cesse croissants. Mais aussi longtemps que la situation des Juifs est plus ou moins supportable dans la diaspora, aucune classe juive ne sent la nécessité de faire ces sacrifices. Au fur et à mesure que les masses juives sentent la nécessité d'avoir une « patrie », au fur et à mesure aussi que les persécutions augmentent d'intensité, les masses juives sont de moins en moins en mesure de contribuer à l'édification sioniste.

« Un peuple juif fort dans la diaspora est nécessaire à la reconstruction palestinienne », dit Ruppin. Mais aussi longtemps que le peuple juif est fort dans la diaspora, il ne ressent aucun besoin de la reconstruction palestinienne. Quand il ressent fortement cette nécessité, la possibilité de la réaliser n'existe plus. Il serait difficile de demander aujourd'hui aux Juifs européens, qui ont un pressant besoin vital d'émigrer, de faire quelque chose pour la reconstruction palestinienne. Le jour où ils pourront le faire, il y a beaucoup à parier que leur enthousiasme pour cette tâche baissera beaucoup.

On ne peut naturellement pas exclure une réussite relative du sionisme dans le sens de la création d'une majorité juive en Palestine et de la formation même d'un « État juif », c'est-à-dire d'un État placé sous la domination complète de l'impérialisme anglais ou américain. Ce serait en quelque sorte un retour à l'état de choses ayant existé en Palestine avant la destruction de Jérusalem et, de ce point de vue, il y aura « réparation d'une injustice bimillénaire ». Mais ce minuscule État juif « indépendant » au milieu d'une diaspora mondiale ne sera qu'un retour apparent à l'état de choses d'avant 70 avant J.-C. Ce ne sera même pas le commencement de la solution de la question juive.

En effet, la diaspora juive de l'époque romaine avait de solides bases économiques. Les Juifs jouaient dans le monde un rôle économique important. L'existence ou la non-existence d'une métropole palestinienne n'avait, pour les Juifs de cette époque, qu'une importance secondaire.

Aujourd'hui, il ne s'agit pas de donner aux Juifs un centre politique ou spirituel (comme le voulait [le dirigeant sioniste] Achad Ha'am). Il s'agit de sauver le judaïsme de l'anéantissement qui le guette dans la diaspora. Or en quoi l'existence d'un petit État juif en Palestine changera-t-elle quelque chose à la situation des Juifs polonais ou allemands ? En admettant même que tous les Juifs du monde eussent été aujourd'hui citoyens palestiniens, la politique d'Hitler eût-elle été différente ?

Il faut être frappé d'un incurable crétinisme juridique pour croire que, surtout à l'époque actuelle, la création d'un petit État juif en Palestine pourrait changer quoi que ce soit à la situation des Juifs dans le monde. La situation après la création éventuelle d'un État juif en Palestine ressemblera à l'état de choses qui existait à l'époque romaine en ceci seulement que, *dans les deux cas, l'existence d'un petit* État *juif en Palestine n'exerce aucune influence sur la situation des Juifs dans la diaspora.*

À l'époque romaine, la position économique et sociale du judaïsme de la diaspora était très forte. Aussi la disparition de cet État juif ne l'a-t-il nullement compromise. Aujourd'hui, la situation des Juifs dans le monde est très mauvaise. Aussi le rétablissement d'un État juif en Palestine ne saura-t-il nullement la rétablir. Dans les deux cas, la situation des Juifs ne dépend nullement de l'existence d'un État en Palestine, mais est fonction de la situation économique, sociale et politique générale. En supposant même que le rêve sioniste se réalise et que « l'injustice séculaire » soit réparée — et nous en sommes encore très loin — la situation du judaïsme mondial n'en sera nullement modifiée. Le temple sera peut-être rebâti, mais les fidèles continueront à souffrir.

L'histoire du sionisme est la meilleure illustration des difficultés invincibles qu'il rencontre. Ces difficultés résultent en dernière analyse de la contradiction essentielle qui le déchire : la contradiction entre la nécessité croissante de résoudre la question juive et l'impossibilité croissante de la résoudre dans les conditions de capitalisme décadent.

Immédiatement après la guerre impérialiste, l'émigration juive en Palestine ne rencontrait pas de grands obstacles sur son chemin. Malgré cela, il y eut relativement peu d'immigrants. Les conditions économiques des pays capitalistes après la guerre rendaient moins pressant le besoin d'émigrer. C'est d'ailleurs à cause de la faible étendue de cette émigration que le gouvernement britannique ne se sentait pas obligé d'accumuler des obstacles à l'entrée des Juifs en Palestine.

Dans les années 1924-1925-1926, la bourgeoisie polonaise ouvrit une offensive économique contre les masses juives. Ces années sont aussi la période d'une immigration très importante en Palestine. Mais cette immigration massive se heurte bientôt à d'insurmontables difficultés économiques. Le reflux est presque aussi grand qu'avait été le flux.

Jusqu'à 1933, date de l'arrivée d'Hitler au pouvoir, l'immigration continue à être très peu importante. Après cette date, des dizaines de milliers de Juifs commencent à arriver en Palestine. Mais cette « conjoncture » est bientôt arrêtée par une rafale de manifestations et de massacres antijuifs. Les Arabes craignent sérieusement de devenir une minorité dans le pays. Les féodaux arabes craignent d'être submergés par la vague du capitalisme. L'impérialisme britannique profite de cette tension pour accumuler des obstacles à l'entrée des Juifs, pour essayer d'approfondir le fossé existant entre Juifs et Arabes en proposant le partage de la Palestine.

Jusqu'à la seconde guerre impérialiste, le sionisme se trouvait ainsi aux prises avec des difficultés croissantes. La population palestinienne vivait dans un état de terreur permanente. Précisément quand la situation des Juifs devenait de plus en plus désespérée, le sionisme se montrait absolument incapable d'y porter remède. Les immigrés juifs « clandestins » étaient accueillis à coups de fusil par les « protecteurs » britanniques.

L'illusion sioniste commençait à perdre de l'attrait même aux yeux des moins avertis. En Pologne, les dernières élections [avant la guerre] montrèrent que les masses juives se détournaient complètement du sionisme. Les masses juives commençaient à comprendre que non seulement le sionisme ne pouvait pas améliorer sérieusement leur situation, mais qu'il fournissait des armes aux antisémites par ses théories sur la « nécessité objective de l'émigration juive ».

La guerre impérialiste et le triomphe de l'hitlérisme en Europe constituent pour le judaïsme un désastre sans précédent. Le judaïsme se trouve devant la menace de l'extermination complète. Que peut le sionisme devant un tel désastre ? N'est-il pas évident que la question juive dépend très peu des destinées futures de Tel-Aviv, mais beaucoup du régime qui s'établira demain en Europe et dans le monde ?

Les sionistes placent beaucoup d'espoir dans une victoire de l'impérialisme anglo-saxon. Cependant, existe-t-il une seule raison de croire que l'attitude des impérialistes anglo-saxons différera après leur victoire éventuelle de leur attitude d'avant cette guerre ? Il est évident que non. En admettant même que l'impérialisme anglo-saxon crée une espèce d'État juif avorton, nous avons vu que la situation du judaïsme mondial en serait à peine influencée.

Une large immigration juive en Palestine après cette guerre se heurtera aux mêmes difficultés qu'elle a connues avant. Dans les conditions de la décadence capitaliste, il est impossible de transplanter des millions de Juifs. Seule une économie planifiée mondiale socialiste serait capable d'un tel miracle. Mais cela suppose naturellement la révolution prolétarienne.

Or précisément, le sionisme prétend vouloir résoudre la question juive indépendamment de la révolution mondiale. En méconnaissant les sources réelles de la question juive à notre époque, en se berçant de rêves puérils et de sots espoirs, le sionisme démontre qu'il est une excroissance idéologique et non pas une doctrine scientifique [16].

---

16. Dans ce chapitre, il n'est question du sionisme qu'en tant qu'il est lié à la question juive. Le rôle du sionisme en Palestine constitue naturellement un autre problème.

HUIT

Vers une solution de la question juive

Il est faux de dire que depuis deux mille ans une solution s'impose au problème juif. Le fait même qu'au cours de cette longue période une telle solution n'a pu être trouvée prouve le mieux sa non-nécessité.

Le judaïsme était un facteur indispensable à la société précapitaliste. Il en était un organisme essentiel. C'est ce qui explique son existence bimillénaire dans la diaspora. Le Juif était un personnage aussi caractéristique de la société féodale que le seigneur et le serf. Ce n'est pas par hasard que c'est un élément étranger qui a joué le rôle de « capital » dans la société féodale. La société féodale, *en tant que telle*, ne pouvait pas former d'élément capitaliste. Au moment où elle a pu le faire, elle a commencé précisément à ne plus être féodale. Ce n'est pas non plus par hasard que le Juif est resté étranger au milieu de la société féodale. Le « capital » propre à la société précapitaliste vit en dehors de son système économique. Du moment que le capital commence à sortir des entrailles de ce système social et remplace ainsi l'organe emprunté, le Juif s'efface en même temps que la société féodale cesse d'être féodale.

C'est le capitalisme moderne qui a posé le problème juif. Non pas parce que les Juifs comptent actuellement près de 20 millions d'individus (le pourcentage des Juifs par rapport aux non-Juifs a même fortement baissé depuis l'époque romaine), mais parce que le capitalisme a détruit les bases séculaires de l'existence du judaïsme. Il a détruit la société féodale et avec elle la fonction du peuple-classe juif. L'histoire a condamné ce peuple-classe à la disparition. C'est ainsi que fut posé le problème juif. Le problème juif est celui de l'adaptation du judaïsme à la société moderne, le problème de la liquidation de l'héritage légué à l'humanité par le féodalisme.

Durant des siècles, le judaïsme a constitué un organisme social au sein duquel les éléments sociaux et nationaux s'interpénétraient profondément. Les Juifs sont loin de constituer une race. Au contraire, c'est probablement un des mélanges raciaux les plus caractéristiques, les plus prononcés. Cela n'empêche que, dans cet alliage, l'élément asiatique est très marquant, suffisamment marquant en tout cas pour différencier le Juif au milieu des nations occidentales où il se trouve le plus répandu.

Ce « fond » national réel est complété par un fond imaginaire, poétique, constitué par la tradition séculaire qui rattache le Juif actuel à ses lointains « ancêtres » de l'époque biblique. C'est sur cette base nationale que par la suite est venu se greffer le fond de classe, la psychologie mercantile. Les éléments nationaux et sociaux se sont mêlés au point de s'interpénétrer complètement. Il sera difficile de déceler chez le Juif polonais, dans son « type », la part héritée de ses ancêtres et la part empruntée à la fonction sociale qu'il exerce dans ce pays depuis des siècles.

On peut admettre que la base sociale a depuis longtemps gagné en importance sur le fond national. De toute façon, si l'élément social est venu s'ajouter à l'élément national, ce dernier n'a pu subsister que grâce au premier. C'est grâce à sa situation sociale et économique que le Juif a pu se « conserver ».

Le capitalisme a posé le problème juif, c'est-à-dire qu'il a détruit les bases sociales sur lesquelles le judaïsme s'était maintenu depuis des siècles. Mais le capitalisme n'a pas résolu le problème juif car il n'a pas pu absorber le Juif libéré de son écorce sociale. La décadence du capitalisme a suspendu les Juifs entre ciel et terre. Le marchand « pré-capitaliste » juif a en grande partie disparu mais son fils n'a pas trouvé de place dans la production moderne. La base sociale du judaïsme s'est effondrée. Le judaïsme est devenu en grande partie un élément déclassé. Le capitalisme a non seulement condamné la fonction sociale des Juifs, il a condamné aussi les Juifs eux-mêmes.

Les idéologues petits-bourgeois sont toujours enclins à ériger un phénomène historique en catégorie éternelle. Pour eux, la question juive est fonction de la diaspora. Seule la concentration des Juifs en Palestine pourrait la résoudre.

Cependant, c'est pur enfantillage que de ramener la question juive à une question territoriale. La solution territoriale n'a de sens que si elle signifie la disparition du judaïsme traditionnel, la pénétration des Juifs dans l'économie moderne, la « productivisation » des Juifs. Par une voie détournée, le sionisme revient ainsi aux solutions préconisées par ses pires ennemis : les « assimilateurs » conséquents. Pour les uns comme pour les autres, il s'agit de faire disparaître l'héritage « maudit » du passé, de faire des Juifs des ouvriers, des agriculteurs, des intellectuels productifs.

L'illusion du sionisme ne consiste pas dans sa volonté d'arriver à ce résultat. C'est là une nécessité historique qui se fraiera le chemin tôt ou tard. Son illusion consiste à croire que les difficultés insurmontables qu'oppose le capitalisme décadent à ces tâches disparaîtront comme par enchantement en Palestine. Mais si les Juifs n'ont pas pu trouver de place dans l'économie dans la diaspora, les mêmes causes empêcheront que cela se fasse en Palestine.

Le monde constitue une telle entité à l'époque actuelle que c'est pure folie d'y entreprendre de constituer un îlot à l'abri de ses tempêtes. C'est pourquoi la faillite de « l'assimilation » doit forcément être accompagnée de la faillite du sionisme. À l'époque où le problème juif prend l'allure d'une immense tragédie, la Palestine ne peut constituer qu'un faible palliatif. Dix millions de Juifs se trouvent dans un immense camp de concentration. Quel remède peut apporter à ce problème la création de quelques colonies sionistes ?

Donc, ni assimilation ni sionisme ? Pas de solution alors. Non, il n'y a pas de solution à la question juive en régime capitaliste, comme il n'y a pas de solution aux autres problèmes qui se posent à l'humanité sans de profonds bouleversements sociaux. Les mêmes causes qui ont rendu illusoire l'émancipation juive rendent impossible la réalisation du sionisme. Sans éliminer les causes profondes de la question juive, on ne pourra pas en éliminer les effets.

Le ghetto, la rouelle [pièce de tissu jaune que les Juifs devaient coudre sur leurs vêtements au moyen âge] ont reparu. Symboles aussi du destin tragique vers lequel est acheminée l'humanité. Mais l'exacerbation même de l'antisémitisme prépare les voies à sa disparition. L'éviction des Juifs constitue momentanément une sorte d'espace vital pour la petite bourgeoisie. « L'aryanisation » permit de caser quelques dizaines de milliers d'intellectuels et petits-bourgeois inoccupés.

Mais en s'attaquant aux causes apparentes de leurs misères, les petits-bourgeois n'ont fait que renforcer l'action de ses causes réelles. Le fascisme accélère le processus de prolétarisation des classes moyennes. Après les petits-bourgeois juifs, des centaines de milliers de commerçants et d'artisans ont été expropriés et prolétarisés. La concentration capitaliste a fait des progrès gigantesques. « L'apparente amélioration de la situation économique » ne s'est effectuée qu'au prix de la préparation de la deuxième guerre impérialiste, cause de destructions et de massacres formidables.

Ainsi le sort tragique du judaïsme reflète avec une particulière acuité la situation de toute l'humanité. Le déclin du capitalisme signifie pour les Juifs le « retour au ghetto », alors que les bases du ghetto ont disparu depuis longtemps avec les fondements de la société féodale. Pour toute l'humanité également, le capitalisme barre aussi bien le chemin du passé que la route de l'avenir. Seule la destruction du capitalisme peut permettre à l'humanité de mettre à profit les immenses acquisitions de l'ère industrielle.

Peut-on s'étonner que les masses juives qui ressentent les premières, et avec une acuité particulière, les contradictions du capitalisme aient fourni des forces abondantes pour la lutte socialiste et révolutionnaire ?

« À différentes reprises, Lénine souligna l'importance des Juifs pour la révolution non seulement en Russie, mais aussi dans d'autres pays. [...]

« Lénine exprima aussi l'idée que la fuite d'une partie de la population juive [...] à l'intérieur de la Russie, par suite de l'occupation [pendant la première guerre mondiale] des régions industrielles de l'Ouest, avait été très utile pour la révolution, de même que l'apparition pendant la guerre dans les villes russes d'un grand nombre d'intellectuels juifs. Ils permirent aux bolcheviks de briser le sabotage général auquel ils se heurtèrent partout au lendemain de la révolution et qui était très dangereux. Par-là, ils aidèrent les bolcheviks à surmonter une phase très critique [1]. »

Le pourcentage élevé des Juifs dans le mouvement prolétarien n'est que le reflet de la situation tragique du judaïsme à notre époque. Les facultés spirituelles des Juifs, fruit du passé historique du judaïsme, sont ainsi d'un appoint sérieux au mouvement prolétarien.

C'est là aussi certainement une dernière raison, et non pas la moins importante, de l'antisémitisme moderne. Les classes dirigeantes persécutent avec un sadisme particulier les intellectuels et les ouvriers juifs qui ont fourni une masse de combattants au mouvement révolutionnaire. Isoler complètement les Juifs des sources de la culture et de la science devient indispensable au régime décadent qui les persécute. La légende ridicule du « marxisme juif » n'est qu'une manifestation caricaturale des liens qui existent effectivement entre le socialisme et les masses juives.

Jamais la situation des Juifs n'a été aussi tragique. Aux pires époques du moyen âge, des contrées entières s'ouvraient pour les recevoir. Actuellement, le capitalisme, qui domine l'univers entier, leur rend la terre inhabitable. Jamais le mirage d'une Terre promise n'a tant hanté les masses juives. Mais jamais une Terre promise ne fut moins en mesure qu'à notre époque de résoudre la question juive.

Mais le paroxysme même qu'atteint le problème juif aujourd'hui donne aussi la clef de sa solution. Jamais la situation des Juifs n'a encore été aussi tragique, mais jamais

---

1. Semyon Dimanstein, *Lénine sur la question juive* (en russe), Moscou, 1924. Cité par Otto Heller, *La fin du judaïsme*, Paris, 1933, p. 228.

elle n'a été aussi près de cesser de l'être. Aux siècles passés, la haine des Juifs avait une base réelle dans l'antagonisme social qui les opposait aux autres classes de la population. Actuellement, les intérêts des classes juives sont liés étroitement aux intérêts des masses populaires du monde entier. En persécutant les Juifs comme « capitalistes », le capitalisme fait d'eux des parias complets. Les persécutions féroces contre le judaïsme mettent précisément à nu la bestialité stupide de l'antisémitisme, détruisent les restes de préventions que nourrissent contre eux les classes laborieuses. Les ghettos et les loques jaunes n'empêchent pas les ouvriers d'éprouver une solidarité grandissante à l'égard de ceux qui souffrent le plus des maux dont souffre toute l'humanité.

Et l'explosion sociale la plus formidable qu'aura vue le monde prépare enfin la libération des parias les plus persécutés de notre planète. Quand le peuple des fabriques et des champs aura enfin secoué la tutelle des capitalistes, quand devant l'humanité libérée s'ouvrira un avenir de développement illimité, les masses juives pourront apporter une contribution qui ne sera pas négligeable à l'élaboration d'un monde nouveau.

Cela ne veut pas dire que le socialisme, mû par un coup de baguette magique, fera disparaître toutes les difficultés qui entravent la solution de la question juive. L'exemple de l'U.R.S.S. montre que, même après la révolution prolétarienne, la structure spécifique du judaïsme, héritage de l'histoire, donnera lieu à un certain nombre de difficultés, surtout pendant les périodes de transition. Ainsi pendant la NEP *, les Juifs de Russie, utilisant leur expérience traditionnelle du commerce, ont fourni des cadres nombreux à la nouvelle classe bourgeoise.

---

* Voir le glossaire : NEP (Nouvelle politique économique).

D'autre part, la grande masse des petits commerçants et des petits artisans juifs a beaucoup souffert au début de la dictature prolétarienne. Ce n'est que plus tard, avec les succès du plan quinquennal, que les Juifs ont pénétré en masse dans l'économie soviétique. En somme, malgré certaines difficultés, l'expérience a été concluante : des centaines de milliers de Juifs sont devenus des ouvriers et paysans. Le fait que les employés et les fonctionnaires forment un pourcentage assez important des salariés juifs ne doit pas être considéré comme un indice inquiétant. Le socialisme n'a aucun intérêt à ce que les Juifs embrassent tous des professions manuelles. Au contraire, les facultés intellectuelles des Juifs doivent être mises largement à contribution.

Il s'est donc avéré que, même dans les conditions relativement difficiles d'un pays arriéré, le problème juif peut être résolu par le prolétariat. Les Juifs ont pénétré en masse dans l'économie russe. La « productivisation » des Juifs s'est accompagnée de deux processus parallèles : l'assimilation et la concentration territoriale. Là où les Juifs ont pénétré dans l'industrie, ils s'assimilent rapidement. Déjà en 1926, 40 pour cent à peine des mineurs juifs du bassin du Donetz parlaient le yiddish. Cependant les Juifs vivent sous le régime de l'autonomie nationale. Ils possèdent des écoles particulières, une presse yiddish, des tribunaux autonomes. Mais les nationalistes juifs ne cessent de déplorer l'abandon de ces écoles et de cette presse. Seulement là où des masses juives assez denses ont été envoyées comme colons, particulièrement au Birobidjan *, on assiste à une sorte de « renaissance nationale [2] ».

---

* Voir le glossaire : Birobidjan.

2. Le problème juif en Russie n'est traité ici qu'en passant.

La vie même montre donc que le problème qui divise si âprement le judaïsme — assimilation ou concentration territoriale — n'est essentiel que pour les rêveurs petits-bourgeois. Les masses juives ne souhaitaient que la fin de leur martyre. Cela, seul le socialisme peut le leur donner. Mais le socialisme doit donner aux Juifs, aussi bien qu'il le fera pour tous les peuples, la possibilité de s'assimiler comme la possibilité d'avoir une vie nationale particulière.

La fin du judaïsme ? Certes. Malgré leur opposition irréductible en apparence, assimilateurs et sionistes s'accordent à combattre le judaïsme tel que l'a connu l'histoire, le judaïsme mercantile de la diaspora, le peuple-classe. Les sionistes ne cessent de répéter qu'il s'agit de créer en Palestine un nouveau type de Juif, entièrement différent de celui de la diaspora. Ils rejettent même avec horreur la langue et la culture du judaïsme de la diaspora. Au Birobidjan, en Ukraine et dans le bassin du Donetz, le vieil homme se dépouille aussi de sa défroque séculaire.

Le peuple-classe, le judaïsme historique, est définitivement condamné par l'histoire. Le sionisme, malgré toutes ses prétentions traditionnelles, n'aboutira pas à une « renaissance nationale » mais tout au plus à une « naissance nationale ». Le « nouveau Juif » ne ressemble ni à son frère de la diaspora, ni à son ancêtre de l'époque de la chute de Jérusalem. Le jeune Palestinien, tout fier de parler la langue de Bar Kokhba *, n'aurait probablement pas été compris par ce dernier. En effet, à l'époque romaine, les Juifs parlaient couramment araméen et grec, mais ils n'avaient que de très vagues notions de l'hébreu.

D'ailleurs le néo-hébreu, par la force des choses, s'éloigne de plus en plus du langage de la Bible. Tout contribuera à éloigner le Juif palestinien du judaïsme de

---

* Voir le glossaire : Révolte juive, troisième

la diaspora. Et lorsque demain, les barrières et les préventions nationales commenceront à tomber en Palestine, qui peut douter qu'un rapprochement fécond ne s'opère entre travailleurs arabes et juifs, ce qui aura pour effet de les fusionner partiellement ou totalement ?

Le judaïsme « éternel », qui n'a d'ailleurs jamais été qu'un mythe, disparaîtra. Il est puéril de poser en antinomie l'assimilation et la « solution nationale ». Même dans les pays où se seront créés éventuellement des foyers nationaux juifs, on assistera soit à la création d'une nouvelle nationalité juive complètement différente de l'ancienne, soit à la formation de nouvelles nations. D'ailleurs même dans le premier cas, à moins de chasser les populations déjà établies dans le pays ou de renouveler les rigoureuses prescriptions d'Esdras et de Néhémie, cette nouvelle nationalité ne manquera pas de subir l'influence des anciens habitants du pays.

Le socialisme, dans le domaine national, ne peut qu'apporter la démocratie la plus large. Il doit donner aux Juifs la possibilité de vivre une vie nationale dans tous les pays où ils habitent. Il doit également leur fournir la possibilité de se concentrer sur un ou plusieurs territoires sans léser naturellement les intérêts des indigènes. Seule la plus large démocratie prolétarienne peut permettre de résoudre le problème juif avec le minimum de souffrances.

Il est évident que le rythme de la solution du problème juif dépend du rythme général de l'édification socialiste. L'antinomie entre l'assimilation et la solution nationale n'est que toute relative, la dernière n'étant souvent que la préface de la première. Historiquement, toutes les nations existantes sont les produits de diverses fusions de races et de peuples. Il n'est pas exclu que de nouvelles nations formées de la fusion ou même de l'éparpillement des nations actuellement existantes ne se créent. Quoi qu'il en soit, le socialisme doit se borner dans ce domaine à « laisser agir la nature ».

Il reviendra d'ailleurs ainsi, dans un certain sens, à la pratique de la société précapitaliste. C'est le capitalisme qui, par le fait qu'il a fourni une base économique au problème national, a aussi créé des antagonismes nationaux irréductibles. Avant l'époque capitaliste, Slovaques, Tchèques, Allemands, Français vivaient en parfaite intelligence. Les guerres n'avaient pas de caractère national. Elles intéressaient seulement les classes possédantes. La politique d'assimilation forcée, de persécution nationale était inconnue aux Romains. C'est pacifiquement que des peuples barbares se laissaient romaniser ou helléniser.

Aujourd'hui, les antagonismes nationaux, culturels et linguistiques ne sont que la manifestation des antagonismes économiques créés par le capitalisme. Avec la disparition du capitalisme, le problème national perdra toute son acuité. S'il est prématuré de parler d'une assimilation mondiale des peuples, il est évident que l'économie planifiée étendue à l'échelle de la terre aura pour effet de rapprocher considérablement tous les peuples de l'univers. Cependant, il serait peu indiqué de hâter cette assimilation par des moyens artificiels, rien ne pourrait lui nuire davantage.

On ne peut pas encore prévoir nettement quels seront les « rejetons » du judaïsme actuel. Le socialisme veillera à ce que la « génération » ait lieu dans les meilleures conditions possibles.

Esquisse de biographie d'Abram Léon (1918-1944)

Ernest Mandel

La période de paix et de bien-être relatifs que connut l'Europe occidentale entre 1870 et 1914 ne fut guère propice à la formation de véritables révolutionnaires.

Pour que l'esprit s'arrache complètement à l'influence de l'idéologie de la classe dominante, pour que la volonté se concentre totalement sur un but unique, la conquête du pouvoir par le prolétariat, il ne suffit pas d'assimiler correctement la méthode et l'héritage marxistes ; il faut encore que la vie même lance les hommes hors de la routine d'une existence « respectable », qu'elle leur impose l'expérience immédiate de tout ce que le système capitaliste comporte d'explosif, de cruel, de dégradant et de barbare.

C'est dans le creuset de l'illégalité, de l'emprisonnement, de l'émigration et d'une lutte sans merci contre l'autocratie que s'est forgée la grande génération révolutionnaire des bolcheviks en Russie. Pour qu'une nouvelle génération révolutionnaire se forme dans les pays d'Occident, il a fallu que l'humanité y entre dans le feu même de l'époque des crises, des guerres et des révolutions.

Guerres et insurrections ont porté le berceau d'Abram Léon et lui ont fermé plus tard les yeux. Quand il est né, les pas de la révolution retentirent dans les rues de sa ville natale, Varsovie. Deux soviets [conseils] rivaux s'y disputèrent le pouvoir. À l'horizon se dessinait l'ombre de la république des soviets. Les armées en déroute traînèrent leurs guenilles, leur amertume et leur soif de justice dans les assemblées populaires. Des fonds les plus obscurs de l'humanité déferlèrent des vagues successives sur l'arène politique : hommes et femmes, jeunes et vieux, tous les pauvres, les opprimés et les déshérités qui avaient vécu en se taisant et en courbant l'échine et qui se découvrirent tout à coup une voix.

Tandis qu'au bout de leurs bras s'avançait le drapeau rouge dans la capitale tourmentée, au sommet de la forteresse flottait déjà le drapeau rouge et blanc, à l'aigle polonais, hissé par les légionnaires commandés par un « socialiste », Pilsudski *. Ces deux symboles, ces deux courants d'idées, le socialisme internationaliste et le social-patriotisme petit-bourgeois luttèrent passionnément pour la suprématie sur les masses. La vie si courte et si fructueuse de Léon allait se dérouler tout entière sous le signe de cette lutte.

Écartelée à chaque carrefour historique, la Pologne ne pouvait pas ne pas hypothéquer le mouvement ouvrier par ce lourd héritage d'un passé misérable, le nationalisme militant. Victimes de chaque crise politique et sociale, les Juifs de Pologne, ayant été témoins de pogroms sous les tsars, sous la révolution, sous les Blancs, sous les Russes, sous les Polonais, sous les Ukrainiens et sous les Lituaniens, ne

* Voir le glossaire : Pilsudski, Józef

pouvaient pas ne pas chercher une solution de désespoir dans la formulation d'un nouveau mythe nationaliste : le sionisme. Exprimant l'absence totale d'issue devant laquelle se pressait la pensée juive petite-bourgeoise, cette utopie réactionnaire se mélangeait pourtant chez la jeunesse, et surtout la jeunesse ouvrière, avec la volonté de réaliser l'idéal socialiste, de participer activement à la lutte prolétarienne mondiale.

La contradiction entre le caractère petit-bourgeois du sionisme et les conclusions rigoureuses de l'internationalisme marxiste poussèrent des dirigeants ouvriers sionistes à formuler une nouvelle théorie qui, tout en fusionnant leur socialisme, qu'ils voulurent scientifique, avec leurs aspirations sionistes, donneraient à ces dernières un soupçon de justification marxiste. Voilà comment est née cette étrange théorie qu'on appelle le borochovisme, d'après le nom de son auteur Ber Borochov *, et qui était destinée à devenir pour plusieurs décades la théorie officielle de centaines de milliers de socialistes révolutionnaires juifs dans le monde.

Dans la maison paternelle de Léon, les parents représentèrent le sionisme petit-bourgeois classique. Au premier contact avec la réalité, l'enfant lui-même sentait l'attrait du mythe sioniste comme une ivresse religieuse. Le mythe allait se réaliser : la famille partait en Palestine quand le garçon avait l'âge d'entrer à l'école primaire. Le défilé grandiose des images de ce voyage lui resta comme un conte de fée. Il se rappelait comment le soleil brillait sur les toits de Constantinople, quel était le bruit de la mer sur les îles enchantées de l'Archipel, et comment lui apparut pour la première fois la côte dure et âpre de la Terre promise. Le conte de fées cependant ne dura pas

---

* Voir le glossaire : Borochov, Ber

longtemps. Un an après, le père de Léon décide de repartir de nouveau vers son pays natal.

Dans l'instabilité de ses conditions d'existence, le garçon observe, s'efforce de comprendre, s'assimile la notion du mouvement continuel des hommes et des choses. L'esprit voyage et ne se fixe pas encore. Il faut attendre 1928, quand la famille décide d'immigrer définitivement en Belgique, pour qu'Abram commence à s'intéresser intensément à ses compagnons d'âge et qu'il prenne contact avec le mouvement de jeunesse socialiste sioniste *Hashomer Hatzaïr*, La Jeune garde *.

Puis des forces différentes commencent à le travailler. À l'école, il sent une insurmontable barrière entre ses camarades et lui-même, juif et étranger. Comment ne pas comprendre qu'il soit différent des autres, qu'il ait ses problèmes propres, quand il constate qu'on le traite toujours ainsi, qu'on ne le fait pas entrer dans les jeux et les conversations, simplement, sans remarques ni ironie, comme un autre garçon ?

Quand il rentre à la maison, par les rues grouillantes des vieux quartiers populeux de Bruxelles, il découvre sur le vif toutes les contradictions de la société moderne. Les autos luxueuses s'arrêtent devant les belles maisons mais au tournant de la rue, des enfants malpropres et toujours affamés jouent parmi les ordures. Comment son coeur sensible ne serait-il pas touché par l'image même de la division du monde entre riches et pauvres, comment ne prendrait-il pas tout naturellement parti pour les opprimés, lui qui se sent victime d'une double injustice ?

C'est ainsi que le jeune Abram devient un militant ardent de la jeunesse socialiste et sioniste juive. Ce que son coeur ressent d'indignation et de révolte, son esprit

* Voir le glossaire : Borochov, Ber

commence à l'expliquer et à le systématiser. Progressivement, à travers une éducation marxiste méthodique, Léon cherche à comprendre la société et la solution du problème social qui part de la notion de lutte de classe.

Dans le cadre de son mouvement de jeunesse qui, malgré ses idées politiques plutôt confuses, est un modèle d'organisation et une des meilleures écoles de moeurs et d'esprit prolétariens qui existent, les liens familiaux, la tradition, l'héritage d'un passé petit-bourgeois de calcul mesquin, de crainte soumise devant les représentants du pouvoir, se dissolvent.

Le caractère s'affranchit avec l'esprit, il apprend à se dominer, à se laisser diriger par la raison, à se soumettre à la poursuite d'un but. La volonté se trempe dans l'idéal. La personnalité se forme : unie, faite d'une seule coulée, se concentrant sur la lutte pour le socialisme, trouvant la satisfaction la plus élevée dans la pensée et l'action au service du prolétariat mondial.

Le jeune Léon ne tarde pas à dépasser de bien loin ses compagnons d'âge au mouvement. Le plus intelligent, le plus volontaire, le plus compréhensif, il est en même temps d'un calme et d'une assurance raisonnée qui imposent tout naturellement le respect de tous ceux qui l'environnent. Dirigeant né, il n'a besoin ni d'élever la voix, ni de promettre ou de menacer, ni d'envoûter par de belles paroles ou d'entraîner par des actes extraordinaires pour que son autorité soit acceptée de tous. Rapidement il est élu démocratiquement aux différents échelons de l'*Hashomer Hatzaïr* pour se trouver bientôt à la direction de la section de Bruxelles et à la direction nationale.

Les conditions de vie familiale le forcent à abandonner momentanément les études qu'il aurait voulu continuer. Contraint de se déplacer souvent dans toute la Belgique pour gagner sa vie, il reprend contact avec la foule ouvrière qui une fois de plus sort dans la rue pour affirmer sa force et réclamer ses droits. Dans les journées ensoleillées de l'été 1936, la fièvre monte des charbonnages de Charleroi aux sombres villages de mineurs du Borinage. Tandis que les gendarmes veillent aux carrefours, les travailleurs se rassemblent pour écouter un nouveau dirigeant. Des années sont passées depuis qu'ils ont entendu pour la dernière fois un véritable et sincère accent révolutionnaire.

C'est par milliers qu'ils viennent à Flénu, à Jemappes, à Quaregnon, à Frameries et au grand stade de la Bouverie pour écouter les discours enflammés de Walter Dauge, le jeune fondateur du Parti socialiste révolutionnaire. Léon suit les meetings de Dauge. Il apprend à distinguer le trotskysme du stalinisme. Il étudie, il n'hésite pas longtemps. Il choisit les idées qui lui semblent déterminées par le véritable marxisme, qui s'inspirent des intérêts véritables du prolétariat mondial et non pas des misérables falsifications forgées par le maître du Kremlin.

En même temps, c'est la série des grands procès de Moscou * qui lui font prendre définitivement position. Dès cette année, face à l'ensemble de l'organisation mondiale de l'*Hashomer Hatzaïr* qui est plutôt stalinisante, il devient résolument trotskyste et défend ses idées avec vigueur, et non sans succès, dans des réunions nationales ou internationales.

Mais tout en avançant très loin dans la compréhension du marxisme, tout en continuant une étude très poussée de l'économie politique, il reste profondément attaché au sionisme. Président pendant une année de la Fédération des jeunesses sionistes de Bruxelles, il met toute son énergie, tout son feu révolutionnaire au service de cette cause.

---

* Voir le glossaire : Procès de Moscou

Un appel enthousiaste est lancé à l'occasion du départ d'une série de jeunes militants pour une colonie communiste en Palestine. Mais le voilà qui commence à ne plus comprendre, à douter.

À côté de lui, sur le bureau, se trouvent les représentants des organisations sionistes bourgeois et petits-bourgeois. N'est-il pas uni à eux, dans l'immédiat, même s'il se propose de les combattre sans merci, une fois qu'auront été conquises la nationalité et la possibilité d'une lutte efficace, là-bas, en Palestine [1] ? N'est-ce pas du social-patriotisme, bien que sous une forme un peu spéciale ? Léon connaît son Lénine sur le bout du doigt. Les longues et limpides démonstrations de *Contre le courant* * ne lui sortent plus de l'esprit. Comment concilier son léninisme intégral avec le sionisme ? Où se trouve la base commune entre la lutte nationale juive et le socialisme internationaliste ?

C'est de cette façon que, deux décades après Borochov, Léon se lance à son tour sur les traces du théoricien de l'*Hashomer Hatzaïr* pour découvrir une justification marxiste de ses idées sionistes. Il remet tout en question, il remonte, méthodiquement, d'échelons en échelons, toute la filiation d'idées, n'acceptant aucun des axiomes de l'idéologie sioniste, se frayant un chemin à travers les multiples préjugés des Juifs et non-Juifs au sujet de l'histoire du peuple, histoire qui semble si étonnante, si extraordinaire et pour laquelle son esprit rigoureusement scientifique cherche pourtant une explication d'après la méthode marxiste.

---

1. *Hashomer Hatzaïr* défend la position que les travailleurs et les socialistes révolutionnaires juifs ne peuvent lutter « efficacement » pour une révolution prolétarienne qu'en Palestine.

* Voir le glossaire : *Contre le courant*

Au milieu de ses recherches, il envoie plusieurs articles à l'hebdomadaire trotskyste belge, *La lutte ouvrière*. Des rédacteurs de ce journal prennent contact avec lui. Il est étonné de découvrir chez ces simples ouvriers, comme un Teuniuck, boucher de métier, un trésor de connaissances historiques, économiques, politiques. Il sent que c'est là la véritable avant-garde. Comme le voyageur qui inconsciemment a déjà choisi sa route, il se retourne une dernière fois vers son passé : il veut rompre « en beauté », en pleine conscience, après avoir expliqué à lui-même et à ses anciens camarades les raisons profondes de sa rupture, après avoir fait tout son possible pour démontrer à tous ses amis ce qui lui semble la vérité qu'il vient de découvrir. Ses « Thèses sur la question juive » prennent forme, thèses dont son livre *La question juive, une interprétation marxiste*, sera l'élaboration amplifiée.

Entre temps, une vague d'inquiétude saisit les masses juives sur l'ensemble du continent. Elles sentent la guerre approcher et un pressentiment de l'effroyable catastrophe qui s'abattra sur elles les jette dans une crise de nervosité et de peur. L'*Hashomer Hatzaïr* se réunit. Déjà l'ombre menaçante d'Hitler plane sur Bruxelles, s'opposant avec passion des arguments dans un sens comme dans l'autre, les délégués se prononcent soit pour un soutien conditionnel à l'égard de l'impérialisme britannique, soit pour la neutralité, soit pour la défense indépendante de la Palestine si une armée fasciste devait se rapprocher de ce pays. Malgré les huées et les cris d'indignation devant ce renégat d'Israël, Léon, avant même d'avoir définitivement rompu avec le sionisme défend courageusement la position du défaitisme révolutionnaire intégral.

« Malheur à ceux qui par suite de leur propre social patriotisme accentueront le chauvinisme des travailleurs des pays ennemis. C'est contre eux-mêmes que leur arme se retournera dans toute sa vigueur ! Malheur à ceux qui espèrent voir naître de la guerre de l'impérialisme britannique contre son concurrent allemand une amélioration du sort misérable des Juifs en Europe centrale ! C'est eux-mêmes qui en seront les victimes les plus durement touchées ! » C'est dans ce sens qu'avait dû parler Léon. Quelle stupéfaction chez ces centristes indécis, incapables de suivre leur raisonnement jusqu'au bout, cherchant à chaque tournant des solutions de facilité et de compromis, incapables de réagir sur la rigueur de l'histoire par la rigueur de leur pensée ! Combien tragiquement les événements ont-ils depuis lors confirmé ses prévisions.

Tandis que les vagues de la guerre impérialiste s'approchent de la Belgique pour déferler en mai 1940 sur ce pays, Léon met au point ses « Thèses sur la question juive » qu'il soumet à la discussion de son organisation. S'étant heurté, dans sa tentative de saisir le sens de l'histoire juive, à la théorie de Borochov du « matérialisme métaphysique » comme il l'appelait, il essaya tout d'abord d'éliminer cet obstacle. Borochov avait prétendu que la « question juive » trouvait son origine dans le fait que les Juifs, surtout les travailleurs juifs, ne jouaient pas un rôle important dans les secteurs vitaux de l'économie (industrie lourde, métallurgie, charbonnage, etc.) mais qu'ils occupaient uniquement une place importante dans les sphères périphériques de la vie économique.

Tandis que la composition sociale des autres peuples avait l'aspect d'une pyramide ayant comme base des centaines de milliers de mineurs, de métallos, de cheminots, etc., passant par de larges couches de petits artisans, pour aboutir aux sommets à de grands commerçants, industriels et banquiers, la composition sociale du peuple juif lui apparaissait comme une *pyramide renversée* où de larges couches artisanales n'étaient supportées que par d'étroites couches ouvrières et encore uniquement d'ouvriers des secteurs non vitaux de l'industrie, mais devaient supporter elles-mêmes le poids énorme d'une masse imposante de commerçants.

Borochov s'était arrêté dans l'analyse à ce point, l'avait accepté comme donnée historique, sans essayer de l'expliquer, et en faisait le point de départ de la question pour sa solution. Il fallait d'abord *renverser la pyramide renversée*, c'est-à-dire créer une société juive normale, pareille à celle des autres peuples, avant que le prolétariat juif puisse sérieusement entamer la lutte révolutionnaire. Cette société ne pouvait se créer qu'en Palestine.

Léon saisit bientôt ce que cette théorie contenait de non dialectique : l'état social actuel des Juifs ne devait pas être considéré comme un fait mais comme le *produit du processus historique*. D'où venait alors cette évolution historique différente des Juifs ? Renouant le fil du raisonnement de Borochov avec quelques expressions passagères de Marx qui, avec son génie habituel, avait saisi d'un trait tout le mystère de l'histoire juive, Léon commençait à reconstruire tout le passé des Juifs.

L'explication de la religion et de la conservation des Juifs, en tant que données originales, il fallait la chercher dans le rôle social des Juifs. Réunissant l'ensemble de la documentation existante sur le sujet, il élabora la théorie du peuple-classe, étonnante dans sa simplicité, clé indispensable pour comprendre le rôle passé et présent des Juifs et pour trouver une solution à leur misère.

Mais le borochovisme ne péchait pas seulement dans son point de départ, il péchait encore plus dans ses conclusions. Il considérait la solution du problème juif non seulement en dehors du processus historique passé, mais encore en dehors de la réalité sociale présente. Dans la période de l'impérialisme et du capitalisme agonisants, la volonté de quelques millions d'ouvriers juifs de créer une société comme une autre paraissait une force ridiculement faible face aux géants impérialistes qui se disputaient chaque coin inoccupé du globe, face à la coalition violente des classes sur l'arène mondiale. Borochov ne comprenait pas la loi du développement combiné dans l'ère impérialiste, loi qui interdisait à n'importe quelle nation la solution de n'importe quel problème sous le régime du capitalisme en agonie.

Pour faire disparaître les particularités tragiques de la société juive, on ne pouvait pas l'isoler de l'ensemble de la société en putréfaction. On ne pouvait renverser la pyramide renversée des Juifs, alors que la pyramide normale des autres peuples était elle-même en train de s'écrouler. Seule la révolution prolétarienne mondiale était capable de normaliser l'histoire juive. Dans le cadre du capitalisme décadent aucune solution de la question juive n'était possible.

Et ainsi, jusqu'au bout, Léon réglait ses comptes avec son propre passé. Il dénonça non seulement le caractère utopique, petit-bourgeois, de l'idéal sioniste, mais il démontra encore comment cet idéal comme toute idéologie propre à la petite bourgeoisie de l'époque impérialiste était condamné à devenir un instrument entre les mains du capitalisme mondial. Il dénonça le sionisme en tant que frein de l'activité révolutionnaire des travailleurs juifs dans le monde, en tant que frein à l'émancipation de la Palestine des griffes de l'impérialisme anglais, obstacle sur la voie de l'unité complète entre ouvriers juifs et arabes dans ce pays.

Franchement, sans réserves ni réticences, il condamna toute son activité passée. Il en comprit tout le déterminisme, il saisit fort bien qu'elle fût une étape nécessaire de son propre développement. Son esprit pétri de dialectique aimait à présenter chaque connaissance claire, chaque état de conscience, comme le résultat d'une lutte pour surmonter la contre-vérité et l'erreur.

« Pour comprendre, il faut commencer par ne pas comprendre, disait-il souvent. Aucune conviction n'est aussi profonde que celle qui est issue d'une lutte idéologique intérieure longue et sincère. » Les années qui lui restaient à vivre ont démontré l'exactitude de ces constatations en ce qui le concernait lui-même. Ayant surmonté l'étape nationaliste de son développement, Léon extirpa jusqu'aux dernières parcelles sionistes de sa pensée et son internationalisme fut d'une pureté telle qu'on en rencontrait rarement.

N'étant plus forcé de se diviser en deux directions contradictoires et de se consumer en un débat intérieur dramatique, son énergie put se lancer alors dans toute sa dynamique sur une seule et unique voie, celle de la Quatrième Internationale *. Quittant l'organisation de l'*Hashomer Hatzaïr* avec une vingtaine de camarades, Léon créa un cercle d'études dans le but déterminé d'amener ses adeptes au trotskysme.

Rien n'est plus significatif que le moment d'une conversion. Quand Léon venait au communisme internationaliste, le mouvement ouvrier semblait mort en Belgique. Ayant commencé son évolution comme antimilitariste ardent, pour devenir successivement social-patriote, théoricien d'une révision insipide du marxisme, ministre-royal et rafistoleur charlatanesque du capitalisme, Henri de Man venait de terminer le cycle de sa vie « socialiste » en dissolvant son parti dont il fut le président et en appelant ses camarades à collaborer avec Hitler pour construire un « ordre nouveau » en Europe.

* Voir le glossaire : Quatrième Internationale

Isolé des masses frappées de stupéfaction par les événements de mai-juin [les invasions allemandes de la Belgique et de la France], le Parti communiste, suivant les consignes de Moscou, restait dans une expectative prudente et se risquait même à éditer un hebdomadaire flamand qui reprenait docilement, à côté des hymnes sur « le pays de la vie joyeuse et heureuse », les interminables litanies antibritanniques de Goebbels.

L'ancien dirigeant trotskyste Walter Dauge, dont le bagage idéologique s'avéra trop léger pour cette longue tourmente, était profondément démoralisé et abandonnait son parti à son propre sort. Les rares cadres trotskystes, dispersés à travers tout le pays, avaient à peine rétabli un premier contact entre eux. La situation ne semblait justifier que la résignation ou l'attentisme. Toute autre attitude semblait révolte désespérée et impuissante.

Le courage cependant manquait non pour agir mais pour penser, et penser correctement. L'analyse marxiste pouvait pénétrer sous la lourde dalle totalitaire qui pesait sur l'Europe et y découvrir les forces en gestation qui finiraient par la renverser. Fixant correctement les raisons que nous avions d'espérer, Léon constatait que le mouvement ouvrier en Europe venait d'atteindre le point le plus bas de sa chute. Maintenant, il fallait compter avec une nouvelle montée, non pas pour l'attendre passivement mais pour la préparer, pour y préparer les cadres et pour y préparer, dans la mesure du possible, les masses. C'est seulement dans un contact permanent avec la vie, les difficultés, les aspirations quotidiennes des masses que peut se forger, même dans les moments les plus noirs de l'histoire, un parti capable de les diriger plus tard dans la lutte. Derrière chaque raison pour désespérer, il faut découvrir une raison d'espoir.

Ce fut plus qu'un symbole, ce fut un début d'action que cette pensée motrice de Léon. Au moment où le 20 août 1940, la nouvelle tragique de l'assassinat de Lev Davidovitch Trotsky nous frappe de consternation, Léon écrit sur-le-champ le premier tract du mouvement illégal trotskyste belge. Il prit contact avec plusieurs anciens dirigeants régionaux du parti à Bruxelles. Une première direction s'ébaucha. L'organisation clandestine trotskyste en Belgique venait de naître à l'occasion de la mort de son père spirituel. La vitalité indestructible des idées de la Quatrième Internationale qui ne sont que l'expression consciente de la réalité historique, ne cherche que les occasions et les hommes pour s'affirmer à chaque tournant. Elle venait ici de découvrir l'un et l'autre.

Alors commençait une période de travail incessant, obstiné, inlassable, face aux difficultés sans cesse renaissantes qui semblaient chaque fois insurmontables. Ce n'est pas un lieu commun mais une vérité strictement exacte que l'histoire personnelle de Léon se mélange dès ce moment inextricablement avec celle du mouvement trotskyste en Belgique. Principal animateur du parti, il en fut le secrétaire politique dès la composition du premier comité exécutif. Journaliste au langage incisif, vivant, limpide, il faisait sentir à ses lecteurs qu'il comprenait, et comprenait à fond, chaque problème qu'il traitait.

Sous sa direction travailla la rédaction de *La voie de Lénine* illégale, dont les premiers numéros contiennent une magistrale étude écrite de sa main sur la structure et l'avenir des différentes puissances impérialistes, étude dans laquelle il traçait les grandes lignes des événements futurs de la guerre, tels qu'ils allaient se produire. Organisateur et éducateur exemplaire, il dirigeait des cellules, essayait de construire un appareil illégal, s'attachait avec une patience infinie à gagner la confiance des régions ouvrières du parti, à former sur la base de cette confiance une direction nationale reconnue et responsable.

« Abram Léon était internationaliste dans tout son être. »

Ernest Mandel (à g.) et son frère Michel dans les années 40. Mandel écrit qu'il a rencontré Abram Léon pour la première fois lors d'une réunion du Comité central de la section belge de la Quatrième Internationale, « qui avait été reconstituée grâce aux efforts de Léon en juillet 1941 ».

Ce fut au premier Comité central du parti reconstitué, aboutissement de ses efforts inlassables, en juillet 1941, que j'eus pour la première fois l'occasion de le rencontrer.

Mais bien qu'absorbé tout entier par les immenses tâches quotidiennes, aussi bien organisationnelles que politiques, Léon n'arrêtait pas un instant ce travail idéologique qui constitue l'héritage le plus précieux qu'il nous a laissé.

D'un côté il termina progressivement son livre sur la question juive remettant sans cesse en cause des questions de détail, réfléchissant des semaines sur un aspect particulier de la question, dévorant la documentation complète qui existait, mais prêt, une fois que son opinion était faite, à la défendre jusqu'au bout. Voilà comment fut écrit ce livre qui ne reste pas seulement un modèle de l'application de la méthode marxiste à un problème historique déterminé, qui ne liquide pas seulement le caractère problématique de la question juive du point de vue du matérialisme historique, mais qui comporte en outre une richesse de remarques et de formulations au sujet de multiples problèmes d'économie politique, d'histoire et de politique contemporaine.

D'autre part il se consacrait à l'élaboration d'une conception léniniste exacte quant au problème qui, à ce moment, passionnait tous les révolutionnaires dans les pays occupés : la question nationale et son rapport avec la stratégie de la Quatrième Internationale. Que ceux qui se laissent aller à une critique facile de la politique trotskyste en Europe face à la question nationale lisent et étudient d'abord les documents que Léon élabora durant cette période. Qu'ils se rendent compte quelle était sa préoccupation ainsi que celle de toute la direction de notre parti — sauvegarder d'une part le programme léniniste du virus chauvin et défendre d'autre part la tactique léniniste contre la myopie des sectaires — et ils verront combien ridicules sont les accusations suivant lesquelles nous aurions sous-estimé la question nationale.

Ce qu'il mit d'abord au clair sur le plan de la théorie, il essaya ensuite de l'exécuter en pratique. L'exiguïté de nos cadres ne nous permit pas de commencer un travail fractionnel conséquent parmi les réfractaires. Mais chaque fois qu'un mouvement réel se dessinait, que ce fût à l'occasion de la fermeture de l'Université de Bruxelles, que ce fût lors des premières grandes grèves de Liège, que ce fût lors des déportations ou lors des actions contre les Juifs, chaque fois le parti disait clairement son opinion, chaque fois le parti appliquait sa ligne politique : « Soutenir et pousser en avant les mouvements de masse dirigés contre l'impérialisme occupant, afin de les transformer en mouvements révolutionnaires prolétariens. » Et ce fut avec une juste fierté que Léon constatait, au congrès illégal du parti en juillet 1943, qu'il n'y avait pas eu un événement en Belgique depuis 1941 auquel le parti était resté étranger.

Dès que la reconstruction du parti fut passée dans le stade de la réalisation, Léon commença à s'inquiéter des liaisons internationales. Internationaliste dans tout son être, il ne put accepter l'idée que l'organisation belge vive isolée de l'ensemble des organisations soeurs en Europe et dans le monde. La nécessité d'un contact avec les autres sections de la Quatrième Internationale ne résultait pas seulement de sa volonté de confronter la ligne politique du parti belge avec celle de ses partis frères, elle correspondait également à une conscience très nette du fait qu'à l'avenir les grandes secousses militaires et révolutionnaires prendraient fatalement un caractère continental et qu'aucune direction politique efficace ne pouvait plus fonctionner à l'échelle nationale.

Une prise de contact avec la Hollande échoua. En France nous eûmes plus de succès. Grâce à cette liaison, les derniers documents de Trotsky nous parvinrent via Marseille et Paris, dont surtout le précieux manifeste de la Conférence d'alarme de 1940 que notre parti édita sous forme de brochure imprimée. Puis ce fut dans un petit village ardennais [en Belgique], en août 1942, qu'eût lieu la première conférence de liaison entre les représentants des directions belge et française. Léon et Marcel Hic * furent les grands animateurs de cette réunion. Ils jetèrent ainsi la base du futur secrétariat européen provisoire qui allait à son tour reconstituer, en pleine illégalité, une direction internationale en Europe.

Ces mois de travail illégal dans les circonstances les plus dangereuses, quand le coeur se serrait malgré toute volonté, chaque fois qu'on sonnait à la porte ou qu'une auto ralentissait sa course près du trottoir, furent également des mois d'une tension nerveuse suprême, une attente, attente continuelle d'une explosion qui enfin entamerait les barreaux et permettrait d'avancer le jour où toutes les portes sauteraient de cette immense prison qu'était devenue l'Europe. Nous attendrions ce coup de foudre à l'intérieur même de la prison, avec une confiance dans les réserves d'énergie révolutionnaire qui venaient de s'accumuler durant les longues années de souffrance du prolétariat du continent. Mais malgré notre confiance, cette attente fut bien longue.

Soit qu'il entreprît lui-même de diriger le modeste travail de notre parti envers les soldats prolétariens de la Wehrmacht ou qu'il assistât à des réunions des comités d'entreprise clandestins qui venaient de se constituer dans la métallurgie de Liège, Léon donnait toujours à ces diverses

* Voir le glossaire : Hic, Marcel

activités un sens qui dépassait l'immédiat. Il voulut qu'on semât pour que le parti puisse récolter au moment décisif.

Bien des fois il se demandait si nous serions bien capables de récolter étant donnée la faiblesse numérique de nos cadres à ce moment. Il ne pouvait prévoir que c'est lui-même qui allait manquer au parti durant les journées décisives de la « libération » et que ce serait l'absence d'une direction efficace qui empêcherait le parti de profiter comme il l'aurait pu des extraordinaires possibilités du moment.

Ce fut alors la chute de Mussolini. Nous sentions enfin le vent de la révolution se lever, et notre activité se multiplia, se fit plus fiévreuse. Chacun de nous se dépensa tout entier à mesure que nous sentions la décision approcher. Ce furent une série de voyages clandestins en France où Léon participa activement aux travaux de la conférence européenne de la Quatrième Internationale de février 1944. Nous cessions à ce moment-là de nous préparer nous-mêmes, il s'agissait d'intervenir activement dans la lutte ouvrière qui se déclencha de toute part.

Dans la région de Charleroi, l'organisation trotskyste avait pris l'initiative de la création d'un mouvement illégal de délégués mineurs. Ce mouvement s'étendit rapidement à une quinzaine de charbonnages : en pleine illégalité, les idées du parti commencèrent à prendre pied dans les masses. Léon comprenant toute l'importance de ce mouvement, voulait le suivre pas à pas. Il décida de se fixer à Charleroi afin de collaborer quotidiennement avec les ouvriers révolutionnaires de la région.

L'annonce du débarquement et la crainte de voir les liaisons entre les différentes régions interrompues accélèrent les préparatifs de son déplacement. Vivant depuis deux ans dans la plus complète illégalité, il allait se fixer à Charleroi avec sa compagne. Le premier soir après son arrivée, la Feldgendarmerie allemande fait par hasard irruption dans la maison où il se trouve. Il est arrêté et transporté à la prison.

Viennent alors de longues journées de tortures morales et physiques. La Gestapo essaye par tous les moyens de le faire parler. Les soucis au sujet du parti qui avait perdu cinq de ses principaux dirigeants au cours des deux dernières années le rongent. Il réussit à gagner la confiance d'un des soldats employés à la surveillance de la prison. Une liaison avec le parti s'établit.

Il lui envoie des lettres qui sont le témoignage le plus probant de ce qu'aux heures les plus difficiles de sa vie, toutes ses pensées allaient à l'organisation, à ses projets immédiats, à son avenir. Il aurait tant désiré continuer le travail à côté de ses copains. Le destin ne l'a pas voulu. Son transport rapide détruit les préparatifs d'évasion que le parti avait entamé et le jette dans cet enfer où allaient périr cinq millions d'êtres humains : Auschwitz.

Léon était du type d'hommes qui ont pu le moins résister au régime des camps nazis. Avant toute autre chose rayonnait en lui une notion élevée de la dignité humaine qui ne pouvait tolérer un contact avec la dégradation et la cruauté devenues les communes mesures du comportement humain dans les camps. La noblesse de son caractère devait se briser sur l'implacable bestialité d'un égoïsme de désespoir, tout comme son corps fut broyé par un effort physique inaccoutumé et une maladie perfide.

Après quelques semaines de labeur dans un kommando affecté à la construction des routes, il est envoyé, malade, au lazaret. Il fallait là-bas trouver les combines, courber l'échine devant les maîtres sadiques, trafiquer, voler pour survivre. Il ne pouvait s'élever au-dessus de ses compagnons de misère. Cloué sur son grabat, il passa ses derniers jours à lire, à méditer stoïquement sur sa vie. Il avait la certitude que la fin approchait. Puis, la dernière « inspection médicale » passa. On sélectionna les malades pour les chambres à gaz. Léon fut parmi les sélectionnés. Courageusement il partit.

Il est difficile, sinon impossible d'apprécier pleinement la valeur d'un géant révolutionnaire qui n'a vécu que 26 ans. Malgré tout son travail incessant, relativement peu nombreuses sont les oeuvres qu'il nous a laissées. Il n'écrivait pas beaucoup, il préférait réfléchir mûrement avant de confier ses idées au papier. Malgré cela, ce qu'il nous laisse, son livre, et un mince volume d'articles, suffit pour voir en lui, avec Marcel Hic, le talent le plus exceptionnel, la promesse la plus sérieuse que la Quatrième Internationale possédait sur le continent.

De par sa force de caractère, de par la maturité de son jugement politique, de par son autorité naturelle et ses qualités de dirigeant, Léon était destiné à diriger notre mouvement et à le guider à travers des luttes incessantes vers la victoire. Le vide qu'il laisse ne sera pas comblé de sitôt par une figure de sa taille.

Tous ceux qui l'ont connu garderont le souvenir d'Abram Léon comme un exemple à suivre et une source continuelle d'inspiration. Ceux qui liront son livre admireront la clarté et la rigueur de son raisonnement et resteront stupéfaits devant la maturité de son esprit à l'âge de 24 ans.

Ceux qui apprendront l'histoire de sa vie se demanderont peut-être pourquoi un homme de qualités aussi remarquables mélangeait son destin à celui d'une petite organisation révolutionnaire. Ils loueront sa sincérité, son honnêteté idéologique totale qui le fit vivre en concordance complète avec ses idées. Ils se demanderont quand même pourquoi des Marcel Hic, des Martin Widelin *, des

---

* Voir le glossaire : Widelin, Martin

Abram Léon, qui étaient parmi les plus doués de l'intelligentsia européenne, choisirent pour lutter un mouvement qui ne pouvait leur promettre ni succès facile, ni gloire, ni honneurs, ni même un minimum d'aisance matérielle mais qui au contraire exigea d'eux tous les sacrifices y compris celui de leur vie, en un long et ingrat travail et souvent dans un isolement douloureux de ce prolétariat auquel ils voulurent tout donner.

Et s'ils reconnaissent à ces jeunes révolutionnaires, à côté de leurs qualités intellectuelles, des qualités morales exceptionnelles, ils devraient se dire pourtant qu'un mouvement qui pouvait uniquement par la force de ses idées et la pureté de son idéal attirer ces hommes-là et amener ces dialecticiens rationalistes à des sommets mystérieux d'oubli de soi-même et d'esprit de dévouement, qu'un mouvement pareil ne pouvait mourir parce qu'en lui vit tout ce qu'il y a de plus noble dans l'homme.

1946

GLOSSAIRE

Liste partielle de noms, d'endroits et d'événements

Agrippa II, Hérode (27 à 93 apr. J.-C.) – **Voir aussi** Révolte juive, première (66 à 73 apr. J.-C.).

Bar Kokhba, Shimon (mort en 135 apr. J.-C.) – **Voir aussi** Révolte juive, troisième (132 à 135 après J.-C.).

Birobidjan – Située à la frontière de l'URSS et de la Chine, près de la côte du Pacifique. Réservée par le gouvernement soviétique en 1928 à une colonisation agricole juive et désignée région autonome juive en 1934. Le leader bolchevique en exil Léon Trotsky a dit en 1937 que sous « un régime de démocratie soviétique », une république autonome « pourrait jouer sans aucun doute un rôle sérieux en ce qui concerne la culture nationale des Juifs soviétiques ». Mais sous le régime de Staline, « qui nourrit des tendances antisémites », elle « menace de dégénérer en une sorte de ghetto soviétique ». En 1939, quelque 18 000 Juifs y vivaient, soit 16,5 pour cent de la population de la région (point culminant en taille et en pourcentage). La plupart ont émigré après la chute du régime stalinien d'URSS, principalement vers Israël. En 2017, les Juifs y représentaient à peine un pour cent de la population.

Borochov, Ber (1881-1917) – Expulsé en 1901 des rangs du Parti ouvrier social-démocrate russe (le parti marxiste et section de l'Internationale socialiste) pour avoir fondé le Syndicat des travailleurs socialistes sionistes. Défenseur du socialisme sioniste, Borochov a créé l'organisation Poale-Zion (Travailleurs de Sion) en 1906 en Russie, avec des adhérents à l'étranger. Il a eu une grande influence politique sur le groupe de jeunes juifs *Hashomer Hatzaïr* (Jeune garde), fondé en Pologne en 1913.

Dans son « Esquisse de biographie d'Abram Léon », Ernest Mandel résume les opinions politiques de Borochov.

Contre le courant – Recueil d'articles des dirigeants du Parti bolchevique V. I. Lénine et Gregori Zinoviev, écrits entre 1914 et 1917, présentant un cours internationaliste prolétarien pendant la première guerre impérialiste mondiale. « La connaissance de ces articles est indispensable à tout ouvrier conscient, désireux de *comprendre* l'évolution des idées de la révolution socialiste internationale et de sa première victoire, remportée le 25 octobre 1917 », a écrit Lénine dans sa préface de 1918.

Dreyfus, Alfred (1859-1935) – Officier de l'armée française d'origine juive victime d'un coup monté et accusé d'espionnage au profit de l'Allemagne en 1894. Condamné à vie dans la prison de l'île du Diable, au large de la Guyane. Une campagne mondiale de défense a révélé une montée de la haine des Juifs en France et en Europe occidentale. Gracié en 1899 quand il est devenu évident que les preuves avaient été fabriquées. Réintégré en 1906 après un second procès.

Exil babylonien – Au début du sixième siècle avant J.-C., l'empire babylonien (basé dans l'actuel Irak) a conquis Jérusalem, exilant quelque 10 000 Juifs en Babylonie. La plupart des Juifs sont restés en Palestine. L'empire perse s'est emparé de Babylone en 539 avant J.-C. Les exilés ont été autorisés à rentrer.

Hic, Marcel (1915-1944) – Secrétaire du Parti ouvrier internationaliste (POI) en France. Élu au Comité exécutif européen provisoire de la Quatrième Internationale, mis en place en juillet 1943. Rédacteur en chef de *La vérité*, journal illégal en France occupée. Corédacteur de *Arbeiter und Soldat* (Travailleur et soldat), diffusé clandestinement aux troupes d'occupation allemandes. Arrêté par la Gestapo en octobre 1943 lors d'une rafle d'une centaine de révolutionnaires et de soldats allemands dont beaucoup ont été exécutés. Tué dans le camp de concentration de Dora en Allemagne au début 1944. **Voir aussi** : Widelin, Martin.

Inquisition espagnole – « Tribunaux » royaux établis dans les États de la péninsule espagnole dans les années 1400 à l'initiative de la hiérarchie catholique. Utilisaient des procédures secrètes et la torture pour mettre à l'épreuve « l'orthodoxie » des Juifs (et des musulmans) qui se convertissaient au christianisme afin d'éviter l'expulsion ou la mort. Les « hérétiques » condamnés étaient brûlés (autodafé). Leurs richesses et leurs biens étaient confisqués par les couches capitalistes émergeantes non juives de la banque et du commerce et par les dirigeants de l'État et de la monarchie de l'Espagne (unifiée en 1492 par le roi Ferdinand d'Aragon et la reine Isabelle de Castille). **Voir aussi** : Marranes.

Kabbale – Courant du judaïsme datant du douzième siècle, centré sur une révélation mystique plutôt que sur la Torah (bible hébraïque) et le Talmud. Les rabbins et les savants juifs traditionnels s'y sont souvent opposés. **Voir aussi** : Tsevi, Sabbatai.

Malthus, Thomas (1766-1834) – Pasteur anglican qui, dans son *Essai sur le principe de la population* (1798), soutenait que la population humaine croît de façon exponentielle par rapport aux ressources alimentaires et que la pauvreté est causée par les « classes inférieures » ayant trop d'enfants. Il s'est opposé à l'aide aux chômeurs afin de décourager les familles nombreuses. Réfutant de telles opinions, Karl Marx a qualifié Malthus « d'avocat vendu » aux classes dirigeantes dont les arguments n'étaient pas seulement « un crime contre la science » mais « une diffamation contre la race humaine ».

Marranes – Terme péjoratif venu d'Espagne et du Portugal vers la fin des années 1300 pour nommer les Juifs qui se convertissaient au catholicisme afin d'éviter la persécution mais qui étaient soupçonnés de poursuivre secrètement les pratiques religieuses juives, comme beaucoup le faisaient. *Conversos* est un autre nom employé aussi pour désigner les Juifs convertis au christianisme. **Voir aussi** : Inquisition espagnole.

Montandon, George (1879-1944) – Médecin d'origine suisse, auteur, charlatan académique propageant des opinions racistes et antisémites. Il a aidé le Commissariat général pour les questions juives du régime pronazi de Vichy à rédiger des lois raciales. Il a dirigé l'Institut d'étude des questions juives et ethno-raciales. A réalisé des examens physiques pour pointer du doigt ou « blanchir » des individus soupçonnés d'être des Juifs. Fusillé et tué par la résistance française en 1944.

Mort noire – Épidémie qui a ravagé l'Asie et l'Europe au quatorzième siècle, tuant quelque 75 millions de personnes dont 25 millions en Europe, soit un tiers ou plus de sa population. On estime qu'elle eut lieu de 1346 à 1353. Quand se sont répandu les allégations mensongères selon lesquelles les Juifs empoisonnaient les puits pour provoquer la peste, des pogroms ont frappé environ 300 communautés juives en Allemagne, en France, en Autriche, en Suisse et en Espagne. Environ 6 000 Juifs ont été tués à Mayence, 2 000 à Strasbourg.

NEP (Nouvelle politique économique) – Adoptée en 1921 par le parti et le gouvernement en Union soviétique afin de relancer l'industrie, l'agriculture et le commerce à la suite de la dévastation causée par la guerre contre-révolutionnaire de 1918-1920 par les propriétaires fonciers, les capitalistes et les puissances impérialistes. Proposée par Lénine comme une retraite nécessaire pour ressouder l'alliance ouvrière et paysanne faiblissante, le fondement de classe de la république soviétique. La NEP a accordé une plus grande latitude à la petite industrie privée, aux marchés paysans et au petit commerce avec leur inévitable mercantilisme. En conséquence, a insisté Lénine, la lutte de classe « contre la société capitaliste est devenue cent fois plus féroce et périlleuse ». Plus que jamais, les travailleurs urbains et ruraux ainsi que les paysans pauvres avaient besoin de conscience politique, d'organisation et d'action de classe indépendante pour faire face aux dangers menaçant la révolution. Après la mort de Lénine, c'est Trotsky qui a dirigé la lutte pour ce cours prolétarien au sein du PC et du gouvernement.

Nuremberg, lois raciales de – Lois proposées par le parti nazi et adoptées par le gouvernement allemand en 1935 définissant la « race » juive comme « sous-humaine » et dépouillant les Juifs de la citoyenneté allemande. Les Juifs ne pouvaient plus se marier ou avoir des relations sexuelles avec des « citoyens de sang allemand ou apparenté ». Imposées par la suite dans les pays que Berlin occupait.

Pilsudski, Józef (1867-1935) – Chef du Parti social démocratique et nationaliste polonais (PPS, à ne pas confondre avec la Social-démocratie du royaume de Pologne et de Lituanie, le parti marxiste de Rosa Luxemburg et de Karl Radek). Pilsudski a rompu avec le PPS en 1918. Chef d'État polonais et commandant en chef des forces armées jusqu'en 1922. A participé à la guerre contre-révolutionnaire contre la Russie soviétique de 1918 à 1920, écrasant en même temps les soulèvements des travailleurs et des paysans en Pologne. A organisé un coup d'État en 1926. Dictateur militaire jusqu'à sa mort en 1935.

Pogrom de Chmielnicki (1648-1649) – Des centaines de communautés juives ont été détruites et une centaine de milliers de Juifs ont été tués lors de pogroms pendant la révolte des Cosaques contre la domination polonaise dans l'Ukraine d'aujourd'hui. Dirigé par Bogdan Chmielnicki (1595-1657), petit noble et officier d'origine cosaque (un peuple du sud de l'Ukraine et de la Russie dont les membres étaient connus pour leurs talents de cavaliers et leurs compétences militaires).

Procès de Moscou – Trois procès-spectacles organisés par le régime de Staline, entre 1936 et 1938, au cours desquels d'anciens dirigeants du Parti bolchevique et d'autres responsables de l'État et du parti ont été contraints, entre autres choses, de « confesser » être des agents des impérialismes allemand et japonais. Tous les membres du Bureau politique de l'époque de Lénine ont été arrêtés, à l'exception de Staline lui-même et de Léon Trotsky, qui avait été exilé d'URSS en 1928 puis a été assassiné par des agents de Staline en août 1940. Toutes ces victimes de coups montés ont été reconnues coupables et la plupart ont été exécutées. En 1956, trois ans après la mort de Staline, le chef du Parti communiste soviétique Nikita Khrouchtchev a admis dans un discours secret au congrès du PC (divulgué quelques mois plus tard) que les aveux avaient été arrachés par « des tortures cruelles et inhumaines ».

Protocoles des Sages de Sion – Texte antisémite inventé de toutes pièces par la police secrète tsariste à partir de « procès-verbaux » de prétendues réunions secrètes de Juifs. Publié en 1905, il visait à accréditer la thèse de la « conspiration juive internationale » pour dominer le monde en contrôlant la « haute finance » et la presse. Massivement utilisé par Hitler et les nazis. Traduit dans de nombreuses langues et encore largement diffusé pour promouvoir la haine des Juifs.

Quatrième Internationale – Organisation mondiale de partis communistes fondée en 1938 à l'initiative du leader bolchevique Léon Trotsky. Elle agissait en défendant et en suivant le cours internationaliste prolétarien de l'Internationale communiste, fondée en 1919 sous la direction de Lénine. Elle s'est opposée à la politique contre-révolutionnaire des couches privilégiées petites-bourgeoises d'URSS, dont le principal représentant était Joseph Staline. Les politiques de Moscou, qui visaient à promouvoir les intérêts diplomatiques et nationaux de la Russie, ont été imposées aux partis communistes du monde entier.

Révolte juive, première (66 à 73 apr. J.-C.) – La première révolte juive contre l'empire romain a commencé en 66 après J.-C. Le roi **Hérode Agrippa II** (27 à 93 apr. J.-C.), d'origine juive et dernier souverain de Judée de la dynastie d'Hérode, a aidé les Romains à l'écraser. Jérusalem est tombée aux mains de Rome en 70. Trois ans plus tard, les forces romaines assiégeaient la forteresse de Massada où les rebelles se sont suicidés et ont tué leurs familles plutôt que de se rendre. **Voir aussi** : Zélotes.

Révolte juive, deuxième (115-117) – S'est déroulée sous le règne de l'empereur romain Trajan, en grande partie en dehors de la

Judée, dans ce qui est aujourd'hui l'Égypte, l'Irak, Chypre et la Libye. La défaite finale des rebelles a eu lieu à Lydda (aujourd'hui Lod en Israël).

Révolte juive, troisième (132-135) – Dirigée par **Shimon Bar Kokhba** (m. en 135), les rebelles ont initialement pris Jérusalem. Après avoir subi de nombreuses pertes, les Romains ont fini par noyer la rébellion dans le sang, massacrant 580 000 Juifs. Bar Kokhba a été tué au combat.

Scaccarium Judaeorum – « Échiquier des Juifs » créé en 1200, était une branche de la Cour de l'Échiquier de la monarchie anglaise (combinant trésor royal et tribunal civil pour traiter des questions financières et fiscales). Mis en place pour consigner les transactions et résoudre les différends juridiques et commerciaux entre Juifs et catholiques concernant les dettes, les taxes, les testaments, les amendes, les biens, etc. Dissous en 1290 lorsque les Juifs ont été expulsés d'Angleterre.

Tsevi, Sabbatai (1626-1676) – Mystique juif, messie autoproclamé, influencé par la *kabbale*. A gagné de nombreux adeptes en Europe et au Moyen-Orient, remettant en cause l'autorité rabbinique. Emprisonné et menacé de tortures par les autorités de l'empire ottoman, il s'est « converti » à l'islam en Turquie en 1666. Malgré cette conversion, d'importantes sectes « sabbatéennes » se sont maintenues pendant des siècles. **Voir aussi** : *Kabbale*.

Widelin, Martin (1913-1944) – Né Martin Monath à Berlin. Dirigeant du groupe de jeunes socialistes sionistes Hashomer Hatzaïr, il a rompu avec le sionisme en 1939 et a déménagé en Belgique en raison de la répression antijuive. A rejoint la section belge de la Quatrième Internationale en 1940 et a été élu à son Comité central peu après. A aidé à fonder une section allemande en exil de la Quatrième Internationale et l'a représentée au sein de son Comité exécutif européen temporaire. S'est rendu à Paris en mai 1943 pour aider les révolutionnaires allemands et français à commencer un travail clandestin pendant l'occupation par des troupes allemandes et à diffuser *Arbeiter und Soldat* (Ouvrier et soldat), qu'il corédigeait. En octobre 1943, il a échappé à une rafle de la Gestapo d'une centaine de révolutionnaires et de soldats allemands. Il a été arrêté par la police française et assassiné par la Gestapo en juillet 1944. **Voir aussi** : Hic, Marcel.

Zélotes – Secte juive qui a organisé la résistance armée face aux Romains, y compris par des assassinats, à partir de l'an 6 après J.-C. jusqu'au début du siècle suivant. A pris part à la première révolte juive (66 à 73), y compris à la bataille finale et au suicide de masse à Massada. **Voir aussi** : Révolte juive, première.

BIBLIOGRAPHIE

Albertini, Eugène. *L'empire romain*, Paris, 1929.

Allgemeine Enzyklopädie, Paris, 1936.

Ansiaux, Maurice. *Traité d'économie politique*, Paris, 1920-1926.

Aristote. *Politique*.

Autran, Charles. *Phéniciens*, Paris, 1920.

Ballester y Castell, Rafael. *Histoire de l'Espagne*, Paris, 1928.

Bauer, Otto. *Die Nationalitätenfrage und die Sozialdemokratie*, Vienne, 1907.

Bédarride, Jassuda. *Les Juifs en France, en Italie et en Espagne*, Paris, 1859.

Beloch, Karl Julius. *Griechische Geschichte*, Berlin, 1912-1927.

Ben Adir. Article sur l'antisémitisme dans *Allgemeine Enzyklopädie.*

Bible, La sainte.

Böhm, Adolf. *Die Zionistische Bewegung*, Berlin, 1935-1937.

Brentano, Lujo. *Die Anfänge des modernen Kapitalismus*, Munich, 1916.

———. *Eine Geschichte der wirtschaftlichen Entwicklung Englands*, Iéna, 1927-1929.

———. *Das Wirtschaftsleben der antiken Welt*, Iéna, 1929.

Brutzkus, Julius. « Di geshikhte fun di Bergyidn oyf Kavkaz » dans *Historishe shriftn fun Yivo*, Vilnius, 1937.

———. « Der Handel der westeuropäischen Juden mit dem mittelalterlichen Kiew » dans *Schriftn far Ekonomik un Statistik*, Jacob Lestschinsky, Berlin, 1928.

Bühl, Frants. *Die Sozialen Verhältnisse der Israeliten*, Berlin, 1899.

Caro, Georg. *Sozial- und Wirtschaftsgeschichte der Juden im Mittelalter und der Neuzeit*, Francfort, 1924.

Causse, Antonin. *Les dispersés d'Israël*, Paris, 1929.

Clerc, Michel. *Les Métèques athéniens*, Paris, 1893.

Congrès juif mondial. *La situation économique des Juifs dans le monde*, Paris, 1938.

Cunow, Heinrich. *Allgemeine Wirtschaftsgeschichte*, Berlin, 1926-1931.

D'Avenel, Georges. *Histoire économique de la propriété, des salaires, des denrées et de tous les prix en général depuis l'an 1200 jusqu'en l'an 1800*, Paris, 1894.

Depping, Georges-Bernard. *Histoire du commerce entre le Levant et l'Europe*, Paris, 1845.

———. *Les Juifs dans le Moyen Âge*, Paris, 1834.

Doubnov, Simon. *Die neueste Geschichte des jüdischen Volkes*, Berlin, 1920-1924.

———. *History of the Jews in Russia and Poland*, Philadelphie, 1916.

Doubnov, Wolf. « Sur l'histoire économique des Juifs en Russie » (en yiddish), dans *Schriftn far Ekonomik un Statistik*, édité par Jacob Lestschinsky, Berlin, 1928.

Économie yiddish (yiddish), Vilnius, 1936-1939.

Francotte, Henri. *L'industrie dans la Grèce ancienne*, Bruxelles, 1900-1901.

Frank, Tenney. *An Economic History of Rome to the End of the Republic*, Baltimore, 1920.

Friedländer, Ludwig. *Darstellungen aus der Sittengeschichte Roms.*

Furtenbach, Friedrich von. *Krieg gegen Russland und russiche Gefangenschaft*, Nuremberg et Leipzig, 1912.

Fustel de Coulanges, Numa-Denys. *La Cité antique*, Paris, 1863.

———. *Histoire des institutions politiques de l'ancienne France*, Paris, 1888-1892.

Gibbon, Edward. *Histoire de la décadence et de la chute de l'empire romain*, Paris, 1835-1836.

Gide, Charles. *Principes d'économie politique*, Paris, 1898.

Graetz, Heinrich Hirsch. *Histoire des Juifs*, Paris, 1882-1897.

Gumplowicz, Ludwig. *Précis de sociologie.* Paris, 1894.

Günther, Hans. *Rassenkunde des Jüdischen Volkes*, Munich, 1930.

Hasebroek, Johannes. *Staat und Handel im alten Griechenland*, Tübingen, 1928.

Hatzfeld, Jean. *Les trafiquants italiens dans l'Orient hellénique*, Paris, 1919.

Heller, Otto. *La fin du judaïsme*, Paris, 1933

Herzfeld, Levi. *Handelsgeschichte der Juden des Alterthums*, Braunschweig, 1879.

Holleaux, Maurice. *Rome, la Grèce et les monarchies hellénistiques au IIIe siècle avant J.-C.*, Paris, 1921.

Hölscher, Gustav. *Urgemeinde und Spätjudentum*, Oslo, 1928.

Jannet, Claudio. *Les grandes époques de l'histoire économique jusqu'au XVIe siècle*, Paris-Lyon, 1896.

Josèphe, Flavius. *Oeuvres complètes*, Paris, 1900-1932.

Jüdisches Lexikon, Berlin, 1927-1930.

Juster, Jean. *Les Juifs dans l'empire romain*, Paris, 1914.

Kautsky, Karl. *De Oorsprong van het Christendom.*

———. *Rasse und Judentum*, 1921.

Klatzkin, Jakob. *Probleme des Modernen Judentums*, Berlin, 1918.

Köhler, Max. *Beiträge zur neueren jüdischen Wirtschaftsgeschichte. Die Juden in Halberstadt und Umgebung bis zur Emanzipation*, Berlin, 1927.

Krauss, Samuel. *Studien zur byzantinisch-jüdischen Geschichte*, Leipzig, 1914.

Kriegk, Georg Ludwig. *Frankfurter Bürgerswiste und Zustände im Mittelalter*, Francfort, 1862.

Laurent, Henri. « Religion et affaires » dans *Cahiers du libre examen*, Bruxelles, 1938.

Lavisse, Ernest, et Rambaud, Alfred. *Histoire générale du IVe siècle à nos jours*, Paris, 1893-1904.

Legaret, Gustave. *Histoire du développement du commerce*, Paris, 1927.

Lénine. « Le développement du capitalisme en Russie », *Oeuvres complètes*, vol. 3, Moscou, 1977.

Lestschinsky, Jacob. *Le développement du peuple juif au cours des cent dernières années*, (en yiddish), Berlin, 1928.

———. *Schriftn far Ekonomik un Statistik*, Berlin, 1928.

———. *Der Wirtschaftliche Zusammenbruch der Juden in Deutschland und Polen*, Paris, 1936.

Lods, Adolphe. *Israël, des origines au milieu du VIII*[e] *siècle*, Paris, 1930.

Lucas, Leopold. *Zur Geschichte der Juden im vierten Jahrhundert*, Berlin, 1910.

Marx, Karl. *Le Capital*, Moscou, 1983-1984.

———. *Sur la question juive*, La fabrique, Paris, 2006.

Marx, Karl et Engels, Friedrich. *Correspondance choisie*, Moscou, 1981.

Mendes, Abraham. « L'artisanat chez les Juifs aux temps bibliques et talmudiques », (en yiddish), dans Jacob Lestschinsky, *Schriftn far Ekonomik un Statistik*, Berlin, 1928.

Meyer, Eduard. *Blüte und Niedergang des Hellenismus in Asien*, Berlin, 1925.

Mommsen, Theodor. *Histoire romaine*, Paris, 1882.

———. *The Provinces of the Roman Empire*, New York, 1887.

Montesquieu. *De l'esprit des lois*.

Movers, Franz Karl. *Die Phönizier*, Berlin, 1856.

Philippson, Martin. *Neueste Geschichte des judischen Volkes*, Leipzig, 1907.

Piganiol, André. *La conquête romaine*, Paris, 1927.

Pirenne, Henri. *Histoire de Belgique*, Bruxelles, 1902-1932.

———. *Histoire de l'Europe*, Bruxelles, 1936.

———. *Les anciennes démocraties des Pays-Bas*, Paris, 1910.

———. *Les villes du moyen âge*, Bruxelles, 1927.

———. *Mahomet et Charlemagne*, Paris-Bruxelles, 1937.

Puibusque, Louis-Guillaume de. *Lettres sur la guerre de Russie en 1812*, Paris, 1816.

Roscher, Wilhelm. « Die Juden im Mittelalter », dans *Ansichten der Volkswirthschaft aus dem geschichtlichen Standpunkte*, Tübingen, 1878.

Rostovtzeff, Michael. *Gesellschaft und Wirtschaft im Römischen Kaiserreich*, Leipzig, 1931.

Roussel, Pierre. *La Grèce et l'Orient*, Paris, 1928.

Ruppin, Arthur. *Les Juifs dans le monde moderne*, Paris, 1934.

Salvioli, Giuseppe. *Le capitalisme dans le monde antique*, Paris, 1906.

Sayous, André-Émile. « Les Juifs », dans *Revue économique internationale*, Bruxelles, mars 1932.

Schipper, Ignaz. *Anfänge des Kapitalismus bei den abenländischen Juden im früheren Mittelalter*, Vienne, 1907.

———. *Yidishe Geschikhte (Wirtschaftsgeshikhte)*, Varsovie, 1930.

Schubart, Wilhelm. *Aegypten von Alexander dem Grossen bis auf Mohammed*, Berlin, 1922.

Schulte, Aloys. *Geschichte des mittelalterlichen Handels und Verkehrs zwischen Westdeutschland und Italien*, Leipzig, 1900.

Sée, Henri. *Esquisse d'une histoire économique et sociale de la France depuis les origines jusqu'à la guerre mondiale*, Paris, 1929.

———. *La France économique et sociale au XVIIIe siècle*, Paris, 1939.

Smith, Adam. *The Wealth of Nations*, New York, 1937.

Sombart, Werner. *L'apogée du capitalisme*, Paris, 1932.

———. *Les Juifs et la vie économique*, Paris, 1923.

Strabon. *Géographie*.

Thierry, Augustin. *Histoire de la conquête de l'Angleterre par les Normands*, 1825.

Toutain, Jules. *L'économie antique*, Paris, 1927.

Ullmann, Salomon. *Histoire des Juifs en Belgique jusqu'au XVIIIe siècle*, Anvers, 1927.

Vandervelde, Émile. *L'exode rural et le retour aux champs*, Paris, 1903.

Weber, Max. *General Economic History*, New York, 1927.

Weinryb, S. B. *Neueste Wirtschaftsgeschichte der Juden in Russland und Polen*, Breslau, 1934.

Woytinski, Wladimir. *Tatsachen und Zahlen Europas*, Vienne, 1930.

Yivo Studies in History, Vilnius, 1937.

Zeiller, Jacques. *L'empire romain et l'Église*, Paris, 1928.

Zhitlovsky, Chaim. « Der ökonomische Materialismus und die nationale Frage », dans *Gezamelte Schriften*, New York, 1912-1919.

INDEX

12 $ US

15 $ US

20 $ US

Trois livres qui n'en font qu'un,

sur comment construire un parti qui est ouvrier par son programme, sa composition et ses actions. Un parti qui, dans ce qu'il fait et dit, reconnaît le fait le plus révolutionnaire de notre époque :

que nous, les travailleurs, pouvons créer un monde différent en agissant ensemble pour défendre nos intérêts de classe, pas ceux des classes privilégiées qui nous exploitent, pas ceux qui nous craignent parce qu'ils nous voient comme des « déplorables » ou de simples « déchets ». En suivant une voie révolutionnaire vers le pouvoir des travailleurs, nous nous transformerons et découvrirons notre propre valeur. Aussi en anglais et en espagnol.

Offre spéciale
Les trois livres pour 30 $ US

Le tournant vers l'industrie et *Tribuns du peuple et syndicats* 20 $ US

Un de ces livres et *Malcolm X, la libération des Noirs et la voie vers le pouvoir ouvrier* 25 $ US

WWW.PATHFINDERPRESS.COM

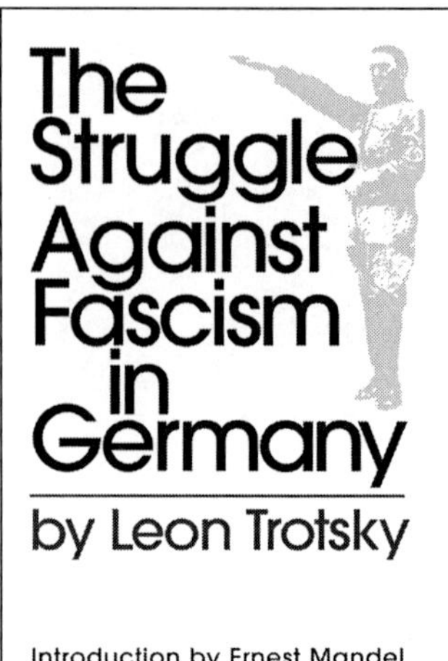

La lutte contre le fascisme en Allemagne

LÉON TROTSKY

Écrivant dans le feu de la lutte contre la montée du mouvement fasciste, Trotsky, dirigeant central de la révolution bolchevique en Russie, s'appuie sur les leçons de cette première révolution prolétarienne victorieuse pour examiner les racines de classe petites-bourgeoises du fascisme et mettre de l'avant une stratégie prolétarienne pour combattre et vaincre ce danger mortel. 25 $ US. En anglais.

Qu'est-ce que le fascisme américain ?

JAMES P. CANNON, JOSEPH HANSEN

Ces textes analysent des courants fascistes du vingtième siècle aux États-Unis. « Pour réussir, un mouvement fasciste doit avoir un bouc émissaire sur lequel les masses de la petite bourgeoisie peuvent déverser leur rage plutôt que sur les capitalistes qui le méritent », a écrit Joseph Hansen à propos du mouvement antisémite « Justice sociale » du père Charles Coughlin à la fin des années 1930. « Coughlin, comme Hitler et Mussolini, a choisi le Juif. » 5 $ US. En anglais.

La fondation du Parti socialiste des travailleurs

Procès-verbaux et résolutions, 1938-1939

« L'attaque contre les Juifs est le fer de lance de l'attaque contre la classe ouvrière américaine, » affirme une résolution adoptée par le congrès du SWP de 1938. Le parti a exigé que Washington « ouvre grand les portes des États-Unis aux victimes du régime des pogroms hitlérien ! » 23 $ US. En anglais.

LE **FASCISME** ET LA **CLASSE OUVRIÈRE**

La lutte contre le fascisme aux États-Unis

Quarante ans de lutte décrites par des participants

JAMES P. CANNON ET D'AUTRES

En 1939, quelque 50 000 personnes à New York ont suivi l'appel du Parti socialiste des travailleurs pour répondre à un rassemblement de 20 000 personnes pronazies. « La question de comment lutter contre le fascisme a trouvé une réponse retentissante dans la magnifique manifestation qui a fait monter le cri : Des gardes de défense ouvrières pour écraser le danger fasciste ! » 5 $ US. En anglais.

Sur la question juive

KARL MARX

« Ne commencez pas par la religion pour expliquer l'histoire des Juifs », a écrit le jeune Marx dans cet article de 1843. « Au contraire, la préservation du peuple juif ne peut s'expliquer que par sa position économique et sociale. » La défense par Marx de l'émancipation politique gagnée par les Juifs grâce à la révolution française. Karl Marx et Friedrich Engels, *Collected Works* [Oeuvres complètes], vol. 3. Seulement 10 $ US pour les lecteurs de ce livre. Prix régulier : 35 $ US. En anglais.

JEENAH MOON / GETTY IMAGES / AFP

Manifestation de 20 000 personnes à New York contre des attaques antisémites, janvier 2020.

LA CRISE CAPITALISTE ET LA LUTTE POUR LE POUVOIR OUVRIER

Sont-ils riches parce qu'ils sont intelligents ?

Classe, privilège et apprentissage sous le capitalisme

JACK BARNES

Ce livre expose la montée des inégalités de classe aux États-Unis et les justifications intéressées des professionnels bien payés qui pensent que leur « génie » les habilitent à « réglementer » les travailleurs, qui ne sauraient pas ce qui est dans leur propre intérêt. 10 $ US. Aussi en anglais, espagnol, farsi et arabe.

Le bilan anti-ouvrier des Clinton

Pourquoi Washington craint les travailleurs

JACK BARNES

Ce que les travailleurs doivent savoir sur le cours, axé sur le profit, des démocrates et des républicains au cours des 30 dernières années. L'éveil politique des travailleurs qui cherchent à comprendre et à résister aux attaques des dirigeants capitalistes. 10 $ US. Aussi en anglais, espagnol, farsi et grec.

Le désordre mondial du capitalisme

La politique ouvrière au millénaire

JACK BARNES

La dévastation sociale, les paniques financières, le durcissement de la politique, la brutalité policière et les agressions impérialistes : tous proviennent non pas d'un dérèglement du capitalisme, mais plutôt de son fonctionnement régulier et normal. Ce qui peut changer l'avenir, c'est la lutte unitaire des travailleurs et des agriculteurs confiants dans leur capacité de mener des batailles révolutionnaires pour le pouvoir d'État et de transformer le monde. 20 $ US. Aussi en anglais et en espagnol.

Le creux de la résistance ouvrière est derrière nous

Le Parti socialiste des travailleurs regarde vers l'avant

JACK BARNES, MARY-ALICE WATERS, STEVE CLARK

L'ordre mondial imposé par les vainqueurs du carnage inter-impérialiste de la deuxième guerre mondiale est en train de voler en éclats, avec des ramifications explosives pour les travailleurs et les agriculteurs du monde entier. Une longue période de retraite de la classe ouvrière et des syndicats a pris fin. De plus en plus de travailleurs de tous les âges, de toutes les couleurs de peau et des deux sexes disent : « Trop, c'est trop. » Ce livre attire l'attention sur les opportunités à venir pour les travailleurs ayant une conscience de classe de forger un parti de travailleurs basé sur les syndicats. Et une avant-garde prolétarienne de masse capable de mener la lutte pour mettre fin à la domination capitaliste, offrant un avenir à l'humanité. 10 $ US. En anglais et en espagnol.

En défense de la classe ouvrière américaine

MARY-ALICE WATERS

En 2018, les grèves victorieuses de dizaines de milliers d'enseignants et d'autres travailleurs de la Virginie-Occidentale et de l'Oklahoma ont été, pour tous les travailleurs, un exemple de lutte pour la dignité et le respect. 7 $ US. Aussi en anglais, espagnol, farsi et grec.

Une révolution socialiste est-elle possible aux États-Unis ?

Un débat nécessaire entre travailleurs

MARY-ALICE WATERS

« Oui », répond l'auteure sans hésiter. Possible, mais pas inévitable. Ça dépend de ce que font les travailleurs. 7 $ US. Aussi en anglais, espagnol et farsi.

WWW.PATHFINDERPRESS.COM

LA RÉVOLUTION CUBAINE ET LA POLITIQUE MONDIALE

Cuba et la révolution américaine à venir

JACK BARNES

Un livre sur les luttes des travailleurs au centre de l'impérialisme, sur les jeunes que ces luttes attirent et sur le peuple cubain, qui a montré que la révolution est non seulement nécessaire, mais qu'elle est possible. Ce livre porte sur la lutte de classe aux États-Unis, où les puissances au pouvoir méprisent les capacités révolutionnaires des travailleurs et des agriculteurs aujourd'hui comme elles ont méprisé celles des travailleurs et paysans cubains. Et tout autant à tort. 10 $ US. Aussi en anglais, espagnol et farsi.

Notre histoire s'écrit toujours

L'histoire de trois généraux cubains d'origine chinoise dans la révolution cubaine

ARMANDO CHOY, GUSTAVO CHUI, MOISÉS SÍO WONG, MARY-ALICE WATERS

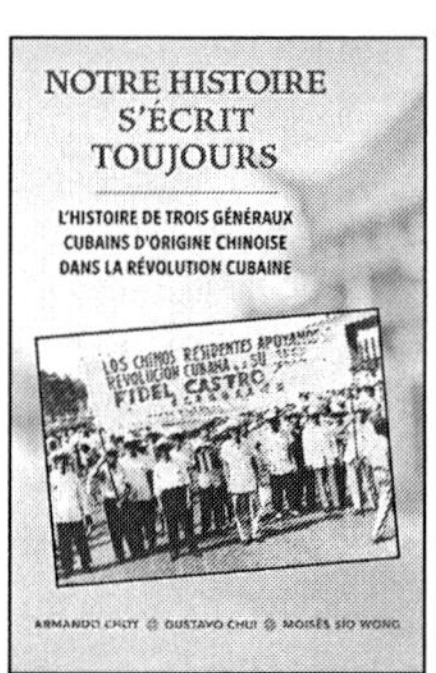

« Quelle a été la principale mesure pour combattre la discrimination contre les Chinois et les Noirs à Cuba ? Ça a été la révolution socialiste elle-même. » À travers l'expérience des auteurs, nous voyons comment des millions d'hommes et de femmes ordinaires à Cuba ont changé le cours de l'histoire et se sont transformés en le faisant. 15 $ US. Aussi en anglais, espagnol, farsi, grec et chinois.

Che Guevara : l'économie et la politique dans la transition au socialisme

CARLOS TABLADA

17 $ US. Aussi en anglais, espagnol et grec.

Les femmes à Cuba : La réalisation d'une révolution au sein de la révolution

VILMA ESPÍN, ASELA DE LOS SANTOS, YOLANDA FERRER

La révolution sociale qui a renversé en 1959 la dictature sanglante de Fulgencio Batista a commencé dans les rues de villes comme Santiago de Cuba et dans les zones montagneuses libérées par l'Armée rebelle dans l'est de Cuba. L'intégration sans précédent des femmes dans les rangs et la direction de cette lutte est une mesure de son cours révolutionnaire jusqu'à aujourd'hui. Voici les témoignages de première main de femmes qui ont contribué à sa réalisation. 17 $ US. En anglais, espagnol, farsi et grec.

Zone rouge

L'expérience cubaine contre l'Ébola

ENRIQUE UBIETA GÓMEZ

Pour combattre l'Ébola en 2014-2015, Cuba a envoyé plus de 250 travailleurs de la santé, dont des médecins et infirmiers. Tous volontaires, c'étaient des êtres humains comme seule une révolution socialiste peut en produire. 17 $ US. Aussi en anglais et en espagnol.

Octobre 1962

La crise des « missiles » vue de Cuba

TOMÁS DIEZ ACOSTA

En octobre 1962, Washington a amené le monde au bord de la guerre nucléaire. L'histoire complète de ce moment historique est racontée ici du point de vue du peuple cubain, dont la détermination à défendre sa souveraineté et sa révolution socialiste a fait échouer le projet des États-Unis de conduire une attaque militaire dévastatrice. 17 $ US. En anglais.

ÉLARGISSEZ VOTRE BIBLIOTHÈQUE RÉVOLUTIONNAIRE

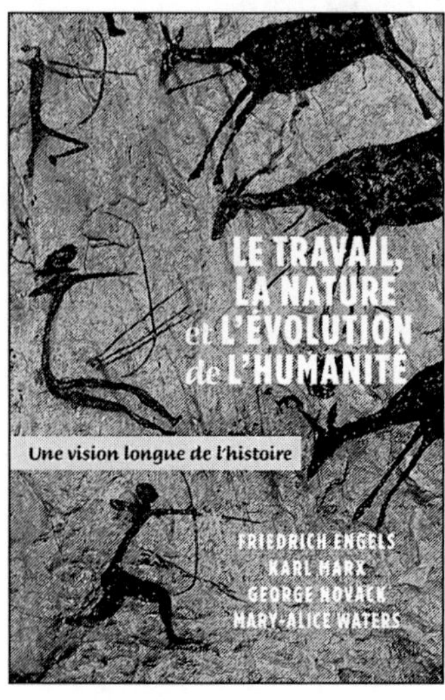

Le travail, la nature et l'évolution de l'humanité

La longue marche de l'histoire

FRIEDRICH ENGELS, KARL MARX, GEORGE NOVACK, MARY-ALICE WATERS

Sans comprendre qu'en transformant la nature, le travail social est le moteur de l'évolution de l'humanité depuis des millions d'années, les travailleurs ne peuvent pas voir au-delà de l'époque capitaliste d'exploitation de classe qui déforme toutes les relations, idées et valeurs humaines. Seule la conquête révolutionnaire du pouvoir d'État par la classe ouvrière peut ouvrir la porte à un monde libéré de l'exploitation capitaliste, de la dégradation de la nature, de l'assujettissement des femmes, du racisme et de la guerre. Un monde construit sur la solidarité humaine. Un monde socialiste. 12 $ US. Aussi en anglais et en espagnol.

Rébellion Teamster

FARRELL DOBBS

Les grèves de 1934, qui ont obtenu la reconnaissance du syndicat des camionneurs et des magasiniers à Minneapolis, ont contribué à ouvrir la voie au mouvement ouvrier social qui a construit les syndicats industriels. Le premier de quatre livres d'un dirigeant central de ces batailles. 16 $ US. Aussi en anglais, espagnol, farsi et grec.

Malcolm X parle aux jeunes

« La jeune génération de blancs, de Noirs, de bruns, de tout ce qu'il y a d'autre, vous vivez une époque de révolution », a dit Malcolm en 1964. « Et quant à moi, je me joindrai à n'importe qui, je me fiche de votre couleur, du moment que vous voulez changer cette condition misérable qui existe sur cette terre. » Quatre discours et une entrevue dans les derniers mois de la vie de Malcolm X. 12 $ US. Aussi en anglais, espagnol, farsi et grec.

Thomas Sankara parle

La révolution au Burkina Faso, 1983-1987

Le gouvernement que dirigeait Thomas Sankara au Burkina Faso a conduit les paysans, les travailleurs, les femmes et les jeunes à apprendre à lire et écrire, creuser des puits, planter des arbres, bâtir des logements, combattre l'oppression des femmes, réaliser une réforme agraire et se joindre à d'autres pour se libérer du joug impérialiste. 20 $ US. Aussi en anglais.

Les cosmétiques, la mode et l'exploitation des femmes

JOSEPH HANSEN, EVELYN REED, MARY-ALICE WATERS

Comment le grand patronat soutient le statut de deuxième classe des femmes et l'utilise pour engranger des profits. D'où vient l'oppression des femmes ? Comment l'entrée de millions de femmes dans la vie active a-t-elle renforcé la bataille pour leur émancipation, qui reste à être gagnée ? 12 $ US. En anglais, espagnol, farsi et grec.

Le Manifeste communiste

KARL MARX ET FRIEDRICH ENGELS

Le communisme, disent les dirigeants qui ont fondé le mouvement ouvrier révolutionnaire, n'est pas un ensemble d'idées ou de principes préconçus. C'est plutôt la marche de la classe ouvrière vers le pouvoir, telle qu'elle surgit d'un « mouvement historique qui s'opère sous nos yeux. » 5 $ US. Aussi en anglais, espagnol, farsi et arabe.

LA LUTTE OUVRIÈRE POUR DÉFENDRE LES LIBERTÉS CONSTITUTIONNELLES

Le socialisme en procès

Déposition au procès pour sédition de Minneapolis

JAMES P. CANNON

Le programme révolutionnaire de la classe ouvrière, présenté en réponse aux accusations de « conspiration séditieuse » dans un coup monté en 1941, à la veille de l'entrée des États-Unis dans la deuxième guerre mondiale. Les accusés étaient des dirigeants du mouvement syndical de Minneapolis et du Parti socialiste des travailleurs. 15 $ US. Aussi en anglais, espagnol et farsi.

50 années d'opérations secrètes aux USA

La police politique de Washington et la classe ouvrière américaine

LARRY SEIGLE, FARRELL DOBBS, STEVE CLARK

Retrace la lutte menée pendant plusieurs décennies par les travailleurs ayant une conscience de classe contre les efforts d'accroître les pouvoirs présidentiels et de construire un État de « sécurité nationale » essentiel au maintien du régime capitaliste. 10 $ US. En anglais, espagnol et farsi.

L'État et la révolution

V. I. LÉNINE

« La question de l'attitude de la révolution socialiste du prolétariat envers l'État n'acquiert pas seulement une importance politique pratique, » écrit Lénine dans la préface à cette brochure terminée quelques mois avant la révolution russe d'octobre 1917. Elle revêt aussi « un caractère d'actualité brûlante, car il s'agit d'éclairer les masses sur ce qu'elles auront à faire pour se libérer du joug du capital. » 15 $ US. En anglais.

Nouvelle Internationale

UNE REVUE DE POLITIQUE ET DE THÉORIE MARXISTES

NOUVELLE INTERNATIONALE N° 7

Le long hiver chaud du capitalisme a commencé

JACK BARNES

Dans cet article publié alors que s'accumulaient les nuages de ce qui deviendra la crise financière de 2008, Jack Barnes explique que la crise capitaliste d'aujourd'hui est le début de ce qui sera des décennies de convulsions économiques, financières et sociales et de batailles de classe. Les travailleurs qui ont une conscience de classe, dit-il, affrontent avec confiance ce tournant historique de l'impérialisme et tirent satisfaction à projeter avec audace un cours révolutionnaire pour prendre le pouvoir. 14 $ US. Aussi en anglais, espagnol, farsi, arabe et grec.

NOUVELLE INTERNATIONALE N° 8

Notre politique commence avec le monde

JACK BARNES

Les énormes inégalités économiques et culturelles qui existent entre les pays impérialistes et semi-coloniaux et entre les classes de presque tous les pays sont produites, reproduites et accentuées par le fonctionnement du capitalisme. Pour que les travailleurs d'avant-garde puissent construire des partis capables de diriger une lutte révolutionnaire victorieuse dans nos propres pays, dit Jack Barnes, nous devons guider notre activité avec une stratégie visant à combler cet écart. 14 $ US. Aussi en anglais, espagnol, farsi et grec.

NOUVELLE INTERNATIONALE N° 6

L'impérialisme U.S. a perdu la guerre froide

14 $ US. Aussi en anglais, espagnol, farsi et grec.

WWW.PATHFINDERPRESS.COM

PATHFINDER DANS LE MONDE

ÉTATS-UNIS
(et Amérique latine, Antilles et Asie de l'Est)

Pathfinder Books, 306 W. 37th St., 13e étage
New York, NY 10018

CANADA

Livres Pathfinder, 7107, rue St-Denis, suite 204
Montréal, QC H2S 2S5

ROYAUME-UNI
(et Europe, Afrique, Moyen-Orient et Asie du Sud)

Pathfinder Books, 5 Norman Rd.
Seven Sisters, Londres N15 4ND

AUSTRALIE
(et Nouvelle-Zélande, Asie du Sud-Est et Pacifique)

Pathfinder Books, Suite 2, First floor, 275 George St.
Liverpool, Sydney, NSW 2170
Adresse postale : P.O. Box 73, Campsie, NSW 2194

JOIGNEZ-VOUS AU CLUB DES LECTEURS DE PATHFINDER ET ENRICHISSEZ VOTRE BIBLIOTHÈQUE

10 $ PAR ANNÉE
RÉDUCTION DE 25 % SUR TOUS LES TITRES
RÉDUCTION DE 30 % SUR LES TITRES DU MOIS

Valide sur pathfinderpress.com et dans les centres de livres Pathfinder locaux

Visitez le www.pathfinderpress.com/products/pathfinder-readers-club